北京日报理论周刊文存

书林新话

北京日报理论部　编

北京日报出版社

北京日报理论周刊文存

序

联系理论

理论与实践相结合，是理论研究与传播的最高原则。理论联系实际，既是党的思想路线，又是鼓舞理论工作者深入生活、联系群众、服务社会的响亮口号。

然而，对于在实践现场的实际工作者来说，理论联系实际这一判断还蕴含了一个重要前提：实际联系理论。

从宏观层面理论角度看，联系实际是检验理论、创新理论的不二途径。从微观层面、实践层面看，联系理论又是理性实践、科学发展的重要方法。

为官一方，责任重大，任务纷繁，面临各种矛盾和挑战。因此，务实勤政、少说多做、埋头苦干成了许多优秀官员的美德。但是，这些官员并不是一开始就扎入事务堆中。他们中的绝大多数的共同选择是：学习，研究，思考。“向理论求教”是共产党人的传统法宝，也是我们与时俱进、永葆先进性的当代经验。

因此，联系理论是党员领导干部的刚性需求。

政治上的成熟源于理论的坚定。理论上坚定成熟，任何力量都不能动摇、摧毁我们。土能浊河，而不能浊海；风能撼木，而不能撼山。有了管根本、利长远的原理、立场、观点和方法，我们就能不忘初心，得其始终。

问题是时代的声音。问题愈鲜明，理论便愈彻底，而社会对于理论的需求也就愈旺盛。事情往往是这样的：一个时代的问题既是绕不开、躲不过的困难和挑战，同时又是这个时代的实践者对发展、对未来的不停探索与大声叩问。

随着实践、发展的深入，问题便日益深刻且尖锐。而理论，便成为空谷回响，循声而来，绵绵不绝，振聋发聩。

理论是高峰。联系理论，我们便拾级而上，登上制高点。可以俯瞰，可以远眺，游目骋怀，开一新境界。事物纷纭，细节丛脞，关系复杂，若从理论的高度上看下去，一切便有了格局、脉络和方位。

理论是钻石。它是对过去的总结和未来的思考，是经典作家和无数思想者智慧的结晶。联系理论，我们便登堂入室，任导师、哲人们点拨、开示。情势再诡谲，矛盾再棘手，但我们学而有友、胸有成竹。就是说，我们并不是孤独地在特定时空完成一次工作，而是集结、融汇了一切智者的相关经验、思想和知识。众志成城，万物皆备于我。“君子生非异也，善假于物也”。

一个民族要想站在科学的最高峰，就一刻也不能离开理论思维。这当然是就民族智性、思维品质而言的。实际联系理论，起点是主动学习、深刻把握、积极运用理论，但最高境界一定是在理论的引导下让自己获得“理论思维”这一卓越品质，去粗取精，去伪存真，由表及里，由此及彼，善于总结经验，抓取本质，发现规律，从生动多变的实践中演绎出新知识、新理论。

任何理论都追求有用性。马克思说，思想一旦离开利益，就一定会使自己出丑。然而，在现实生活中，理论必定只限于原理、规律和历史经验的供给。如果让学者抛开“概论”而直接画“施工图”，必定方凿圆枘，南辕北辙。同样，实际工作者“联系理论”亦须有眼光，有定力。一卷在手，了然于胸，不求即用，融会贯通。“风物长宜放眼量”，理论之树方常青。

傅華

目录

互联网正在重塑中国文化习惯

李　强

传统上，社会学研究的对象是实体社会，然而，互联网兴起以后，“虚拟社会”开始出现。而且，在博客、微博、微信等网络工具的助力下，跨空间的网络社会迅速普及这是早期社会学家想象不到的。

互联网在中国社会的发展速度惊人。曾经长期封闭的中国社会，“关系社会”的特征十分突出，那时人们的交往主要是通过面对面的方式实现的，因为跨空间的人际交流手段极为有限。而今天，互联网的出现，真正改变了中国人的社会交往方式。接近14亿中国人所组成的“人口超巨型社会”一旦有了共同的互联网平台，其“社会参与力”或“社会参与度”会令人们极为震惊。各种各样的网络参与，包括网上购物、网络销售、网络水军、网络运动等所造成的社会影响是史无前例的。

近来国内社会科学界对于互联网的研究一时蜂起，学者们憧憬着一种全新的研究方法给社会科学带来变革

互联网的威力再次印证了技术与社会关系互为推手的基本关系。互联网是一种新的技术，互联网社会则体现了新技术的兴起再一次改造了人类社会自身。关

于技术进步会导致社会制度的变迁，我们都熟知马克思的那句名言："手推磨产生的是封建主的社会，蒸汽磨产生的是工业资本家的社会。"马克思关于生产力、生产关系、经济基础、上层建筑的理论，将生产力发展视为最初的动力，显然是强调技术进步对于社会关系变革的重大意义。1959年，美国社会学家贝尔提出了"后工业社会"的概念，此后，他在其专著《后工业社会的来临：对社会预测的一项探索》中指出，技术，特别是"新智能技术"，对于社会结构、社会关系、社会变迁具有巨大影响。1996年，曼纽尔·卡斯泰尔历时12年创作的《网络社会的崛起》出版，提出网络社会是一种新的社会结构。这些都是社会学学者关于互联网对社会的影响的先驱探索。近来，国内社会科学界包括社会学、经济学、传播学、法学、政治学、教育学、心理学都在对互联网领域进行探索。尤其是，学者们已经意识到"大数据"时代的来临，网络、电子商务、移动通信形成的大数据、云计算让学者们感到振奋，学者们憧憬着一种全新的研究方法能给社会科学研究领域带来变革。一方面，传统的入户问卷方法变得越来越困难，另一方面，网络时时记录着亿万人民的生活轨迹，商家们天天在记录着亿万老百姓的消费轨迹，手机时时在记录着人们日常生活的轨迹，微信、博客、电子信息记录了人们的社会态度与心灵轨迹。所以，大数据的资源比比皆是，社会学家们应思考，在保护广大老百姓个人隐私的前提下，利用网络大数据，创造新的研究方法。

当然，中国的社会学学者更加关心互联网对于中国社会究竟产生了什么样的影响，会引发中国社会什么样的变化？《互联网与转型中国》一书就是从社会学角度对于互联网的观察，大体上从个体、社会互动、群体、文化和社会结构这几个层次，分析了互联网对于中国社会的影响。

在互联网上，个体的社会互动与传统的交往形式明显不同，创造了诸多新的交往形式

互联网在同一个网络平台上可以联系几乎所有个体，网络百万、千万倍地扩展了个体的交往范围和交往空间。网络给个体带来了极大的社会便利和自由行动

空间。所以，对于上网者而言，个体化的社会倾向更加凸显。再加上我国的独生子女政策，家庭规模小型化，人们面对面的直接交往变得更少了。由于有了网络的便利条件，生活中的一切都可以依赖于网络，也可以说是形成了一种网络化、数字化的生存模式，于是，人们变得更加足不出户。“宅男”“宅女”成为新的流行称谓。所有这些，造成了“个体主义”盛行的局面。

当然，在互联网上，个体的社会互动与传统的交往形式明显不同，并创造了诸多新的交往形式。尤其是在各种各样的社交网络平台上，人们可以向陌生人吐露心声，这在以往面对面的社会互动中是不可想象的。网络空间的匿名性，造成了具有鲜明个性的互动。网络上的互动具有平等和自由的特征，更具有多通道的特征，呈现“多点对多点”的全新模式。

而且，原子化的个体又可以汇成巨流，可以在网络上形成社会舆论、社会潮流、社会流行，甚至社会运动。传统上，社会舆论的形成受到传统媒介载体和传播方式的限制。思想、观点、态度往往只有通过集中的广播、电视、报纸等大众传媒工具才能够广为扩散、影响他人，其结果是助长了一个比较集中的信息源的形成，比较容易形成集中管控的社会舆论。到了今天的互联网时代，舆论的形成不再仅仅来自统一控制的中心点。个体发布的一条有震撼力的微博、微信，会迅速扩散流行，即刻就可以引来无数的评论，巨大的乘数效应，使得信息源与其评论在极短的时间内汇集成流行观点或舆论。只要发布的信息具备如下特征，如公众吸引力、道德震撼力、话语夸张力等，其影响力甚至可以超过主流媒体。而且，网上的舆论、社会运动与网下的舆论、社会运动是可以互相转化的。近年来，有很多群体事件就具有网上、网下联系和呼应的特点。

互联网对于中国传统文化、传统社会关系的冲击是根本性的。从某种意义上说，互联网正在重新塑造中国文化

对于有着五千年历史的中华文明、中华文化而言，互联网与中国文化形成“互构”的关系。从技术上说，互联网起源于西方，与西方社会个体主义文化有着内在的契合性。中国社会自古源于家族、宗族社会，属于“整体本位社会”，与这种整体本位社会相对应，古代社会控制的方式是“连坐”，个体主义历来是被轻视或受到排斥的。所以，互联网对于中国传统文化、传统社会关系的冲击是

根本性的。从某种意义上说，互联网正在重新塑造中国文化。与此同时，中国文化也在构建具有中国特色的互联网结构。譬如，传统中国社会结构被费孝通称为“差序格局”，通俗地讲就是“小圈子社会”。与这种“小圈子社会”相契合的就是近来急速膨胀的微信平台。腾讯公司推出微信平台不过两三年时间，但据中国互联网络信息中心（CNNIC）披露，目前中国微信用户数已经突破六亿。在很大程度上，是中国的“小圈子社会”塑造了微信网络。

自传统帝制解体以来，中国政治运作形式经历多种尝试和实验，中国的文明、文化、社会结构一直在经历着解组与重组。这种解组与重组受到来自社会多方面力量的影响，包括：传统的影响，外来文化特别是西方文化的影响，日本人入侵的影响，内战的影响，新中国成立以来新的政治经济模式、社会主义意识形态和社会运动的影响，以及改革开放以来包括市场体制在内的多种力量的影响。现在，又加上互联网社会的影响。互联网的一大特征是海量信息铺天盖地地涌入。在社会价值观、社会理念稳定的国家、区域或社群，海量信息的涌入本不是什么大问题，不过是提高了每个人的可及信息数量而已，但对我们这样一个原本社会价值观、社会理念就在解组和重组的社会则不然。海量涌入的互联网信息鱼龙混杂、真伪难辨，会给已经发生信仰缺失、信任缺失等危机的社会带来巨大的不确定性。

当然，问题也会促发解决问题的手段，问题也会促发新的发展机遇，在解决问题的过程中，也会带来新的社会进步。所以，从社会学的角度研究互联网对于中国社会的长远影响确实是一个重大课题。

（作者为清华大学社会学学院院长、教授）

对乾嘉时代士大夫思想的一个解剖

戴　逸

乾嘉之际，文人荟萃，通儒辈出，是清代学术发展的高峰期，而且这一时期高寿的学者不少，翁方纲就是其中之一。翁方纲一生勤于读书，笔耕不辍，在经学、诗学、金石学、目录学、书画学等方面留下了大量著作。但以往对他重视不够，《清史稿》甚至没有他的传，对他的研究也大多集中在以“肌理说”为标志的诗学和金石学等方面，至于其经学等方面的成就，关注的人更少。这是因为：一方面翁氏的著述刊刻不多，流传不广，而且主要集中在诗学和金石学方面；另一方面他的大量著述都是稿本、抄本，而且辗转流散于海内外各地，尤其是其《四库纂修提要稿》和经学手稿长期以来不为人所知，只是近些年来整理出版后才渐渐为大家熟悉。

这本《汉宋之间：翁方纲学术思想研究》，首先是翁方纲一生学术成就和学术思想的全景图。翁方纲是个经学家，他著有《群经附记》，对考据汉学的批评较多，偏重于维护程朱理学派的经学路子。反对宋明以来疑经的风气，主张以阙疑、谨慎的态度看待古经，批评考据汉学过于“征实”的弊病，主张谨慎使用“诸经互证”和“通例”的方法，这些都是他的特色。翁方纲是个书法家，他和刘墉、铁保、永理号称清中期“四大书家”，主张以金石证书法，学唐碑不遗余力，是晚清碑学风气的开创者之一。翁方纲又是乾嘉时期北方诗坛的盟主，倡导肌理诗，主张诗文同源，以学为诗，是晚清宋诗运动的先驱者。翁方纲又是一个目录学家，作为纂修官参与了《四库全书》的校勘以及《四库全书总目》的撰写，所撰《四库纂修提要稿》不仅是纪昀《四库全书总目》的重要基础，而且是保存至今篇幅最大的一部提要稿。

这本书也可以看做对乾嘉时代士大夫思想的一个解剖。任何一个时代的学术都不会凭空出现，都是当时政治、经济、文化等综合条件下的产物，乾嘉之际的汉宋之争也不例外。考据汉学在乾隆时期已经如日中天，“家家许郑，人人贾马”，就是对当时情形的形象描述。当时一个偌大的京城，竟然很难买到常见的理学书籍。朝鲜使臣柳得恭拜访纪昀后，请他帮忙在京城购买《朱子语类》以及明代薛硊的《读书纪》等理学书籍，纪昀却说，京城这些年来流行畅销的是《尔雅》《说文》一类的书，至于理学著作在书坊间很少有了，不易买到。无独有偶，礼亲王昭梿在北京书肆购买理学书籍时也遇到了同样的情形。

不过，考据汉学的后来发展，越来越偏离了清初顾炎武等人所开启的初衷，日益沉浸在文字音韵、训诂考证中，这些做学问的方法虽然富于理性的精神，但所关注的问题和讨论的对象，往往局限于经解典籍中，很少涉及现实问题。在一定程度上，它和明末理学的毛病一样，也流于空疏和无用。到了乾隆朝末期和嘉庆朝，考据汉学的弊端日益凸显，再加上当时社会矛盾斗争日趋激烈，各种危机接二连三，因此考据汉学越来越受到一些有识之士的批评。自清初以来长期被压抑的程朱理学也乘机抬头，于是批评考据，主张宋学，或者主张汉宋兼采的声音越来越大。

翁方纲的学术思想就是当时的一种反映，他以程朱为尊，反对专言汉学，主张考据之学以义理为宗，提出“博综马郑，勿畔程朱”。不过，这时与清初理学发展的条件又不同了，身处汉学熏染的环境中，翁方纲已经不习惯像清初理学诸儒那样大胆谈论义理、探求心性了。他虽然明确指出了考据汉学的弊病，但似乎对于改进的方向仍没有突破，拿出来的东西还是宋明理学的那套陈旧说辞，甚至反对义理创新。这一特点的确反映了乾嘉之际整个社会的总体思想面貌，也是当时那个时代的局限所致。

这本书对翁方纲学术态度和风格的探讨，也可以看做乾嘉时代士人精神面貌的一个缩微。无论是翁方纲研究《易》《古文尚书》的态度，还是他根柢经传、不以性情为诗的文学思想；无论是他主张“阙疑、慎言”的治经座右铭，还是他中规中矩的书学风格，都反映了当时士人中间普遍谨慎保守、噤若寒蝉的精神面貌。当然，乾嘉时代也有思想的火花，也有锋芒毕露的叛逆者。比如，戴震大胆批评理学家所标榜的“理”，痛斥“后儒以理杀人”；曹雪芹创作《红楼梦》，揭示封建大家族的衰败没落，以大观园的爱情表达个性解放的需求；袁枚呼吁“性灵”，招收女弟子，也是对个性解放的追求。此外，还有汪中、郑板桥等人。但这些学者之间基本没有来往，极个别的思想火花没有形成思想潮流，反而遭受到很多正统士人的批判。因此，从当时士人的整体精神面貌上来看，是沉寂的，保守的，即使要表达批评思想也是隐晦的，曲折的。不要说一般的士人是这样，就连勤政求治的嘉庆帝都只希望自己做个守成之君，面对新的社会危机时也只是修修补补而已。

学术研究需要大处着眼，小处入手。刘仲华此书虽然只是对翁方纲个人学术思想的探讨，却为我们了解清代乾嘉时期社会精英的思想状况和精神面貌，提供了细致入微的图景。

（作者为中国人民大学清史所名誉所长）

追索经典常存敬畏

尤韶华

上世纪80年代后期，我刚出校门，年少气盛，入职一部级机关的研究机构，曾作为论文的主笔，获得大开本有三个部级印章的奖状，全国仅140有余，当时被指为国家级奖励，获得者自然由此受益匪浅。时至今日，文科领域，似乎仍无出其右者，奖状亦依旧鲜红如昔。之所以获奖，不外乎合于“时尚”而“立异”。数年之后，物转星移，时文已陈，不堪卒读。心中不免嗟叹自嘲，气球飘空，胶皮落地。天生禀性，于心难安，由此之故，随即萌生“退而读书”之意，重归中国社会科学院，从而别离时尚，追索经典之学。

自古时尚弥漫社会，如今更甚，学界同然，各种命题，紧跟潮流，竞相追从，而成“时尚学术”。“立异”，即宋人卫湜所谓“人之著书，唯恐其言不出于己”。既可能是在时尚中“立异”，有可能以“立异”引领时尚，二者皆被视为成功之道。究其缘由，来自学者“自贤”之感。“自贤”语出《大禹谟》，即自以为贤。然而，未免时空变换，群体翻覆，命题更迭。正如宋人黄伦《尚书精义》所说“自以为是，未必天下皆以为是；自以为正，未必天下皆以为正”。前一个时尚，毋庸多时，即被后一个时尚替代。有人因此落寞而去，有人则会继续追踪新的时尚，身后留下诸多陈文旧章，刊录着往日的轨迹。

社会有广泛需求，况且，是诸多人士追求成功，谋求职业的生存的捷径，时尚学术大行其道。读书不多声音大，付出不多收获大，谋求简易，自古如此，时尚既会长期存在，也会随时淘汰。不同心态，自由选择，生灭盛衰，顺其自然。只是国帑流失，良为可叹。

同时，时尚学术也与考绩相关。《舜典》有“三载考绩，三考，黜陟幽明，庶绩咸熙”之语。宋人黄伦解说：“考课之法，急之则诈伪生；宽之则功实见”。宋人陈经：“求治太速，责效太早，则奸人得勉强矫拂，以肆其欺；而善人以积久而见功者，不幸而见黜”。本人既得“宽之”之惠，又受“急之”之害。幸逢以前十数年宽松的学术环境，使《归善斋〈尚书〉章句集解》得以面世。

追索经典，属于“以积久而见功者”，注定是一条艰辛之路，而常常“不幸而见黜”。只有心存敬畏，才会选择此道。钦敬，是《尚书》的主线，贯穿全书，日后将专文论述。元人陈悦道《书义断法》说：“有道是盖天下万事，皆本于心，而成于敬”。敬畏是一切准则的基线。没有敬畏，任何的准则都将是虚幻的。常存敬畏，一以贯之，将终此一生，以了夙愿。身为闽人，亦受闽学传统影响。《四库全书》收录的《书》类著述，有多位闽人，其中林之奇、朱熹、蔡沈、黄伦最为杰出。

明人陈第《尚书疏衍》：“书之显晦，亦自有时”。古人讲究天时、地利、人和。《归善斋〈尚书〉章句集解》为自选项目。虽在特定氛围中，因地利、人和之故，困于资源配置，立项难以顾及，仍泰然处之。宋人黄伦说：“鼓钟于宫，其声自闻于外，兰生于林，其馨自达于远。”有用之学，必逢天时。民族复兴，核心在于复兴民族文化，《尚书》正为民族文化之源。何为复兴？中衰而后振兴。中衰之时，则文化式微；振兴之际，则天时来临。随着民族文化自信渐长，《尚书》研究和传播的日益兴盛，自不待言。冀望《归善斋〈尚书〉章句集解》的出版对此有所裨益。

退而读书，怡然自乐，不求闻达，吾心清宁。

（作者为中国社科院法学所研究员）

对世界的感悟加深

——我的2014年书单

张颐武

2014年虽然出版业面临着移动互联网的深刻挑战，但其活跃的程度却并没有减弱。虽然卖书人的日子相对艰难，面临诸多新的问题，但读书人却仍然能够看到很多有意思的好书。这里所列出的是我个人读过，也觉得值得与更多人分享的书。我希望能够和大家分享的是阅读的乐趣，这很重要。如果没有乐趣，我们很难坚持。但同时，我们也需要在阅读中克服困难，把相对难的书读完，让自己的人生领域拓宽，让自己对世界的感悟加深。

《二十一世纪资本论》，皮凯蒂著，中信出版社出版。这部书大概是现在世界上最流行的学术书。它所讲述的是资本主义经济不平等和财富继承带来的巨大利益造成的问题，引发了全球的关注。世界各地的人都在讨论这部书，连比尔·盖茨都发表了书评。它其实可能是西方这些年思想转折的一个重要征兆。

《跨界》，腾讯科技频道著，机械工业出版社出版。这是一部探究移动互联网未来发展的书，其中有不少具有启发性的内容。传统产业如何转型，在新时代应运用互联网思维改变自己，抓住未来变化的方向，有所作为。它对于个人的职场选择和人生定位其实也有相当的启发。

《妈阁是座城》，严歌苓著，人民文学出版社出版。这是作家严歌苓的新作，对于人性中不可控的欲望深渊做出了深度观察。通过人由于赌博而毁灭命运中的“状态”的透视，警示了我们的人生。

《李光耀论中国与世界》，李光耀口述，中信出版社出版。本书是一位具有思想高度和政治眼光的老人对于世界的思考。他多年的许多心得，如对于中国发展的预言已经为现实所印证。他的思考很值得我们关切，并从中得到启发。

《飘窗》，刘心武著，漓江出版社出版。本书是老作家对于北京当下文化和生活的观察，如对全球化之下北京人的生活形态有深入的思考，也对当下中国新的发展状态做了很有趣的探究。

《中国经济再廿年》，张军著，北京大学出版社出版。这部书对于中国经济发展的一些现象剖析饶有兴味，如对于中国消费的低估等的判断，对未来经济走势的分析都很有启发性。

《新加坡的挑战》，杜维明著，三联书店出版。这部书是上世纪80年代杜维明在新加坡的演讲，对于新儒家伦理与企业精神、东亚的发展和传统文化等问题都有很深入的思考，对于新加坡把儒家的思想和精神与严格有序的法律制度相结合的思想渊源及取得的成就也有所揭示。

《昨日之前的世界》，戴蒙德著，中信出版社出版。这是名著《枪炮、病菌与钢铁》的作者新作。从他对原始部落的观察，可以看到现代人应该从古老的智慧和生存之道中受到哪些启示。

《与邬达克同时代》，王唯铭著，上海人民出版社出版。这是对上个世纪20到40年代建筑师邬达克的建筑和那个时代的解读。邬达克的多样灵活、引领潮流的建筑改变了上海城市面貌，为城市空间留下了历史的印记，许多建筑今天依然是上海景观的一部分。

《泰坦尼克号上的“中国佬”》，程巍著，漓江出版社出版。本书通过文献中的蛛丝马迹，探究泰坦尼克号事件上的几个中国人的踪迹，通过这种探究，透视了种族主义以及西方对于中国的看法。本书是学术著作，却非常生动，让人从一个不为人关注的侧面观察众所周知的历史事件，别有启发。

（作者为北京大学教授）

我的“民法梦”

王利明

古人云：“君子之为学也，将以成身而备天下国家之用也。”我一直铭记先师佟柔教授“治学报国、奉献法治”之教诲，以研究中国法治建设中的现实问题为使命，以为中国当代法治建设问题建言献策为己任，借此追求法治梦和民法梦。我国《宪法》通过对“依法治国”方略的确认，书写下我们的法治梦，描绘出中国法治的宏伟蓝图。而新中国几代民法学人的民法梦就是期待一部中国民法典的面世。就我个人而言，民法梦还有一层含义，就是要构建中国民法学理论体系，这样一个体系是立足于中国实践、内生于中国文化传统、回应中国社会现实需求、展示民族时代风貌的理论体系。在世界文化多元化背景下，这样一个中国民法学理论体系也应当是一种具有自身特色，受世人广泛关注、高度评价和普遍尊重的法律文化样态，其能够为促进世界民法文化的繁荣与发展作出我们中国人自己的贡献。那么，我们应当构建什么样的中国民法学理论体系呢？

——它应当以研究中国现实问题为重心。“社会不是以法律为基础的。”“相反地，法律应该以社会为基础”（马克思语）。中国民法学理论体系在内容上应当与市场经济建设过程中诸种问题相照应，包括作为市场经济基本规则和市民生活“百科全书”的民法和商法。所有这些内容都应该在中国大地上谱写，直接回应中国的现实问题。在我看来，本土特色的制度文明也就是国际的文化贡献，扎根于本国现实问题的民商法学也就是居于国际领先水平的民法学文化。解决了市场经济体制构建中的中国特色民商法重大问题就是解决了为世界普遍关注的问题，就是对世界民商法学发展的重大贡献，也就达到了国际领先水平。

——它应当以解决中国现实问题为依归。对于“法律究竟是什么”这一问题，笔者认为，古罗马的西塞罗在其名著《法律篇》中提及的“人民的福祉是最高的法律（Salus populi suprema lex esto）”这一名言给出了最佳的回答。民法学研究应当以实现人民的福祉作为指导理念。民之所欲、法之所系。一个学者研究法律的所有出发点都是实现人文关怀，保障人的自由和尊严，促进人的全面发展。这就要求我们的民法学研究应当来源并服务于中国改革开放的伟大实践，对社会生活中产生的现实问题提出创造性的解决方案，以此为民主法治建设作出贡献。有真问题，才可能有真学问。民法学要成为一门治国安邦、经世济民、服务社会的学问，就必须以中国的现实问题为依归。

——它应当具有对世界优秀民法文化的开放和包容态度。构建以研究我国现实问题为重心的民法学理论体系并不等于对异域法律文化的排斥。相反，在全球化背景下，中国民法学体系应当是一个包容世界民法文化精髓的体系，它反映了人类社会发展进程中面临的共同问题和应对智慧。理论自信不等于盲目自大，学术自信离不开我们对异域法律文化的充分了解，离不开我们对人类社会最新成果和趋势的准确把握。对人类法律文明的优秀成果，应秉持鲁迅所言“我们要运用脑髓，放出眼光，自己来拿”，我想这也是比较法研究的重要任务和价值所在。在文化多元化的时代，中国特色民法学体系的构建将有助于世界民商法学文化的繁荣，有助于增进人类共同的福祉。我们从来都不能完全照搬外国民法理论体系来构建自己的民法学体系，虽然我们的研究需要借鉴两大法系的有益经验，需要把握国际民商法学的发展趋势，但我们不能妄自菲薄，不能对异域研究亦步亦趋、随波逐流。

近30年来，我本人的民商法研究经历基本上遵循了前述思路。回顾自己的学术历程，从最初在佟柔教授指导下研究民法调整对象和民法体系、民法与经济法的关系以及经济体制改革过程中的所有权形态等问题，到上世纪80年代末期赴美学习后回国开始从事民法总则、侵权责任法归责原则、物权法基本原理等问题研究，再到后来因参与合同法立法而开始全面研究合同法问题，这期间，本人就民法中的诸多重大疑难问题撰写了不少学术论文。90年代末期我又赴哈佛进修，重点研究司法改革等法治热点难点问题。新世纪以来，随着民法法典化的正式启动，我作为起草人之一参与民法典草案的编撰工作，就物权法、人格权法、侵权责任法和民法典体系等基本理论问题展开了专门研究。后又配合物权法、侵权责任法的起草，就相关领域的重大理论问题展开了认真探讨。作为中国民法法典化见证者和参与者，我在整个研究历程中都尽最大的努力提供建设性意见和理论支持，我也与其他民法学同仁一道大力助推中国民法学体系的建构和民法学文化的传播。

弹指一挥间，近30年过去了。当初荒芜的法学园地而今已繁花似锦，当初被称为“幼稚的法学”今天已成为一门显学，民法学在其中表现得尤为突出。记得在改革开放之后相当长的时间内，社会上一般人都不知民法为何物。一些重要的民法制度和民法术语更为人们所陌生。例如，在上世纪90年代初期，我国权威词典仍然把“隐私”这一概念理解为“阴私”，将其视为一种贬义词汇。而今天，“隐私”这一术语已广为人知，保护隐私的观念也已深入人心，这不能不说是一个巨大的社会进步。不得不承认，这一历史性演变进步凝聚了一代又一代民法学人的汗水、心血与期盼。还记得上世纪80年代初我大学毕业时，民法教科书仅寥寥数本，且尚未公开出版，民法论文屈指可数。而今，我国民法学教科书汗牛充栋，民法学论文浩如烟海，民法学研究人才辈出，民法学的未来一片光明。

但我们还应当清醒地意识到，中国仍处于人治向法治的转型时期，法治建设任重道远，市场经济法律制度还处于不断完善之中，与此直接相关的是民法学理论体系仍处于初创阶段。这不仅仅表现在现有民法理论和相应民法制度还未能有效地回应诸多重大现实问题，还表现在我国民法学理论的国际影响尚不尽如人意、民法学理论的国际话语权仍然有限。虽然法治梦和民法梦已经开启，但这些梦想的实现，还有待我们为之作长期不懈的努力。

尼采有句理想主义名言，“不断重复一个梦幻，就能把它变为现实”。我们已经从迷茫中醒来，选择市场经济这一发展道路，法治是中国的唯一选择，舍此别无他路。在这一过程中，法学工作者肩负着重大职责和光荣使命。基于这样一种认识，我希望借此《民商法研究》修订的机会，重复我的中国民法梦想，以助推法治梦的实现。这就像涓涓细流汇入大海一样，学术繁荣就像水流汇集成川一样，需要靠每个人不断地努力和积累。我愿化作沧海一粟，汇入中国民法学文化的江海；我愿作为一粒石子，铺上法治的康庄大道。

期盼中国民法梦梦想成真，期待中国法治梦早日实现。

（作者为中国人民大学常务副校长）

从美国历史中发现它的道义债务

李守民

在过去200多年的世界历史中，全球各国的每两个国家中就有一个被推翻，而美国从英国殖民统治之下独立之后却延续下来了，并且在风云翻滚浪潮里从弱国成为头号强国。基于这样的事实，一个看起来并不复杂的问题提了出来：美国是一个什么样的国家呢?

通过研究美国后，我们发现它其实有两部历史，一部是进步史，一部是罪恶史。《另一半美国史——美利坚的道义黑债与救赎》正是从它的罪恶史中发现了它的道义债务，并按照时间和逻辑的顺序穿插展开述评。

强权与征服是美国的国家个性。这一概括是从美国的历史中和美国国内的批评家们以及国外的批评家们的评述中提炼出来，而美国强权与征服的个性是通过战争的形式来实现的。本书中的叙述，展示了美国的不可一世已经达到了登峰造极的地步。美国就像一只盘旋在天空中的猎鹰，时时在寻找着猎捕的机会，一旦机遇成熟，它会果断地毫不留情地伸出尖嘴利爪猛扑过去，置猎物于死地而后快。

美国无疑是当今世界竞技场上的领跑者，它在世界的外交舞台上有其不可动摇的话语权，因为它有雄厚的经济基础，它有领先的科学技术，它有强大的军事力量，它的文化软实力同样霸道。也正是因为这些，美国人趾高气扬地自诩为世界“一等公民”，在世人面前显得高傲和自命不凡。

美国政府始终认为它们的使命是“天定命运”。早年，在拉美为了建立自己的后院，不惜代价赶走宗主国，操起家伙对西方列强说：美洲是美洲人的美洲；二战后美国利用苏联的威胁把欧洲绑架起来，然后用北约的枪口对华约说：欧洲是北约的欧洲；苏联解体，东欧剧变，华约不复存在，美国在天空中挥动着拳头搅动着一阵阵风云，它的航空母舰在任意横行，似乎在向世界宣告：地球是美国人的地球。

纵观美国历史，美国的战略是建立在利己主义和实用主义基础之上的。从早期的孤立主义、新干预主义，到杜鲁门主义和霸权主义等等，每个阶段的发展都连着战争和背叛。早期，他们设立了“感恩节”，以此来感谢上帝和印第安人对欧洲移民的帮助，以后美国白人为了自己的利益，感到印第安人碍手碍脚，进而矛盾加深，双方动起了枪炮，接着美国政府发起了对印第安人的战争，几乎要把印第安人赶尽杀绝；为了对付德国法西斯，美国及其英法等国与苏联结盟，当二战胜利后他们之间又树起了高高的壁垒，在明争暗斗中发起了一场场代理人之间的战争；为了对付亲苏的阿富汗政权，美国扶持和武装了本·拉登基地组织，后来反目成仇，美国借“911”事件，在全球发起了反恐战争，最后消灭了本·拉登；两伊战争时，美国为了自己的利益让伊拉克与伊朗相抗衡，随即把伊拉克从“黑名单”上抹去，接着又进行军事援助和经济援助，后来因为科威特和大规模杀伤性武器问题，美对伊发起了两场战争，直至把萨达姆送上国际法庭。本书给人展示了美国就是这样极端利己的一面，对于争端不是通过协商而是通过战争来解决，最后达到征服的目的。

除了本书介绍的实体战争外，而当今美国在制造新的恐怖。随着时代的发展，美国不失时机地发起了金融战争、资源战争、粮食战争以及文化战和网络战，这些战争看不见，摸不着，然而遍地是血，其程度依然惨烈，美国的道义债务在新时期新技术和经济全球化的条件下有了新的血的积累。

美国历史是血写的历史，美国人在踩着血迹前行，不过这些血迹不仅仅是美国民众的，更多的是倒在美国枪口下的或者倒在美国大棒下那些外国人的血迹。正是美国政府发动的一场场战争，使它不仅对本国的印第安人、黑人、少数族裔人甚至白人，还有被它颠覆的国家的无辜民众欠下了一笔笔道义债务，这些都是美国政府遭人痛恨的根源。由此，美国政府在威胁别人的同时，自己也同时受到威胁，这些威胁有些来自国内，有些来自国外。我们坚决反对那些针对美国无辜民众的袭击，但我们同时也希望美国政府能够遵循它们信奉的上帝的教导，对于自己的罪恶进行忏悔和救赎，因为世界的潮流在向善中前进。假若不然，它的道义债务将积重难返，最终会被压垮。

（作者为历史文化学者）

一次外交事例中的文化碰撞
——读《嘉庆十年》

张　彧

中国与俄罗斯互为最大的邻国，有着几百年的交往史，内容丰富，可以挖掘的课题难以计数，但受制于语言，史料，学术关注度，早期中俄关系，目前已经成为明日黄花，多年没有出版高质量学术专著。笔者有幸读到陈开科教授的新作《嘉庆十年——失败的俄国使团与失败的中国外交》详细拜读，发现是双边关系史中难得的杰出著作。

以往，虽有零星论著涉及嘉、道时期的中俄交涉，但都不过蜻蜓点水，且偏向经贸关系，很少触及外交交涉问题。经过仔细研究，作者发现嘉、道时期中俄在政治外交层面不仅存在频繁交涉，且内容十分丰富。当然，因为是个案研究，本书所涉问题仅仅是嘉、道时期中俄交涉问题的冰山一角。找到了切入点，作者没有如同一般史学著作，简单论述事件的来龙去脉，而是将双方的关系放入18—19世纪之交，世界发展大势中去观照，本书对事件历史背景采取"研究"的态度，不仅将外交事件置于中、俄历史发展的背景下比较考察，甚至将基于中、俄两国历史发展的外交事件放在全球史发展的更广阔的背景下来进行研究，全方位地揭示外交事件与社会发展互动的内在规律。

处于18—19世纪之交的俄国虽然没有赶上此前发端于其他国家的文艺复兴，工业革命，总体实力落后于其他欧洲国家，但从18世纪开始无论思想界还是政治实践界都在努力的“预流”，这使得俄国社会拥有了一种滞后但缓慢发展的可能性。此时孤立发展的中国虽然综合实力未必弱于俄国，但其社会发展态势却比不上俄国；虽然此时的中国已经出现所谓近代初曙，但绝对没有触及那些本来已经错时的世界潮流。俄、中两国在整体发展趋势上慢慢“分道扬镳”，而从两个国家最高统治者观察，也可以看出一些端倪，嘉庆帝“他的知识结构，是直线型的，根本没有触及当时其他文化知识，也没有自然科学知识，纯粹是一种中国传统知识分子的教育；反观俄国的沙皇亚历山大一世，接受宗教，哲学，数学，物理等不同学科知识。嘉庆帝，在登上皇位过程中一帆风顺，但因为做皇子时间长久，加上侍皇帝3年时间，使得其人性格谨慎，打磨掉了身上的所有锐气，无论什么心思都需要伪装。而亚历山大一世，继位之路时间短，但充满了阴谋，血腥，两人不同的性格、继位之路对其执政方式，都有着比较深刻的影响。正是不同性格在一定程度上影响了俄国的对外政策。

嘉庆十年，俄国政府为了进一步扩展双方贸易，恢复俄中外交关系，决定向中国派遣戈洛夫金使团，但由于双方不同的文化背景，两国因为礼仪之争引发激烈矛盾，结果是俄国使团被逐出中国。这一发生在中俄关系史中失败的案例，过去少为人知，似乎在历史发展中影响不大，但通观全书，可以清楚看到，这次外交接触影响深远，从表面看，仅仅是简单礼仪冲突，但实际上反映了中、俄两国的文化差异。在使团赴华之前，身处欧洲条约制度下的俄国政府对地处东亚以中国为中心的天朝体制（朝贡体系）知之不多。固守华夷之辨，坚持文化霸权思想的清政府，把前来贸易，建立平等外交关系的俄国使团，当作朝贡而来的蛮夷之国，要求其演习跪拜礼。这让自恃身份高贵的戈洛夫金，从内心根本拒绝这样带有侮辱性的要求。

外交事件都是深层文化与现实政治综合作用的结果，从现象看，使团被驱逐出境，狼狈不堪，颜面尽失，但通过派遣该使团，俄国形成了系统的对华外交政策，使团到达库伦前就曾在沿途对中国进行了调查，回国路上，也对西伯利亚进行了科学考察。受制于当时国力和欧洲的政局，亚历山大一世没有对中国采取行动，但毕竟已经有了不良企图，清政府方面为了区区脸面，竟草草将俄国使团驱逐，失去了一次了解俄国对华政策并形成自己的系统对俄外交政策的机会，特别是随着国力变化，中俄之间关系逆转，半个世纪之后，俄国人卷土重来，清政府付出失去大片领土的惨重代价。

本书结论是俄国失败了一次使团派遣行为，而中国则失败了整个对俄外交战略。笔者同意这一判断，同时对作者能够以小题目揭示历史大内涵，从一个失败事件的历史节点观察中俄两国历史发展大势，两国关系发展大势，世界历史发展大势，做出历史结论，表示钦佩。

（作者为文史学者）

道德是市场经济的价值灵魂

王　嘉

有一种观念始终在很多人的脑海中盘旋，即认为“商场如战场”“无情竞争”“人对人是狼”“弱肉强食、适者生存”的“丛林法则”是市场经济的铁律。因此，唯有抛弃道德底线，呼唤“狼性回归”“认钱不认人”，以邻为壑、尔虞我诈、不择手段，才能在商海竞争中求生存谋发展。历史上也不乏见利忘义、无德经营的现象。究其原因，这背后隐藏着一个“经济的非道德性神话”。该“神话”认为，经济以发财致富为目标，与伦理道德毫无关系，因而可以游离于伦理道德之外。这一“神话”影响甚深，要想消除企业的无德经营现象，首先必须从思想上消除错误认识。近读人民出版社出版的《道德经营论》（张志丹著，2013年版），有一种豁然开朗的感觉。该书不仅从理论上深度剖析了“经济的非道德性神话”，而且较为系统深入地论述了企业道德经营的完整画卷，能够开启我们的思考和智慧。

《道德经营论》中对“经济的非道德性神话”的剖析十分精彩。书中认为，“经济非道德性神话”本质上是把经济与道德人为分割的一种机械论，是一种扭曲的形而上学经济学思维方式。面对这种“扭曲”，《道德经营论》从多个层面进行了辨析。

经济说到底必然蕴含着“道德基因”，具有人文精神和“道德体温”

经济领域是社会生活的有机构成部分，真正完善意义上的经济（行为）不可能没有人文、道德意蕴，经济与人文、道德在本质意义上从来无法截然二分（除非在主观思维领域），因此，缺失人文、道德内涵的经济不可能成为“真正的”经济——人本经济、道德经济。按照布兰妮的观点，经济领域是“嵌入”于社会生活之中的。因此，经济的普遍的特殊性即使“再特殊”也不至于没有普遍性，即没有脱离“社会共性”的纯粹“经济个性”。从根本上说，经济行为毕竟是人的行为活动，是在人与人、人与社会的关系中进行的行为，如果没有处理人际关系的基本规则——道德的整合、引领、驱动，是无法想象的。

再者，经济活动的出发点、终极目的和运作过程都与道德存在密切关联，道德是经济活动的“内生变量”。英国著名经济学家阿尔弗雷德·马歇尔早在1890年就在其《经济学原理》中说过：“经济学是一门研究财富的学问，同时也是一门研究人的学问。”经济学的研究旨趣在相当大的程度上决定了对经济活动解读的基本路向，而在人学视阈中的经济不可能完全价值无涉。换言之，在经济活动中，‘为谁生产”“生产什么”“怎样生产”以及“如何分配、交换和消费”等这些基本的问题，不仅关涉工程学和数量问题，更关涉道德理念和价值判断。对此，经济学领域（诸如效用理论等）的思想资源的解释力是有限的，伦理学视阈的解释力或许更为根本，因而具有逻辑上的优先性和价值上的宰制性。

市场经济条件下，企业本质上是主张利己与利他平衡的“经济道德人”

诚然，追求经济利益是任何市场主体、任何企业的基本目的，但是，在伦理学视阈中，这一目的并非唯一的或者最高的目的。以和谐共存、公平有序为特质的市场经济所需要的是讲求道德竞争的道德化的企业。这种企业在本性上是“经济道德人”。就是说，作为“经济人”，企业的行为目标是实现利润最大化；而作为“道德人”，企业的行为目标又需要符合基本的道德诉求。换言之，企业既不是纯粹利己的“经济人”，也不是纯粹利他的“道德人”，而是追求经济效益与社会效益，私利与公益平衡的互利性“经济道德人”。由此而论，企业或者说经济的非道德神话尽管在历史上喧嚣一时，却不可能符合健全的经济哲学的基本逻辑。进一步说，只是求利、唯利是图的“经济人假设”只是对现实中活生生的人的某种抽象，而非生活中人之本真，与企业的本真面目不相吻合、难以对接。只有利他主义与利己主义的交集才符合市场经济中企业目的的本真。

进一步说，人性、人的动机具有复合性、多维性。早在19世纪英国著名哲学家兼经济学家约翰·穆勒就曾深刻地写道：“人的一生中也许没有一个行为除了单纯的财富欲以外不直接或间接地受其他冲动的影响。”可见，个人的自利动机并非是唯一不变的、普遍存在的动机。或者说，将经济动机作为人的唯一动机不仅没有提升人性，相反降了人的格。因此，在市场竞争中企业需要遵循道德，实现经济理性与道德理性相结合，实现自身利益与他人利益相统一，这是逻辑之必然。

道德是市场经济的价值灵魂，
也是企业核心竞争力的内生变量

道德是市场经济的价值灵魂，竞争是市场经济的基本机制，竞争伦理要求市场经济中的企业及各种经济主体进行道德竞争，提升道德竞争力。在竞争、竞争力已成为经济全球化时代不容忽视的强势话语和关键词的情势下，如何在竞争中取得优势，既是个人、组织及企业需要面对的重要课题，同时也是一个地区、民族和国家必须面对的重要课题。

当今国际间竞争的一个核心是经济竞争，而经济竞争主要看企业及其产品和服务的质量，而产品和服务的质量离不开其中蕴含的“道德含量”“道德成色”。企业之所以需要生产人性化、道德化产品，外在地说是由于社会的需要和竞争的压力，但内在地讲是由企业的道德本质决定的。著名经济学家阿玛蒂亚·森曾以鞭辟入里、非常到位的话指出了道德作用发挥的独特性，他写道：

“良好商业行为的基本准则有点像氧气：只有当缺少它时，我们才对它感兴趣。”可以说，企业竞争力的道德本质，是从微观层面对“经济的非道德性神话”的又一痛击。

书中对道德经营的建构性诠释，也富有创见。在我看来，在一个存在拜金主义价值取向以及坑蒙拐骗、尔虞我诈等商业败德行为的时代，深度批判“经济的非道德性神话”，为企业树立起道德经营的理念扫清思想认识障碍，的确是时代之需要、人民之呼唤，也是提升国家实力之必需。

（作者单位为南京师范大学公共管理学院）

张荫麟写通史的五个标准

马　勇

中国具有悠久的历史传统，也有非常久远的历史书写，但是到了近代，随着西方新史学的输入，中国人对自己民族历史的认识发生了严重分歧，到了20世纪初年，一些有远见的历史学家如章炳麟、梁启超等就开始考虑重新认识中国历史，重建中国历史书写方式、表达方式等问题。只是由于历史条件限制，他们的这些认识除了体现在夏曾佑那本并不太成熟的《中国古代史》之外，似乎还没有多少理想的成果。直至抗战，方才相继出现张荫麟、钱穆等人的中国通史著作，尝试着对中国历史进行重构。

张荫麟是民国时期的天才史学家，具有极高天赋、深刻思想、扎实功底，曾经受到梁启超、陈寅恪、钱穆等史学大家器重，给予相当高的期许，在20世纪三四十年代中国学术界，张荫麟与钱锺书齐名，他的这本薄薄的小册子《中国史纲》虽说是个未完成的作品，但却使中国新史学别开生面，使中国历史的书写与重构走上正轨。

在这部著作中，作者对自己民族的历史饱含温情与敬意，旁征博引，纵横捭阖，以丰富可信的历史文献作依托，以轻松自由流畅粹美的文字，以举重若轻的行文风格描述了远古中国至东汉初年的历史。全书没有繁琐冗长的引文考据，没有故作高深的新奇道理，作者只是以行云流水的文字如实讲述那段历史那些故事，使读者在轻松阅读中获取新知增长见闻。

在新的历史条件下写作一部新的中国通史是应该的，问题主要在于究竟应该怎样写，究竟应该采用怎样的一种取舍标准。换言之，中国通史不可能容纳全部的中国历史事实，不可能将什么事情都写进去，一定要有取舍，一定要有放弃，否则细大不捐，这就不是供人阅读的中国通史，而是供人查阅检索的中国历史百科全书了。当然，反过来说，中国通史也不能是历史学家凭借记忆或涉览所及，或个人兴趣而决定取舍。这对于许多写作者来说，或许便捷，但也不是理想的通史。

所以在张荫麟看来，一部理想的中国通史当然是能够提纲挈领，只能记录和讲述一些最重要的事情，至于什么样的事情才重要，张荫麟根据东西方历史学实践提出五个标准。

第一个标准，张荫麟叫作“新异性的标准”。所谓“新异性”，其实说的就是“内容的特殊性”，就是在历史上是否具有新意，由此而讲究的是“社会动力学”而不是“社会静力学”，所以记录到通史的里面的就是历史上过去所不曾有过的。

第二个标准，张荫麟叫作“实效的标准”。按照这个标准，史事所直接牵涉和间接影响于人群苦乐即幸福感、痛苦感越大，那么这样的史事无疑就越重要。

第三个标准叫作“文化价值的标准”。张荫麟强调，所谓文化价值标准就是真与美的价值。按照这个标准，文化价值愈高的事物愈重要。我们写思想史、文学史或美术史的时候，详于灼见的思想而略于妄诞的思想，详于精粹的作品而略于恶劣的作品。

第四个标准，张荫麟叫作“训诲功能的标准”。所谓训诲功能有两种意义，一是完善的模范；二是成败得失的鉴戒。按照这个标准，训诲功能愈大的史事愈重要。旧日的历史学家大抵以此标准为主要标准，只是到了近代，新历史学家的趋势是在理论上要把这个标准放弃，虽然在事实上未必能够做得到。张荫麟认为，即便没有办法完全做到，但在新通史中，作者应该对此抱有警惕，要知道随着学术分工日趋严密，历史学无法将一切训诲都纳入自己的考察范围，比如历史人物的成功与失败的教训，虽然很值得研究，但在新史学的通史概念中似乎不应该有地位，应该归属于应用社会心理学的“领袖学”的范畴。

第五个标准可以叫作“现状渊源的标准”。张荫麟指出，我们的历史兴趣之一是要了解现状，是要追溯现状的由来，这就有点“历史发生学”的意思，就是要探究一个历史现象究竟是怎样发生、怎样演化的。按照这个标准，史事和现状之间发生学的关系愈深则愈重要，所以历史学家往往强调详近而略远。

张荫麟的五个标准虽然是说一般通史的大原则，但其实也是对自己这部新通史的期待，由此反观张荫麟的这部通史，我们就很容易看出其特点、意义和价值。首先，作者在这部通史中，充分融会前人研究成果和作者玩索历史事实而获得的心得，以说故事的方式进行表达，没有繁琐引证，没有过程考据，不引原始文献，因而这部通史没有阅读障碍，最有利于青年学生阅读。其次，作者在写作之初谋篇布局，选择了少数节目为主题进行讲述，给每一所选的节目以相当透彻的叙述，这些节目以外的大事，只概略性地涉及以为背景，这样不仅节省了篇幅压缩了规模，而且避免了枝蔓避免了衍生，利于青年学生从大背景大环节上把握中国历史的精髓。第三，作者对于社会变迁，思想的贡献和许多重要历史人物的性格，也参照自己所立的五项标准兼顾详略，使读者对于中国历史与文化有个大致平衡的理解和掌握。所以这部通史出版之后受到各方面欢迎，好评如潮，在不太长的时间里一版再版。直至今天依然是青年学生乃至许多中国人了解自己民族历史一个简洁清晰的读本，就在过去20年里多次印刷，拥有多个版本，成为同类作品中流传最广泛的一种。

（作者为中国社科院近代史研究所研究员）

重温潘光旦的“中和位育”

张冠生

“中和位育”，是潘光旦先生从儒家社会思想中提炼出的一个概念，时值1920年代，是中国社会尤其是文化思想发生剧烈变动的一个时期。他引《中庸》里边“致中和，天地位焉，万物育焉”之义，解释说：“位”的注解是安其所，“育”的注解是遂其生。

潘先生用“位育”概念表达自己的人文理想，提出的虽属学术话题，关注的则是社会大众的生活状态，希望他们能安所遂生。我辈与潘先生一辈相比，在文化思想所能达到的高度上，远逊于他们，很难说能完全理解他们的主张及意义。即使在常识层面上想想，也会觉得安所遂生比安居乐业还要高一筹。“遂生”的内涵比“乐业”要广，至少能把人的内心、人与他人、人与社会、人与自然的和谐包括进去。

潘先生说，“位育”是个新名词，却是个古老的观念。“一切生命的目的在求位育……安所遂生，是一切生命的大欲。”他以此衡量教育得失，认为教育如不能使人安其所，遂其生，那叫办学，不叫教育。此话说于1932年。

此后的每个时期，潘先生都结合当时社会问题解释和发挥“位育”学说。在1930年代是结合民族复兴问题，1940年代是结合战争胜利前后工业发展、乡土教育问题。其时，潘先生曾任清华大学教务长兼社会学系主任、西南联大教务长兼社会学系主任等职，尤重引导教育以位育为本，而位育又以农村为本。

1997年第11期《读书》杂志有文章《位育之道超越了什么？》。1998年该刊第4期又有《玩味“位育”》一文。这个话题的重提，说明它仍有现实意义，仍被关注和讨论，临近世纪之交，自然又是一个时机。潘先生不在了，“位育”一说还有人记得，说明确为我们社会所需。不妨设想，若潘先生还在，他会结合当今哪些问题阐发此说?

1999年，50多万字的《中和位育》由中国人民大学出版社出版。那是个回顾与展望的年份。到了一个世纪行将结束的时候，人们回顾过往，反思百年，发现有些曾被冷落、遗忘的东西，实在该好生珍视。在世纪交替的历史瞬间，蒙尘终于扫去，遗珠重光。

该书第25页，有潘先生写于1930年代初的一句话。至今重温，倍觉新鲜——

中国的教育早应以农村做中心，凡所设施，在在是应该以85%以上的农民的安所遂生做目的的，但是二三十年来普及教育的成绩，似乎唯一的目的在教他们脱离农村，而加入都市生活；这种教育所给他们的是：多识几个字，多提高些他们的经济的欲望和消费的能力……至于怎样和土地及其动植物的环境，发生更不可须臾的关系，使85%的人口更能安其所遂其生，便在不闻不问之列。

恍然间，潘先生还在，这话说的正是当下发生在我们眼前的现实。

（作者为民盟中央委员）

说大不大、说小不小的“文化工程”

陈平原

所谓学术史研究，说简单点，不外“辨章学术，考镜源流”。通过评判高下、辨别良莠、叙述师承、剖析潮流，让后学了解一代学术发展的脉络与走向，鼓励和引导其尽快进入某一学术传统，免去许多暗中摸索的工夫——此乃学术史的基本功用。至于压在纸背的“补偏救弊”“推陈出新”等良苦用心，反倒不必刻意强调。因为，当你努力体贴、描述和评判某一学术进程时，已有意无意地凸显了目家的文化理想及学术追求。

其实，此举并非今人的独创。起码黄宗羲的《明儒学案》、江藩的《国朝汉学师承记》已着先鞭，更不要说梁启超、钱穆各自独立完成的《中国近三百年学术史》。至于国外，同类著述也并不少见，单以近年译成中文的为例，便有古奇的《十九世纪历史学与历史学家》、丹尼尔的《考古学一百五十年》、尼古拉耶夫等的《俄国文艺学史》、勒高夫等的《新史学》，以及柯文的《在中国发现历史》等。

即使如此，90年代中国学人之热衷于谈论“学术史”，依然大有深意。一如黄宗羲之谈“明儒”、梁启超之谈“清学”，今日之大谈学术史，也是基于继往开来的自我定位。意识到学术嬗变的契机，希望借“辨章学术，考镜源流”来获得方向感，并解决自身的困惑，这一研究策略，使得首先进入视野的，必定是与之血肉相连的“二十世纪中国学术”。

当初梁启超撰写《清代学术概论》，只是其拟想中的《中国学术史》之第五种；今人之谈论“学术史”，自然也不会以“20世纪”自限。本丛书不只要求打通古今，更希望兼及中外——当然，这指的是丛书范围，而不是著述体例。

无论是追溯学科之形成，分析理论框架之建构，还是评价具体的名家名著、学派体系，都无法脱离其所处时代的思想文化潮流。在这个意义上，学术史与思想史、文化史确实颇多牵连。不只是外部环境的共同制约，更有内在理路的相互交织。想象学术史研究可以关起门来，“就学问谈学问”，既不现实，也不可取。

正因如此，本丛书不问“家法”迥异、“门户”对立，也淡漠“学科”的边界与“方法”的分歧，只要是眼界开阔且论证严密的学术以及思想史、文化史方面的著述，均可入选。也许，话应该倒过来说：欢迎有志于通过触摸历史、感受传统、反省学科进而重建中国学术的学人，加盟此项说大不大、说小不小的“文化工程”。

（作者为北京大学教授，本文为北京大学出版的《学术史丛书》总序）

老庄道家与环境哲学的会通

谢阳举

中国道家哲学和在西方兴起的环境哲学的关系如何，是近年来国际学术界讨论的热点问题。确如大批中外同行所见，道家思想和文化中蕴藏有深厚的生态智慧和环境哲学思维。《老庄道家与环境哲学会通研究》一书专门阐释老庄道家的这一特殊认识主张。

“道”的本质是“自然”。“自然”是老子思想的核心概念，是其整个思想的实质所在；它既是事物存在的法则，也决定着人类的价值理念。这个哲学概念的创制，标志着中华民族先人对自己生存模式的理性认识，预示了中国文化走上了高度亲自然、重视环境因素的发展道路。在世界多元文化之林中，如此明确地标榜这样强的“自然”化纲领的文化是独一无二的。老子一开始就将整体世界及其状态和过程当成思考的对象，这使得老子思想成了某种最早的环境思维。从道和自然的思考出发，推及人类，这是老子走上非人类中心主义之路、最早提出人类应该以“无为”的原则自律的原因。

在老子眼里，世界是运动的，运动体现为过程，过程有多种可能趋势和状态，不论“变”与“不变”，凡是事态都是有“常”、有“正”，即有稳恒、平衡、正常态的。也就是说，事物的存在和演变必有最佳状态，这个最佳状态是由“道”的规定所决定的。与这个最佳状态最接近的，就是具有动态自演化、自组织、自平衡的稳定态，也就是自然常态。自然常态具有自发的秩序生成和修复功能，但是，须知它不等于秩序。老子哲学不但是状态哲学，而且是有关最佳状态，即稳定平衡态的哲学。老子提倡“为无为”“无为而无不为”，就是为了捍卫正常态势，因为只有这种态势是创造性成就最高而负面能量最小的态势。状态和趋势的哲学可以与环境哲学、生态哲学的大方向会通。

老子说：“天地不仁，以万物为刍狗；圣人不仁，以百姓为刍狗”，旨在辨析人为的仁爱和合乎自然无为的辅助万物生成之间的区别。老子反对刻意而为、夹带私意、有偏袒的仁爱。人类生存环境恶化的发生大多是人类自身引起的，可以说是人道之患的后果。人道之患的一个伦理学表征就是，传统的人文伦理是“人为的”，也仅仅是“为人的”，它无视伦理行为更深邃的形而上学意义，也没能预估到其可能的行为后果。道家讲尊重自然，提倡宇宙伦理情怀，要求包容万物、超越自我、超越人类中心主义。道家把这种通于宇宙的道德叫作“玄德”，也就是笔者所谓的“深层道德”。这才是真正的慈爱。慈爱原则可以扩升为环境伦理法则。

近百年来有一种相当普遍的倾向，即将庄子看成自由思想家。这种诠释的核心是将庄子“逍遥”等同于西方的“自由”。用“自由”解释“逍遥”是错误的，将《庄子》文本中六次出现“逍遥”的地方都换成自由两字，结果会偏离庄子的意思。逍遥是与“道”和“自然”保持一致，最完整的意思是保持野性的、自然的、随机的、不受干扰束缚的状态或活动。逍遥地生活的本质在于最大限度地认同自然。自由是近代社会政治哲学的核心概念，欧洲人的历史开始于自由人和不自由的人的区分，“逍遥”不是源于这种历史背景的思考，逍遥要调节人及其所从属的整体自然之间的原初性关系。自由是人和自然二元论视域下的概念，自由是以人工文明的营造为目标的，它要驱逐粗俗、野性的自然，人类的自由因而意味着征服自然。在现代世界，一方面人和自然都要改善；另一方面，人和自然的冲突已经到了临界点。解决这样的问题，自由和逍遥各自都有优点和缺点。我们需要尝试统一它们、兼用它们，因为好的自由需要逍遥，好的逍遥也需要自由。

西方传统人道中心主义的伦理学，贬低自然的价值，不承认动物生命具有值得考虑的道德地位。西方唯一神导演的剥削自然的宗教，贬低自然，使自然一再褪去魅力和神圣性；伴随近代自然科学树立的价值取向，自然成了僵死的对象。19世纪中叶以后，环境的破坏和环境的报复终于唤醒了人类良知，在生态学、环境科学的大视域中，西方文明正式走上了自我反思的道路。伦理学的反思带来了人类所依赖的生态共同体的扩展，促使人们从资源保护和利用的经济思维向环境伦理观演变，演绎出生命伦理和土地伦理等新伦理观念，产生了环境伦理的先驱。

20世纪以来，许多迹象显示，中国古代道家思想正在急速复活、变异和生长，有可能成为救治现代文明异化的要素。道家和当代绿色文明方向是一致的。环保的转机需要社会化行动，我们看到，环保状况较好的国家和地区极其重要的措施是推动公民普遍环境意识的形成和成熟。因而从环境保护事业直到生态文明建设，都需要将环境哲学认识与文化传统贯穿到教育和行动上去。环境保护如果能在民族文化传统内部找到知音和同道，将会根深叶茂、事半功倍。中国古代的道家学派蕴藏的生态智慧和环保思想资源，是中国环保哲学的重要思想营养。将相关理念与现代环境哲学融会贯通，创新适合中国现时代的环境认知和保护伦理，并将之贯穿到环境教育中去，使其深入人心，培养出真正具有环境保护意识的生态公民，才能给我国环境保护和保存奠立真正的基石。

（作者为西北大学思想文化研究所教授）

新版《师哲回忆录》的看点

李海文

师哲是大革命时期的老同志，在苏联学习与工作15年，回国后长期在中共中央担任俄文翻译，随多位中央领导人出访苏联、东欧、朝鲜，是中共中央与苏共中央之间往来的见证人。他生于1905年，1998年8月去世，几乎经历了整整一个世纪的风雨。生活在20世纪的人中，很少有人像他那样，与众多的重要人物和重要事件如此紧密地联系在一起，如此直接、频繁地接触毛泽东、周恩来、刘少奇、邓小平、斯大林、赫鲁晓夫等中苏领导人。因此，他的回忆录是其他任何一个人所不能代替的。作为一个重要的历史见证人，他以其独特的视角对诸多领袖人物的看法、评价，为研究历史提供了重要思路、借鉴。最近，他的回忆录——《在历史巨人身边》增订出版。

虽然过去了20多年，
现已公布大量档案、回忆录，但师哲的回忆录仍不失其价值

1982年，师哲获得“解放”，被分配到社会科学院苏东研究所任顾问，他终于有条件可以回溯那段历史。他给党中央总书记胡耀邦写信，提出此要求，得到同意，但是批示上说，写好后存中央档案馆。回忆录很快写好，交中央档案馆保

存。1986年师哲患脑血栓，脑力虽未减，但行动不便，一切力不从心了。81岁高龄的老人希望在有生之年能看到自己的回忆录问世，便将他保存的回忆录的草稿交给我。原稿有二三十万字，按人物回忆毛泽东、周恩来、刘少奇、任弼时等老一辈革命家的许多重要活动，不少内容是重复的。由于我工作繁忙，延宕到1988年才有时间开始整理，将书稿按专题进行分类，按事件发生的先后顺序排列。我以他的文字和口头的回忆为基础，借中央文献研究室的鼎力相助，得以查阅了大量有关毛泽东、周恩来、刘少奇、朱德、任弼时的档案资料，查阅当年的报刊，核对史实，订正、补充、丰富史实，并对史实进行分析、归纳，增加了历史背景及对人物、事件分析的阐述，使史料更加准确、翔实，增加了系统性和理论性。这也保证了本书的质量，虽然过去了20多年，现在已公布了大量的档案、回忆录，但是师哲的回忆录仍不失其价值，因而能有第四次出版。

本书是回忆录，首先要尊重史实，保持师哲独一无二的经历、见闻、观点。他受经历所限，只能从一个侧面反映一些重大历史事件。师哲是个性情中人，时常发表一些惊人之语。我们从内容到叙述都不能求全责备，但是所述事实力求不违背历史；不发表不当的、过激的观点。

我尊重师哲本人历史实际与意见，凡是他不可能知道的事情，即使查到资料也不增加，凡是他不同意的观点和史实都不用。例如：他坚持苏联从未劝过中国共产党划江而治，现已被外交部接受。他回忆1950年10月周恩来访苏，向斯大林提出不出兵朝鲜，已为彭德怀传记组同意。对于与事实不符而他又坚持的，我们都尊重他的意愿照实写下来，而在注释中加以说明。

我整理好后，将第一稿送师哲审阅。问题少，他自己动手修改；问题比较多或者问题比较大，就同我谈。如他记忆（时间、地点、过程、情节）有误，我拿出档案等文字证据，他都心悦诚服接受。我对某些人物的性格、思想的理解与他不同，他详细地和我谈，为了说明问题一一举例，直到我完全理解为止。他讲的有些观点我虽然不完全同意，但因是他的口述史，作为整理者，我只能忠实原意，照录无误。

经过整理后，1991年，师哲的回忆录以《在历史巨人身边》为名在中央文献出版社出版，引起轰动。师哲的观点、史料，在史学界有着广泛的影响。

一般的书有10年寿命就很不错，而师哲的回忆录经过20多年的考验，已成为历史文献，成为经典，成为研究这段历史必备的参考书。此次新版回忆录，增加了以下内容：

其一，对一些人物、事件的注释。师哲虽然从1962年开始失去自由、坐牢、受审查、流放共19年，但是他纵观历史，充分肯定毛泽东功劳。我根据他的多次谈话，综合他对毛泽东的叙述和看法，花了一个月时间写出了《毛泽东神韵》一章，得到他的认可。我将第二稿分送周恩来的外交秘书马列，彭德怀办公室主任、彭德怀传记组组长王焰，彭德怀传记组成员、研究朝鲜战争的专家张希，中央文献研究室毛泽东研究组组长赵福亭，刘少奇研究组组长刘崇文，任弼时研究小组组长章学新，他们分别审阅了相关的章节。中央文献研究室主任李琦、秘书长何静修审阅了全书。第三稿偏重于文字的加工润色，核对引文，为了便于读者阅读，还做了少量的注释。人物注释大都由徐永军所写，最后由我定稿。此次出版，考虑到随着时间流逝，一些人物、事件已不为人知，又增加了注释。

其二，之前未能发表的内容。“关于师哲在延安保安处工作期间处理的案件”，涉及的人数众多。当时无法一一查证、核实。征得师哲同意暂时不发表。从2005年出版的《中国秘密战——中共情报、保卫工作纪实》一书中，印证了师哲当年的回忆基本正确，因师哲于抗战胜利后离开了保安处，后来有的甄别，有的有内情。这次，保留原文，只在他记忆不全面的地方加上注释说明。

其三，“关于毛泽东与江青的婚事”。当时整理成文却并未发表。师哲在此节的文稿上批写：“江青是人民打倒、唾弃的一个罪人，不能把这样的人和毛放在一起。”为了尊重师哲，考虑到粉碎“四人帮”的时间仅过了十几年，读者对江青难以接受，鉴于当时的历史环境，没有把这一节放进回忆录中。现在，关于江青与毛泽东的关系成为党史研究的一个热点，并有许多误传，如有人认为江青不是康生介绍给毛泽东认识的等等。师哲是历史见证人，他的看法也是一家之言，为了避免以讹传讹，还原历史真相，现在把当年整理的内容公开，以飨读者。

师哲回忆录与众不同的“平视风格”

本书作为回忆录，采用第一人称叙述，“我”即是师哲本人。师哲有其独特的语言风格。他作为参加过大革命的老共产党员，党性很强。在审查时，有人提出删改对一位领导人评介的内容，他一方面尊重组织的意见，另外他专门写了一段话，陈述、保留自己的看法。

我从事专业党史研究30多年，采访过数百位领导同志，有政治局常委、政治局委员、书记处书记、部长、将军们，当他们谈起在毛泽东、周恩来、刘少奇、朱德、任弼时、彭德怀、贺龙、徐向前、邓小平领导下工作的情景，话语间充满了崇敬之情，往往以仰视的角度回顾历史。师哲则不然，一贯以平视的角度看待、评论老一辈领导人。他在耄耋之年，患轻度中风行走不便，但是精神矍铄，头脑清楚，文思敏捷，一谈就是四五个钟头，滔滔不绝。他常常三言两语、一针见血地勾画出人物形象。

师哲于1924年参加革命，1926年加入共产党，是为革命奋斗一生的老同志。这样的老同志很多，到粉碎“四人帮”之后，中国还有大革命时期入党的同志八百多名，为什么他会与众不同？随着我与他交往加深，对他、对党史更加了解，这才渐渐找到答案。

首先，这固然和他的天性，陕西人倔犟、耿直的性格有关，更主要的是与他在苏联学习与工作15年的经历有关。20岁到35岁正是一个人精力旺盛、求知欲强，确定世界观、蓬勃发展的岁月。他长期在国外生活，深受异国文化的影响，养成了民主、平等、开放的思维习惯。

其次，他那独特的视角，与他在共产国际工作、回国后在中央机关工作18年的经历有关。1938年秋，他任中共驻共产国际代表任弼时的秘书。1940年受共产国际派遣回国参加党的七大，准备党的七大后回莫斯科向共产国际汇报。那时，中国共产党是共产国际的一个支部。这年春，他随周恩来、任弼时一起回到延安。因战争原因，党的七大召开的时间一推再推，他以任弼时秘书的身份留在延安，在毛泽东、任弼时的领导下负责中苏两党往来的具体事务，翻译来往电文。

这18年，他在毛泽东、任弼时领导下工作，近距离观察毛泽东、周恩来、刘少奇、朱德、任弼时、彭德怀、张闻天的工作方法、工作作风，熟知他们的性格、思维特点、行事方法和他们之间关系的微妙之处。

他和中共中央领导人一起经历了中苏关系由蜜月到产生分歧的过程。1956年中苏关系开始发生分歧，1957年1月他主动向邓小平、刘少奇提出离开中央，到山东任省委书记处书记。拿到火车票，才去向毛泽东主席告别。他对苏联一直坚持自己的看法，有人说他是亲苏派。其实，他对苏联、斯大林既不是完全肯定，也不是完全否定。他因在苏联生活15年，对苏联的优点、缺点有较深刻的认识。这本书在中苏关系特别好的时候不能出版，因为他讲了苏联的不少缺点；在中苏关系恶化时也不能出版，因为他讲了苏联的许多好话。只有在中苏关系正常化时才能出版。

第三个原因，他在苏联学习时，能用俄文直接阅读马克思、恩格斯、列宁、斯大林的著作。新中国成立后，他担任中央编译局局长、外文出版社社长，领导筹建俄语学院（第一外语学院的前身）。1962年，师哲被戴上“修正主义分子”“苏修特务”的罪名，被软禁在东总布胡同的一栋房子里。他利用受审查的时间，认真研读、校对《列宁全集》中俄本。像他这样认真地通读过《列宁全集》的人在党内甚少，就是专门从事理论研究工作的同志也找不出几个。他有深厚的理论修养，这是他能够坚持、敢于坚持自己看法的思想基础。

他20岁投身革命，经历过战争、肃反、党内争论，也犯过错误；一生大起大落，命运多舛——坐牢、受审查、流放共19年，不平凡的经历磨炼了他，使他更加坚强、刚毅，百折不挠。一个接一个的打击，都没有将他打倒。他永远有老共产党员特有的达观、积极、奋进。他一生保持着特立独行的个性、犀利的语言、敏锐的目光，他富有真知灼见，能够形成一家之言。

（作者为中央党史研究室研究员）

中国最具亲和特性的软实力

郭小聪

中国为什么既能保持大一统的国家形态，又没有妨碍各地社会生活和文化发展的丰富多彩呢？这对西方一直是一个谜

中国历史为什么延续不断？有些西方人试图用高度的种族同一性原因来解释，兹比格纽·布热津斯基的话颇有代表性："中国的体系是自成体系和自给自足的，它主要建立在得到认同的种族同一性的基础之上，对民族和地理上处于周边的附庸国，中央只比较有限地使用力量。中国有很大的和居于统治地位的种族核心，这就使中国有可能每过一段时间恢复其帝国。"也就是说，中国的超强稳定性在于其国家内部文化与民族构成的高度同一。这个见解无疑会引发新的问题，如果真是如此，那么中国社会内部的精神文化特征也应当是高度一致的，民族同一性只有凭借文化同一性才能得到切实体现和保证。但实际情况恰恰相反，中国各地社会生活、文化特性历来是复杂多元、长期共存的，这一点有目共睹。2013年10月，一位在中国任教两年多的美籍教师即感叹，觉得中国最可贵的地方就在于她的文化多样性，别的国家各个地方往往千篇一律，而中国不但大中小城市的文化截然不同，南北东西风情各异，就连相邻两个镇的方言都可能不一样，

这让他感到惊讶和享受。按照西方人的历史经验，如果社会生活、文化面貌差异到这个地步，早就该分裂成无数个国家了，可是中国为什么既能保持大一统的国家形态，又没有妨碍各地社会生活和文化发展的丰富多彩呢？这对西方一直是一个谜。

“在中国，越是要强调地方文化的特色，也就越是要强调地方文化与中国文化的关系”

近年来，一本社会学专著《地域文化与国家认同：晚清以来“广东文化”观的形成》富于创见性地回答了这一问题。中国学者程美宝通过对晚清以来广东地方文化观念的考察，得出了一个令人有些意外的结论：对于中国而言，强势文化与弱势文化的长期共存，不但不会构成分裂的威胁，相反，各种地方文化之间的积极竞争，还会促进对国家的精神认同，对社会生活起到更具活力的凝聚作用。

为什么会这样呢？该书以翔实的史料证明，中国地方文化的多元化，不仅不以离心离德为代价，恰恰相反，无论谁占据了文化优势地位，都会争着表达忠心，表达自己对于国家文化所做的贡献，显示中华文化在某地之意。广东历史上的三大族群正是这样，无论哪个族群兴盛，都要想方设法论证自己与中国文化正统、主流的关系。譬如，客家人自近代崛起后，便一如粤人、潮人那样，利用著书、撰文、修志等话语权，论证自己的“中原来源说”，声称自己早在南迁之前就已是衣冠旧族，沐得中原文化熏陶。

程美宝发现这是一个普遍现象：“在中国，越是要强调地方文化的特色，也就越是要强调地方文化与中国文化的关系”。既然如此，那么各地文化无论怎样复杂多元，强弱不一，也不会威胁到国家统一，反而还会不断丰富和壮大中国的主流文化。“这种实际上多元而在表述上又趋向统一的辩证的国家地方关系，恰恰是中国文化最诱人的地方”。这也正是国家认同感与地方文化多样性相契合的最奇妙之处。

共同的生活经历、历史记忆以及漫长的时间浸润，中国“和而不同”的文化才能开花结果，形成强大凝聚力

所以，中华民族的超强稳定性并非来自于种族同一性，这一点在汉代时就已经很清楚了，台湾学者许倬云曾指出：自汉代以来，“虽然广土众民，地方性的差异不少，中国能保持相当一致的文化同构性，政治权力可以更迭，文化认同则足以维系共同体的延续不散”。这与同一时期的古罗马帝国有本质不同。同样，清末时各省竞相宣布独立，也不是真要分裂，而只是以此政治之举宣示中央政权因无道而不合法，孙中山在就任临时大总统的宣言中说：“武汉首义，十数行省，先后独立，所谓独立者，对于满清为脱离，对于各省为联合”，正是点出其要义。所以，在中国传统中，由于文化认同感的存在，地方意识、地方文化一般不会助长政治上的离心现象，反而会促进大家同心同德。

各国自有不同的生存方式、立国之本，中国作为一个超大型社会，确如华裔学者谭中所说，“和谐”是中国的命根子，其广土众民正是靠文化吸引力由中国内部各族居民根据他们的共同意愿而逐渐形成的。隋唐之所以比秦汉帝国更能“持续发展”，也正是有赖于儒、道、佛的“三教合一”。中国学者温春来撰写的《从“异域”到“旧疆”》一书，也通过边疆少数民族融入中华文明的历史有力地证明了这一点：“早在国族兴起之前，中国社会、政治、文化、认同、经济等方面已经具有高度整合的一面，没有这个深刻的历史根源，能够在短时间内建构并成功维持一个庞大的国族是难以想象的。”可以断言，正是共同的生活经历、历史记忆以及漫长的时间浸润，中国“和而不同”的文化才能开花结果，形成强大凝聚力，这是中国最亲和的软实力。

（作者为国际关系学院文化与传播系主任、教授）

未经包裹的“自我”

——《钱玄同日记》前言

杨天石

钱玄同是近代中国著名的学者，以文字音韵学见长，而且是思想家、教育家、史学家、编辑家、文字改革家，在多方面有很高的造诣。

钱玄同幼受家教，熟读传统经籍。1902年前后赞同“保皇”，欣赏梁启超的政治主张。1903年冬，受《苏报》案影响，开始转向“排满革命”。武昌起义，浙江光复，钱玄同无比兴奋。他热忱拥护共和。袁世凯复辟帝制的行为给了钱玄同以巨大刺激。当时，部分复辟分子利用孔子学说制造舆论，钱玄同因之主张“孔氏之道断断不适用于二十世纪共和时代”。1917年1月，钱玄同读到胡适发表在《新青年》杂志上的《文学改良刍议》，致函陈独秀，表示“绝对赞同”，同时激烈地攻击“《选》学妖孽”与“桐城谬种”。1918年初参加编辑《新青年》。他在该刊发表了大量批判旧文化，要求学习西方，在文化领域实行改革的文章，成为新文化运动中的一员骁将。但是，其间他也发表过一些废汉字、汉语、不读中国书的偏激之论，受到社会批评，以致连陈独秀也不得不出面声明：“这种用石条压驼背的医法，本志同人多半是不大赞成的。”

五四当日，钱玄同曾随学生一起游行。五四之后，当年的《新青年》同人向政治与学术两途分化，钱玄同选择的是学术之途。他坚持新文化运动的精神，继续反对复古倾向，认为“赛先生绝对不是西洋人所私有，的的确确是全世界人类所公有之物”“分明是世界文化”。1924年11月，钱玄同与周树人、周作人、顾颉刚等共同发起创办《语丝》周刊。当时，适值冯玉祥发动“首都革命”，溥仪被逐出故宫，钱玄同曾在该刊发表《恭贺爱新觉罗溥仪君升迁之喜并祝进步》等文，坚持民主、共和立场，认为中国出路在于接受“全世界之现代文化”，而不是“复兴古人之精神”。

钱玄同一生用力时间最长、用功最勤的是“国语统一”和“汉字改革”运动。1925年4月，章士钊出任北京政府教育总长，创办《甲寅》杂志，反对白话文和注音字母。钱玄同坚决反对文化界的昏谬和倒退，愤而与黎锦熙等创办作为《京报》副刊之一的《国语周刊》，钱玄同宣称，要与“僵尸”“魔鬼”决斗，“拚个你死我活”，同时，提倡“丰富的、美丽的、新鲜的、自然的”民间文艺。同年9月，《新青年》旧日同人刘半农自欧洲归国，组织语音学团体“数人会”，钱玄同、黎锦熙、赵元任等均成为会员。该会研究的《国语罗马字拼音法式》于1926年11月公布，成为中华人民共和国成立后广为推行的《汉语拼音方案》的基础之一。1934年，钱玄同提出“简体字”方案，于1935年通过，但未能推行。同年，任教育部国语推行委员会常委。

自1929年起，钱玄同即患高血压、神经衰弱等病。1935年，右目患视网膜炎，身体日衰，但他仍作文自勉，声称“一个人，无论事功和学问，总得要干，总得要努力干”。1937年卢沟桥事变，北平沦陷，师大迁往陕西，钱玄同因病留平。他托人寄语随校西迁的老友黎锦熙，宣称决不“污伪命”。1939年1月17日，因脑溢血逝世，终年52岁。其生平著作，近年已辑为《钱玄同文集》出版，但并不完整。

钱玄同的日记始于1905年12月9日东渡日本之初，终于1939年1月14日，距逝世仅三天，长达34年。

治史者大都重视日记，因为它记个人经历和亲见、亲闻的世界，比较准确，也比较具体，常常可以据此考证若干历史事件发生的时间、地点和人物关系，更常常有正史、官书所不可能有的“私房”情节，有助于补正史之缺，甚或解正史不能解之谜。但是，前人日记也有两种。一种是专为写给别人看的。这种日记，倘能真实地记录世事、人情，亦自有其价值；倘不以记录世事、人情为目的，而以装腔作势，自扮圣贤为事，则这种日记的价值就很小。另一种日记，是主要为写给自己看的。或为备忘，或为个人道德修养，或为情之所发，不能自已。这种日记，率性操觚，一任本真。其记录世事、人情者固然可贵，即使纯记个人经历或感情，也可以从中见到一个赤条条的未经包裹的“自我”。其价值不言而喻。钱玄同的日记，显然属于后者。他解剖自己时，坦率真诚，至情流露；论事论人时，直言无隐，毫无粉饰，不像日常交往和著书时总有不可避免的某些顾虑。

钱玄同一生，历经维新保皇、辛亥革命、五四运动以至抗日战争等近代中国的许多重大历史事件。他的日记，不同程度地折射出时代的面影，可以帮助我们了解20世纪前半个世纪的中国史。钱玄同是文化人，他的生平活动关涉近代中国文化的启蒙与转型，可以帮助我们了解那一时期的思想史、文化史、教育史、学术史。他的日记，不仅记个人经历、思想，而且大量记述自己的读书心得与研究成果。他是大学问家，研究面广，阅读面更广，涉及经学、子学、史学、文学、艺术、宗教、文字、音韵、训诂、碑帖、书法等门类，可以帮助我们了解钱玄同多方面的成就。钱玄同的日记还记录了他和同时代许多文化人的交往和对他们的评价，有助于我们研究近代的文化人。

（作者为中国社科院近代史所研究员。本文发表时有删节）

张之洞的学人圈

陆　胤

张之洞（1873—1909）历官山西巡抚、两广总督、湖广总督，1907年内召为军机大臣。“政治家”的生涯，应该是他的本分。不过，利用封疆大吏的政治资本和社会影响力，张之洞周围聚集了一批晚清乃至民国时期的重要学者。在张之洞的赞助下，凭借着种种学缘、地缘、人缘的接近，逐渐形成一个以“清流”人物为核心的学人圈子，在近代中国思想嬗变和学术传承的历程中，留下了深刻的印迹。《政教存续与文教转型：近代学术史上的张之洞学人圈》，是从张之洞开始，依次考察刘坤一、袁世凯、端方等清末督抚的文教施设，探索“近代学术的体制内进路”。

好发纵横捭阖的议论，坚守儒家义理，
热衷诗酒交游，关注学术文教，这些旧时清流党的气质，
逐渐凝结为张之洞周边学人圈子的底色

在众多晚清督抚当中，张之洞的幕府能够独树一帜，吸引大量学人。这跟他早年参与“清流”的经历，也就是李鸿章所谓“书生习气”的养成，有很大的关系。

张之洞功名早达：16岁高中顺天乡试解元，27岁时会试中式，殿试被点为探花，随后进入翰林院。在此前后，他结识了翁同龢、潘祖荫、王懿荣、吴大澂等活跃于京城的学者型官僚，成为这一时期京城士大夫交游的重要组织者。同、光之交的京师学人交往，不仅孕育了金石考古的专门之学，更从学人之间频繁的诗酒交游当中，滋长出一股清议的意气。光绪初年，随着中俄伊犁之争、中日琉球之争、中法越南之争等边疆或藩属问题的激化，外交局面再次严峻。张之洞呼吸领会到这种风气变化，及时从金石考订圈子淡出身影，加入当时翰林院中热衷于言事的“清流”行列。

所谓“清流”，是古已有之的对清议集团的称呼，以朝臣的犯颜直谏为标志，同时包涵了东汉党锢、宋代太学生、明末东林党等泛化的士大夫言论势力。

晚清“清流”区别于前代清议的一大特点，在于其主体并非负有言责的谏官，而是张之洞、张佩纶、陈宝琛、宝廷等翰林院的“讲官”。他们平日沉溺于诗酒唱酬、金石考据、校勘收藏，一旦有事，就联翩上疏，鞭挞权贵，弹劾督抚，在朝堂上形成道德舆论的压力。与以往近代史教科书塑造的“顽固派”印象不同，这些翰林院出身的清议分子由于品级较高，大多视野开阔，究心时务，既有与督抚进行交涉的资格，又具备相关学养和人脉。他们自负才情学问，对西方的政治、外交、学术大都有兴趣，喜欢纵横捭阖地漫谈国际形势，甚至成为总理各国事务衙门的座上宾。

1884年中法战争成为“清流”命运的转折点。张佩纶、陈宝琛、吴大澂等清流人物纷纷被外派会办防务，却因战事不利而沦为举国非笑的对象。甲申以后，“清流”势力几乎全军覆没。唯一的幸存者就是张之洞。此前他被外放为山西巡抚，战争期间又临危受命，署理两广总督，实际上已从翰林清流摇身一变而为封疆重臣。

“清流”经历对于外任督抚的张之洞而言，绝不仅仅是一段年少轻狂的往事。作为清流仅存的硕果，张之洞在他的幕府和属下的书院书局中安置了许多清流人物，如梁鼎芬、吴兆泰、缪荃孙、沈曾植、郑孝胥、陈庆年、陈衍等，多为当年翰林院清议分子的后辈或门生。当时京城里流传的话头是：“有好主人在，不患无书院坐。”即便在朝中得罪了人，也还有张之洞这样的“好主人”，为清流士大夫提供出路。好发纵横捭阖的议论，坚守儒家义理，热衷诗酒交游，关注学术文教，这些旧时清流党的气质，逐渐凝结为张之洞周边学人圈子的底色。

张之洞从提倡新学的先驱蜕化为新、旧之间的调和者，并非退步，其实这正是他出入于“清流”和“洋务”两个群体、两种阅历之间所获的进境

今人提起张之洞，首先映入脑帘的，恐怕是“洋务派”三个字。说起“洋务派”或“洋务运动”，张之洞绝不是始作俑者。若是从曾国藩、李鸿章等兴办安庆内军械所、江南制造局算起，怎么也有30年了。张之洞大规模从事洋务，是受“甲申马江一败”的刺激，在晚清督抚队中已属后起者。枪炮、铁路、钢铁、纺织等形而下的“器物”制造，更非“清流”出身的张之洞的长项。在一开始，他只能亦步亦趋地模仿甚至请教李鸿章、盛宣怀等洋务重臣经验。如何将昔日“清流”经历及幕府中清流学人的劣势转化为优势，使其翻出与曾、李系统截然不同的新面目？这是张之洞作为“洋务殿军”必须直面的难题。

大概在1890年前后，张之洞曾致信王韬（1828—1897），请他在上海聘洋人翻译西学书籍。不过王韬返回的题名为《洋务辑要》的稿件，不很令人满意。张之洞不得不从李鸿章那里请来精通洋务的杨模、杨楷兄弟，组织人员修改译稿。这位杨楷就是清末民国时期有名的杨道霖（1856—1931），赵元任夫人杨步伟的祖父。当时他有一封致张之洞的长信，信中详细列举了编辑洋务书的人员、分工和进度。参与重修者，除了杨模、杨楷，还有汪康年、华世芳、叶瀚、秦坚、王镜莹、钟天纬等，多半来自当时活跃在上海周边的新学圈子。更重要的是，这部洋务书采取分门编辑的方式，列有疆域、官制、学校、工作、商务、赋税、国用、军实、刑律、邦交、教派、礼俗共十二门类。其中，官制、学校、刑律、教派、礼俗五门，涉及西学的制度文化层次，在甲午战争以前，应属较为领先的构想。

在我看来，正是张之洞及其周边学人的“清流”背景，使他们在面临西学、西政冲击时，能够保持对于制度、文化、风俗、教育等内容的高度敏感，从而实

现“洋务”的内在化突破。“洋务”和“清流”在思维方式上并没有对立，他们大体都是中体西用论者，在人脉上也多有联系甚至重叠。但出自“清流”的张之洞系统，与出自军功的李鸿章及其后继者不同的是，前者衡量中西文化整体的标准，逐渐从“功利”返回到了“义理”，于是洋务自然就从器物流入了制度、文化、教育，甚至伦理。人们看到张之洞晚年逐渐从提倡新学的先驱蜕化为新、旧之间的调和者，视之为退步。其实，这正是张之洞出入于“清流”和“洋务”两个群体、两种阅历之间所获的进境。

张之洞学人圈附着于体制内部的特性和执着于名教义理的底色，这段学术史上的大事因缘，却在近代中国日益趋新求变的社会氛围中逐渐黯淡下去

在清初康雍乾时代，皇权较为强势，他们主张“君师合一”，利用全国性的思想统制和文化工程，对从理学到考据学的学风转移发挥了引导作用。到了嘉庆、道光、咸丰以后，政治上“内轻外重”局面的形成，文化权势也逐渐向握有实权的督抚转移。“君师合一”下移为“官师合一”，毕沅、阮元、曾国藩等以督抚的身份和资源提倡学术文教，或编辑大部丛书，或创办经古书院，或经营官书局。张之洞学人圈的成立，正是在清代封疆大吏主持风教传统的延长线上。

近代中国正是处在这样一个旧范式已残而新范式未立的过渡时代，学界中人对外在环境的变化越来越敏感，学人交往等外缘的作用也就越来越大。近代学术思想史上最激烈的交锋，无不是在“群”与“群”之间展开。在此过程中，学人圈边缘人物的倾向有可能被核心人物中和。如庚子事变期间，张之洞与刘坤一等督抚主持“东南互保”，张幕下的钱恂、汪康年等则与海外“勤王”势力颇有纠缠，甚至有意鼓动张之洞离开清廷而独立，旋即被张之洞、梁鼎芬否定，付之以镇压自立会起事的果断措施。而张之洞作为群体核心人物的个人意志，也有可能受到整个学人圈氛围的制约。庚子以后，张之洞受八国联军入侵的刺激，觉得一切必须尽变西法，从皮毛学起。这种“全盘西化”的议论，遭到周边梁鼎芬、沈曾植等人抵制。最终他与刘坤一联合上奏的《变法三疏》，仍采用了较为折衷的

论调。

“群”是晚清人受西方社会学启发而特别重视的一个观念。不过以往学界往往只重视思想倾向进步的“新学群体”，如学会、报社、政团、政党等，却对士大夫社会固有的交游传统不无忽视。事实上，康梁一派新学群体的发生，本身就以“清流”等士大夫群体为土壤；而如南社等革命团体，更完全继承了唱和、雅集、拍曲、评选诗文等晚明以来士大夫交游的外在形式。清末以张之洞为中心的学人交游，正是处于新旧之间。然而，由于张之洞学人圈附着于体制内部的特性和执着于名教义理的底色，这段学术史上的大事因缘，却在近代中国日益趋新求变的社会氛围中逐渐黯淡下去。在张之洞等晚清督抚身后，地方主政者甚少自负向读书社会输送学术新经验的使命，也再难聚集起足以在学术文化史上留下印记的学人群体。

（作者为北京大学高等人文研究院助理研究员）

官场说官

梁　衡

因为一直在媒体工作，随手写下一些谈干部工作、生活的文章，出版社集为《干部修养谈》，其实名“官场说官”更合适。我先是当记者，接触官场；后自己也更进了官场，有了直接体验；退下来后又在一旁静观。总之，都是近距离观察，亲身经历。

近距离看到了什么呢？涉及法律的贪腐大事不说，道德、作风、修养方面较普遍的有三类：

一是假大空，搞形式。如会议多、文件长、讲话空、摆场面等，形式主义已经到了自己也分不清是真是假的程度。有一次采访，听官员汇报，只是低头念稿。我实在忍不住提出一个简单的要求，能不能不看稿，请抬起头，眼睛看着我。对方立即手足无措，不会说话。干部成了演员，离开台子就不会演，这是很可怕的。书中《开会与讲话》《老百姓怎么看政治》就是谈这类问题的。

二是私心难除，虽也吃苦耐劳办了不少好事，但总留有一个私字的尾巴，要表现自己，好虚名，要回报。如给自己立碑、出书，如卖弄才艺、好表演。这也可怕，一个身担重责的干部，虚名都不舍，何谈牺牲？书中《大干部要戒小私》《碑不自立，名由人传》属此类。

三是人格不独立，这是封建遗毒。人格上的低头弯腰，必然发展到组织上的拉帮结伙，这也很可怕。习近平同志讲，不能搞人身依附，干部是党的干部，不是谁的家臣。近来揭发出来的高干结帮犯罪就是这种性质。书中《一把跪着接过的钥匙》就是谈这个问题的。当然主流方面是好的，书中还有许多正面论述，如《老祖宗不能丢》《朱镕基不修传》《李瑞环的文风》等。

治国先治吏，无论是党务、政务，干部队伍的建设一直是头等大事。干部者，骨干、干练部分之谓也。它是一个团体、一项事业的核心，也是一种信仰、一种理想的示范者。中国古代提倡“以吏为师”，我们现在讲榜样的力量。遵纪守法是红线，思想修养是底功。过去讲修养主要讲党性修养，现在看来还不够。这一方面是事业发达了，党外干部增多，另一方面党性是最高要求，而修养则需要一个更宽大的基础，塔基要大，修养才稳。所以，除过去讲的党性修养外还要加上三条：一是理论修养，重温马、恩、毛、邓等人的书，结合新实践读懂原理。因为我们是从这个基础上发展起来的，从这条路上走过来的，老祖宗不能丢，历史不能割裂。二是知识修养，多读点社会科学方面的书。有的错误是私心、虚荣、好大喜功造成的，有的是无知使然。三是人格修养，干部、党员，首先是一个普通人。在一个团体中，人格独立，才能民主团结；一个社会上，人格健全才能政治清明。这不只是共产党的要求，古今中外都如此。干部修养实际上是社会文明的标志，是社会风气的先导。

希望能通过这本书与读者交流这些想法。

（作者为人民日报原副总编辑）

“寓封建之意于郡县之中”

——读《亭林文集》郡县论及相关诸论书后

瞿林东

顾炎武是一位博通经史而旨在经世致用、促进社会进步的伟大学者。读《亭林文集》卷一之《郡县论》以及《钱粮论》《生员论》，卷六之《军制论》《形势论》《田功论》《钱法论》等篇，可窥其社会理想及政治学说。顾炎武的社会理想，概括说来，就是“厚民生，强国势”。他的政治学说，集中表现在“寓封建之意于郡县之中”及与此相关的诸论之中，涉及政治体制、财政、选举、军事等。

“厚民生，强国势”：“寓封建之意于郡县之中”的主旨

顾炎武的社会理想，首先是着眼于对历代政治体制运行轨迹的考察，并从理论上加以概括，进而作出明确的判断。

《郡县论·一》开宗明义指出：“知封建之所以变而为郡县，则知郡县之敝而将复变。然则将复变而为封建乎？曰：不能。有圣人起，寓封建之意于郡县之中，而天下治矣。”这是顾炎武社会理想的基本出发点，即“天下治矣”。他进一步阐明他的社会理想和政治主张，这就是：“然则尊令长之秩，而予之以生财治人之权，罢监司之任，设世官之奖，行辟属之法，所谓寓封建之意于郡县之中，而二千年以来之敝可以复振。后之君苟欲厚民生，强国势，则必用吾言矣。”

顾炎武从对以往历史的全面考察，对政治权力的分配与使用作了较理性的分析，揭示出分封制与郡县制在一定的历史条件下并非完全对立，二者可以互补，进而形成另一种政治体制，即“寓封建之意于郡县之中”。人们的社会存在决定人们的思想，由于顾炎武处在专制主义中央集权高度发展的时期，对于专制主义中央集权的弊端比前人看得更加清楚，故而他能站在更高的认识层面上判断这两种政治体制在历代政治运行中的弊端，这就是：“封建之失，其专在下；郡县之失，其专在上。”因此，寻求新的政治体制，就必须改变“其专在下”和“其专在上”的现象，使其形成合理的权力分配的政治局面。所谓“寓封建之意于郡县之中”，就是在郡县制的框架下，适当限制或削弱朝廷专权，同时赋予地方一定程度的权力，使其根据当地的实际情况有所作为，从而达到“厚民生，强国势”的目的。这样看来，苏轼所说的对于郡县制“虽圣人复起，不能易也”的观点，就不免过于武断了。从学术史和政治思想史来看，顾炎武这位新的“圣人”就改变并且发展了柳宗元的《封建论》。

顾炎武说的“厚民生，强国势”，是其“寓封建之意于郡县之中”的主旨，可以看作是他的社会理想。从历史上看，一些有重大影响的史学家都有类似的社会理想。司马迁说：“扶义俶傥，不令己失时，立功名于天下，作七十列传。”这是他心目中的历史人物，他借此表达了自己的社会理想。唐代史学家杜佑主张“以富国安人（民）之术为己任”，这表明他把“富国安民”作为社会理想。宋代史学家司马光主编《资治通鉴》，他在《进书表》中明确指出，此书专取“关国家盛衰、系生民休戚，善可为法、恶可为戒”者入史。顾炎武说的“厚民生，强国势”同这里说的“富国安民”“国家盛衰，生民休戚”本质上是一脉相承的，反映了这些优秀史学家的见识和胸怀。这是因为，在任何时代，有关国家和民生的问题都是最根本的两件大事。

关于推行“世官”
制度的设想：改知县为县令，如其称职，可为“世官”

顾炎武的“寓封建之意于郡县之中”的一个具体设想，即实行地方官制的改革：改知县为县令，如其称职，可为“世官”，任职终身，退休后可举子弟或他人代之。这就是说，在郡县制的体制下，县令之职可袭用分封制下所特有的世袭制并作适当变通。

顾炎武对于这种“世官”制度以及与此相关的措施，提出了一些基本原则和操作程序：

第一，选拔与考核。首先是提高品级：“改知县为正五品官，正其名曰县令。”其次是选拔那些对一方社会情况熟悉者予以任用：“任是职者，必用千里以内习其风土之人。”再次是每三年一考核，如十二年中经过四次不同程度的考核均为“称职”者，即“进阶益禄，任之终身”。

第二，继任者，以世袭与荐举相结合。具体做法是：“其老疾乞休者，举子若弟代，不举子若弟，举他人者听”；所举之人如在十二年中经过每三年一考核而“称职”者，“如上法”。可见，这是一种世袭与前任荐举相结合的县令“世官”制度。与此直接相关的是，县令的副手丞，由吏部“选授”，丞任职九年以上可以补令。这是县令的又一任职途径，是否也可以看作是朝廷监督地方的一种措施。丞以下的各种名目的属官、小吏，均由县令自择，只需向吏部备案即可。

第三，重赏与重罚相结合。顾炎武主张，对于县令，朝廷实行重赏重罚相结合的管理方法：“令有得罪于民者，小则流，大则杀；其称职者，既家于县，则除其本籍。”顾炎武所期待的政治秩序是：“夫使天下之为县令者，不得迁又不得归，其身与县终，而子孙世世处焉。不称职者流，贪以败官者杀。夫居则为县宰，去则为流人，赏则为世官，罚则为斩绞，岂有不勉而为良吏者哉！”

顾炎武为了表明此种“世官”身份的县令制度的可行性，还自我设问，对“无监司，令不已重乎”，“子弟代，无乃专乎”，“千里以内之人，不私其亲故乎”等质疑，一一作了辨析。同时顾炎武还从“公”与“私”的辩证关系，进一步从理论上论证这种“世官”制度的合理性：“自令言之，私也；自天子言之，所求乎治天下者，如是焉止矣。”换句话说，“为其私，所以为天子也。故天下之私，天子之公也”。当然，这里包含着一个前提，即天子应是天下之公的代表。

多途取士，选拔“实用之人”“用世之材”

顾炎武所设想的实行“世官”制度的政治改革即“寓封建之意于郡县之中”，以及改革国赋以银的赋税制度，在他看来，能够真正有效推行这种改革和制度的人，只有类似杨于陵、周忱这样的“一代能臣”才能做到。而他所见、所闻、所读到的明朝的生员制度，是造就不出这种人才的。

顾炎武之所以提出对当时的生员制度进行改革，是因为他对这一制度的危害之深之大，看得再清楚不过了。他认为：“天下之病者有三：曰乡宦，曰生员，曰吏胥。是三者，法皆得以复其户，而无杂泛之差，于是杂泛之差，皆尽归于小民。”他进而指出：“病民之尤者，生员也。”这不仅是生员的数量多，而其能量也大，为害极广。

在人才问题上，顾炎武有多方面的思考与主张，除主张改变旧有生员之格局，将其“分流”为“立功名与保身家”“收俊义与恤平人”二途、二术外，还提出可仿效历史上的“辟举之法”，使其与“生儒之制”并存，从而达到“天下之人，无问其生员与否，皆得举而荐之于朝廷，则我之多收者，既已博矣”。他进而具体筹划，认为辟举之人，小郡可十人，大郡不超过四十人；小县可三人，大县不超过二十人，宁阙勿滥。若阙至二三人时，可选拔“通经能文者补之”。顾炎武强调不拘一格选拔人才的理念和做法，认为：“夫取士以佑人主理国家，而仅出于一途，未有不弊者也。”从另一方面来看，由于“辟举之法”的施行，“则天下之为生员者少矣。少则人重之，而其人亦知自重”，此亦不失为提高生员自身素质与社会影响的良方。

总之，顾炎武的《生员论》三篇，集中反映了他的人才思想。这一思想，一则源于当时社会的乱象，尤其是这一无作为而有特权的“今日之生员”群体；二则源于对历史经验即荐举制度的借鉴。

顾炎武《郡县论》及相关诸论反映出来的政治学说，主要着眼于改革地方政治，并涉及财政、学校、人才等诸多方面，但对朝廷及府州一级政治机构极少涉及，对县与府、州以及朝廷的关系亦言之不详，在这种情况下，推行“世官”性质的县令制度，也只能是一种理想的政治学说罢了。在这里，既包含着改革与折中，也反映了进步与保守。但顾炎武毕竟抱着“感四国之多虞，耻经生之寡术”的情怀，站在历史认识的高度，审视社会发展的趋势，从正反两个方面提出“其专在上”与“其专在下”的政治体制中的历史经验教训，希冀有所改变，确具有重要的理论价值和启示意义。

（作者为北京师范大学史学所教授）

观书心语十则

——《瞿秋白研究文丛》读后

陈铁健

岁云之暮，雪后风急天寒，闭门细读刚收到的《瞿秋白研究文丛》第六辑，记下心语十则。

一、青年学者文章，视角求异，视界求宽，学风朴茂，多彩纷呈，有扑面而来的清新气息。魏瑞香、梅良勇、白葵阳三人两文，探索瞿秋白早年情怀，不乏新义。白文所论瞿秋白20岁时，由“博学而致深刻，深刻而致老成，老成而致多思，多思而致矛盾，矛盾而致忧虑，忧虑而致彷徨，彷徨而致反思、反省’，“开启了一生的忧患之旅”，清晰而概括地写出瞿秋白投身革命时的心境。

二、张秋实治学经验谈，很有启示，足为青年学者效仿。

三、瞿勃遗作发表，可为兴华兄逝世周年祭。文中痛批家长制，一针见血，锐可断骨，读来为之一爽。删去的文字，当更精彩。兴华生前刚烈愤激之状，如在眼前。他走得太早了，瞿研界少了一位猛士，可惜！

四、金红短文《勇士·隐士·昼与夜》，文有丽彩，论含深意。精炼简括，洞穿透彻。瞿虹长文《瞿秋白赴俄心路历程研究》，宏观大气，文思气韵有乃父瞿勃遗风，可喜。

五、瞿秋白被遗弃在长征后的绝地，当事人博古已承担责任。至其心地如何，今人见山见水，据实评断，均无不可。其后人为长辈辩白，可以理解。唯听之而已，信则未必。老实说，后人论先人之过，因亲情所系，公允者甚少而偏袒者居多。慎之。

六、《多余的话》已成百年话题，总有说不完的话。康化椿、岳蕴之、阳志文、周二中之文，皆有深度。康文论及《多余的话》具“心灵历史的事实维度”一节，尤契合吾心。

七、铁仙兄大文论及“书生”与“政治家”，在瞿秋白身上孰轻孰重，孰多孰少？似可讨论。余意，瞿秋白半是书生，半是政治家，而骨子里纯然一介书生，做不成“成熟”的政治家。说瞿秋白是“书生政治家”，是称赞而非贬低；说瞿秋白生前死后的遭际，是悲剧而非喜剧，亦尽载史册，不容置疑。

八、瞿秋白是有国际影响的历史人物，“文丛”海外研究栏目介绍捷克、日本学者研究成果，有文有质，别开生面。瞿秋白一生沉浮与苏俄及共产国际关系至密，研究者应当高度关注苏俄历史事件：从十月革命、战时共产主义、农民与水兵暴动、新经济政策、农业集体化到肃反大清洗等；历史人物：从车尔尼雪夫斯基、普列汉诺夫、列宁、托洛茨基、斯大林、布哈林到高尔基等；意识形态：民粹主义的“拜民”意识，如何吸引并同化马克思主义，列宁的世界革命和东方战略，阶级斗争与无产阶级专政，不断革命论，等等。社会大变革之后，政治、经济格局可变，人的个性、思想难变。国内学术界对苏俄历史的研究，已从曾经认可、有所怀疑走向批判，把历史深处的隐秘不断揭示出来。瞿秋白研究如果固守当年的思维定势，走不出历史迷津，就难有大的进展。

九、李阜生考证瞿秋白见列宁时间，指出我的失误，我非常感谢。历史学是实证科学，历史学家笔下的人物、事件、时间、地点、情节等等，都应当准确无误，经得住时间的检验，方称信史正传。没有理论，历史照样存在，而没有事实和细节，再高妙的理论也无济于事。何况变幻莫测的理论风云，实在叫人找不到北，只好敬而远之。应当有更多像李阜生这样的纠错文字，出现于学术界。高远的学术胆略，深厚的文化储备，广博的知识积累，周密的细节考证，对一个文化学者来说，缺一不可。

十、沈公达人，十多年来以其德高望重的地位，给予江苏瞿秋白研究工作以周密设计、财力支撑，对学者关怀备至，可亲可敬。作为江苏瞿研界的政治引领者，他始终倡导“严谨治学，独立思考，包容创新，追求真理”，剀切之言，至关重要。倘无包容开放的宽松环境，学术创新和文化繁荣便会成为一句空话，只会导致学术的模仿化和文化的低俗化。学者如果只会唱赞歌，那充其量是个歌星，而不会成为有独立思想的学问家。沈公鼓励的是探索前行，而不是学舌止步。它必将推动瞿秋白研究向深广空间发展：从历史到文学，研究对象更具广泛性；从实证到综合，研究方法更具多样性；从继承到超越，研究成果更具创造性。

（作者为中国社科院近代史所研究员）

还原儒学与科学间的真实关系

乐爱国

自民国初期的新文化运动提出“打倒孔家店”同时又引进“科学”“民主”后，把儒学与科学对立起来的观点开始流行起来。儒学是中国传统文化的主干，是中国人无法割舍的文化情怀；科学是社会发展的基石，是中国人物质生活的根本保障。对于当今的中国人来说，儒学与科学二者缺一不可。如果硬是把儒学与科学对立起来，那么又如何能够在这二者之间做出非此即彼的选择呢?

儒学与科学并非对立

事实上，儒学与科学本不是对立的。儒家追求“天人合一”之道，因而既重视伦理道德，又要求研究天地自然；儒家讲博学，“耻一物之不知”，因而既要学习人文知识，又要研究草木虫鱼；儒家以民为本，因而既要道德教化，又要发展经济，进而发展科技。儒家创始人孔子要求学生“游于艺”“多识于鸟兽草木之名”；并且还整理了现存最早的农历书《夏小正》，流传至今，其中包含丰富的自然科学知识。他所编辑的《诗》《书》《礼》《乐》《易》《春秋》后来成为儒家“六经”，都包含了丰富的科技方面的知识，其中《尧典》《禹贡》《月令》《考工记》等都是科技类经典。

正因为如此，历代儒家都重视科技、研究科技。孔子之后，孔子弟子曾子与学生讨论过天圆地方的宇宙结构；思孟学派的《中庸》《孟子》中都包含了科技知识；荀子对自然现象有极大的兴趣并作了细心观察，对自然规律有一定的认识。汉代儒家普遍对天文历法感兴趣，并有所研究，推动了天文历法的发展，为此，英国著名科技史家李约瑟称“天文和历法一直是‘正统’的儒家之学”。宋元时期的儒家普遍对自然知识以及科技感兴趣，尤以朱熹最为突出。他对天文地理的研究，有很大的影响。明清时期的儒家虽然对于西方科学进入中国有所担心，但仍然以积极的心态学习西方科技，反对把西方人的科技视作“奇技淫巧”。

当然，儒学并不等于科学，因此，一直有儒家担心过于沉溺于科技而影响到儒学，因而把科技摆在次于儒学的位置。孔子反对“樊迟学稼”，孔子弟子夏认为，科技是“小道”，又说：“虽小道，必有可观者焉；致远恐泥，是以君子不为也。”平心而论，这只是反映儒家对过于沉溺科技的一种担心。这种对于科技的担心，不能被误解为反对科技。科技是一把双刃剑，儒家对于科技的担心，即使在当今社会也是非常必要的。

当然，在今天看来，儒学对于中国古代科学的发展也有不利的方面。在儒学实用理性的影响下，中国古代科技过于强调实用科技的发展，在科技理论的创新方面，有所欠缺；由于儒学对于社会诸多领域的主导性过强，科技的发展始终处于儒学的统摄之下，而没有能够获得真正的独立，从而导致了科技独立性的缺失。但是，这些不利的方面，只是反映儒学在如何促进科技发展方面所存在的问题，不能被误解为是阻碍科技的发展。

儒学对科技发展的积极作用

中国古代曾有过辉煌的科技发展，在宋元时期达到高峰。儒学不仅在同一时期也达到了发展的高峰，而且对科技的发展起了积极的作用。这不只是因为历代儒家重视科技，甚至有些儒家学者研究科技并在科技上有所贡献而成为科学家，更在于儒学对于中国古代科技的发展具有重要的影响。

首先，儒学思想影响着科学家成长，成为他们心灵、思想、学识、情感的不可分割的重要组成部分，从而培养了他们的人格素质，影响着他们的日常生活，乃至科学研究。其次，儒学思想影响着科学家从事科技研究的动机，古代科学家出于国计民生的需要、出于“仁”“孝”之德、出于求道求理的目的而研究科技，实际上都是围绕着儒学的价值理念而展开的。再次，儒家经学影响着科技研究过程，不仅儒家经典是古代科学家的重要知识来源，而且经学研究方法是古代科学家主要的科技研究方法，儒家自然观是中国古代科学思想的理论基础。除此之外，宋代儒学所形成的济世精神、博学精神、求理精神和怀疑精神，与宋元时期的科技发展有着密切的关系。为此，中国科技史家们指出：“宋代新儒学追求理性的精神和创新的精神，无疑有推动科学发展的作用。宋元科学高峰期的出现，这是一个因素。”正因为如此，我们不得不说，中国古代科技是在儒学的不断发展的背景中形成、发展并达到高峰的。

中国近代科技落后了，究其原因，最根本的是社会政治制度的落后，这当然也与儒学有一定的关系。问题是，在近代政治制度背景下，儒学缺少了新思想的创造动力，缺乏引领社会发展的思想大师，儒学衰落了，无法像宋代那样促进科技达到高峰，所以纵有各种各样的努力，也终究无法阻止科技的衰落。这种儒学与科技的一荣俱荣、一损俱损，休戚相关、兴衰与共的密切关系，个中缘由，令人深思，根本不能以儒学与科学的对立予以简单回答。

纠正儒学与科学关系上的误解

民国初期，儒学对于社会以及科技发展的负面作用被过分夸大，因而有些学者把儒学与科学对立起来，并逐渐被学术界乃至社会所广泛接受，甚至还从中引申出对于中国古代是否有科学的怀疑。幸好，包括李约瑟在内的不少科技史家们，通过艰辛的研究工作，用大量的事实证明了中国古代曾有过令同时代西方人所望尘莫及的科技辉煌。但即便是这样，李约瑟在赞叹中国古代的科技辉煌之余，仍然认为，儒学对于中国古代科学发展起着阻碍作用。

与此相反，早有一些学者反对把儒学与科学对立起来，尤其是肯定宋代儒家朱熹对于自然科学的研究以及朱熹儒学对于科学发展的积极意义。民国时期，胡适虽然赞同“打倒孔家店”，但对于朱熹所做的自然科学研究仍予以高度肯定，而且认为朱熹对于《大学》“格物致知”的诠释，“含有科学的基础”“确是有了科学的目标、范围、方法”。即使是当时以马克思主义理论为指导研究中国传统文化的学者吕振羽、赵纪彬等，他们虽然对儒学多有批评，但仍然肯定朱熹的自然科学研究以及朱熹的格物致知说对于科学发展的积极意义。

近十来年，这种在中国流行了近百年的儒学与科学对立之说，不断受到各种质疑和挑战。每当出现把儒学与科学对立起来、强调儒学对于科学发展的阻碍作用的论说，虽仍有一些附和声，但同时也会有大量不同的声音，而且这种呼声越来越强大。笔者于2002年出版的《儒家文化与中国古代科技》第一次全面讨论儒家文化对于中国古代科技发展的积极作用。2007年出版的《宋代的儒学与科学》、即将出版的《儒学与科技文明》，都极力消除学术界在儒学与科学关系上的误解。

当今社会，中国人的文化自信日趋强大，在那个缺乏文化自信的年代所形成的所谓儒学与科学对立之说可以休矣。现在重要的不是去讨论儒学与科学是否对立的问题，而是应当深入讨论弘扬儒学与科学如何相互促进的问题。一方面，儒学应当通过合理地吸取科学精神、科学思想，丰富和发展自己的内涵，同时通过运用科学成果和科学手段推动社会经济的发展，实现儒学治国、平天下之目标；另一方面，儒学应当按照科学发展的规律，积极引导科学朝着正确的方向，向前发展，从而再现中国曾有过的科技辉煌。可以相信，在儒学与科学的互相促进和共同发展中，必定会再现宋代那种既是儒学发展高峰又是科技发展高峰的繁荣景象。

（作者为厦门大学哲学系教授）

图像叙事中的晚清百态

陈平原

将初刊《绣像小说》杂志的《文明小史》作为研究对象，是强调小说与评语及插图间的关系非同寻常，应作为整体来综合观察。谈及“绣像小说”，则兼及出版传统与杂志名称，亦古亦今，可文可史。

对于晚清报刊中的图像，鲁迅颇感兴趣，他曾批评清末画家吴友如对外国事情不太了解，故笔下多有纰漏，但同时承认其主笔的《点石斋画报》在传播新学上的意义。郑振铎则直接称吴友如为“新闻画家”，断言吴在《点石斋画报》上发表的许多生活画乃是中国近百年很好的“画史”。半个多世纪后，回过头来，很能理解鲁迅为何欣赏吴友如“勃勃有生气”的时事画，因其“令人在纸上看出上海的洋场来”。画报如此，《绣像小说》中那近千幅小说插图也不例外。绘画水平有高低，但在表现晚清社会、提供生活场景及细节方面，却是异曲同工。

在《绣像小说》所有插图中，《文明小史》120幅插图或许最值得关注。原因是，此小说为整份杂志打头阵，且系主编自家心血，插图的画师不敢怠慢，制作水准相对较高。更何况，这是阿英所说的“整然的反映一个变动的时代”的作品，其呈现的生活场景更为丰富多彩，为后人认识那早已消失的时代，提供了极大的方便。

不同于《申江胜景图》，《文明小史》插图所表现的，是那个时候国人的日常生活，虽琐碎，但自然，且充满动感，故可观。作为“过渡时代”，晚清的最大特征是中西混合、新旧杂糅。这既是生活场景，也是表现技法。

番菜馆的招牌以及吃西餐的场景，乃晚清画家的最爱，因其很能体现国人最初见识到的“西学”。第18回（上）的插图很有戏剧性：前景在吃西餐，后景在抽鸦片，二者并行不悖，同台竞技，且有很好的经验交流。小说描写此“奇观”，插图将其直观呈现，自在山民的评语进一步强化：“以吃鸦片为自由，以吃牛肉为维新，所谓自由维新者，不过如此，大是奇谈。”第17回（下）说的是“洋学生著书矜秘本”，此乃主客对话，虽隐含讽刺，但不像自在山民的评语这么直白：“翻译新书，先从男女交合传种种子等书入手，可见若辈终日思想，不外此事，近更有专在男女下体研究者，是真愈趋愈下矣。”如此倾向性，怎样在画面中呈现？聪明的画师送上一端坐人力车上的女子，虽系偶然路过，却凸显了这些读书人侃侃而谈背后潜藏的欲望。

对于晚清的文明开化，报章及出版功莫大焉。第16回（上）写上海的卖报、读报与租报，很有史料价值。“正说话间，只见一个卖报的人，手里拿着一叠的报，嘴里喊着《申报》《新闻报》《沪报》，一路喊了过来”。接下来便是姚老夫子买报、卖报人介绍租报的好处，以及“近来知识大开”的贾家兄弟如何一眼就看上了报纸后头的戏目，如此有趣的场景，可惜被画师忽略了，画面上呈现的是隔壁桌上的“妖姬”如何畅谈“婚姻自由”。报纸没在插图上露面，书店则很是风光，第17回（上、下）、第35回（上）、第42回（上）的插图，都涉及书店的外观、内景、招牌、广告等，具体到某个书局以及某种图书类型，颇为可观。当然，还有各种各样的学堂，只是因学堂形象在晚清报刊（尤其是画报）中经常出现，此处从略。有趣的是，晚清“传播文明三利器”中的演说，在《文明小史》多处叙及（尽管语带讥讽，毕竟是书中的重要场景），却很难入画师眼——或许是隔行如隔山，“图像”在表现“声音”方面，不说完全束手无策，起码也是举步维艰。

放眼整个中国文学史，李伯元的《文明小史》算不上特别了不起的作品，但其特殊的生产及传播途径，尤其结合那略嫌芜杂的评语，以及并不怎么精致的插图，全方位地记录下了那个特殊时代的生活场景及文化信息，时隔多年，仍值得我们认真品味。考虑到作为小说的《文明小史》刊本很多，没必要重印；这回请贵州教育出版社以《〈文明小史〉与“绣像小说”》为名，专收《文明小史》的插图及评语，再加上《活地狱》《邻女语》《老残游记》等14种刊于《绣像小说》上的小说的插图（选录），集成一册，奉献给读者。此书与我这些年刊行的《点石斋画报选》《图像晚清——〈点石斋画报〉》《左图右史与西学东渐——晚清画报研究》《图像晚清——〈点石斋画报〉之外》合起来，构成一个小小的阵势，或许有助于读者从图像角度进入那风云变幻、波谲云诡的晚清。

（作者为北京大学教授）

雍正遇到的朋党难题

张　彧

南开大学冯尔康教授，一直致力于雍正研究，自1980年代就开始发表相关学术文章，后虽有学术转向，但仍然关注这个领域。这本《雍正传》是作者吸收最近学术研究成果的新著，既是一部雍正朝历史，又是一本优秀的人物传记。历史人物传，贵在求实。涉及雍正帝的历史谜团不少，冯尔康教授在书中使用平和的语言、理性的态度，对这些争议问题提出自己的看法，笔者阅读后受益匪浅。

关于胤禛继承皇位

胤禛如何继承皇位是清史研究的悬案，数十年来争论不休，看法截然对立。篡位派坚持认为，康熙属意其第十四子胤禵，后来被胤禛篡夺。无奈根据汉文还是满文材料，都无法提出令人信服的根据。冯尔康是坚持合法继承说的代表学者，他根据史料做出自己的分析，论述公道不带偏见。笔者认为，坚持篡夺说的依据不可靠，都是猜测。例如说胤禛继位年龄偏大，已经走向老年，所以强行灌参汤毒死康熙帝；胤禛害怕亡灵，不敢与父亲同葬，清算多位太监（如某位老学者说如果没篡位，为何一登基就杀赵昌？其实赵昌没有死，自己犯罪被处分），因为他们窥视传位真相等等，不一而足。这些看法，有些让人啼笑皆非。人死后灵魂如果不灭，难道换一个房间就找不到了？况且胤禛继位后多次去景陵拜祭父亲，在景山设有康熙帝牌位，数次行礼，又何来害怕一说。

关于雍正天下庶务归一人

《雍正传》指出，雍正在十三年的统治中，励精图治，在施政的各个方面具有鲜明的个人特色。他坚持天下庶务归一人，利用完善的奏折制度了解不同方面的信息，做出准确快速的判断；他将整治官员腐败和实行养廉银制度结合，使官员在生活有保障的情况下，不敢以身试法，吏治比较清明，而且一直延续到乾隆朝中期左右。他朝乾夕惕，拼命工作，几乎将全部精力都花费在处理政务上，堪称工作模范，在其批阅奏折中经常有“灯下所批，字迹可笑之极”“时夜陋下二鼓，灯下随笔所书”“又系灯下率笔，字迹更属可笑”等。朱批是雍正勤政最好的记录，他多年坚持不懈怠，雍正八年大病一场后，朱批奏折数量有所减少，但仍然不乏励精图治的精神。当然笔者认为，从管理学的角度看，最高统治者事无巨细的工作，亲力亲为，未必是正确的管理方法，但因为受制于当时制度和执政的理念，只能这样运作。

关于雍正执政时期存在的朋党之争

雍正执政的十三年间，也存在问题。从制度上看，人治管理，终究不是善政，许多弊政无法割除。雍正继位后，严厉打击朋党，甚至牵连到数百年前的欧阳修，认为他的“君子有党、小人无朋”的说法，造成后代的朋党之风，因此，如果欧阳修还活着，“朕必诛之，以正其惑世之罪”，决心可谓极大。但悲哀的是，在其执政后期，鄂尔泰在地方上功绩日益卓著，入职军机处后，位于久历枢机的张廷玉之上，张廷玉虽主缄默，但也不甘心，导致乾隆初期满汉官员各附一人，形成最大的朋党。雍正在执政末年，在自己眼皮底下，却出现朋党萌芽，这是历史对他的嘲弄。雍正元年六月，曾要求内廷太监，凡有御座的地方，太监要以恭敬之心，疾走过去。同年八月申明太监接待朝臣礼节，“诸王大臣官员进入大内，坐着的太监必须起身站立，正在行走的要躲避让路，不许光头脱帽，也不许斜倚踞坐”。无奈执政后期，太监仍出现骄恣的趋势，总管太监苏培盛与庄亲王允禄“并坐接谈”。一次苏培盛吃饭，见皇子弘历、弘昼到来，竟邀请他们并坐而食。以上两件事，充分反映出人治无论多么严密，如何事无巨细，都会走向自己的反面。

本书在史料上对第一历史档案馆整理、刊印的雍正朝朱批奏折使用不多，这些是最原始的档案文献原件。而对隆科多能否成为托孤忠臣，可以武力压制皇子，隔离康熙，杨启樵教授在《雍正篡位说驳难》开篇一文做了全新的、令人信服的研究，明确否定了这种判断，可惜本书没有利用这一最新研究成果。以上两点是稍许的遗憾。当然从一部学术传记角度看，本书基本完成了作者在前言中提出的任务，即“对历史人物评论，力避感情色彩，警惕偏袒、苛求或曲意逢迎”。

（作者为文史学者）

众寻真知启世人

——《从苏联模式到中国道路》读后

高　放

最近，黄宗良教授亲自把他的第二本文集精装本《从苏联模式到中国道路》（以下简称《道路》）送到舍下，我读后深感这与他的第一本文集《书屋论政——苏联模式政治体制及其变易》（人民出版社2005年版）相比，既是一脉相承，认知又更加宽阔，更加深刻。

新著贯穿的基本思想，就是扬弃苏联模式，走正中国道路

第一本文集收入的是黄宗良教授从改革开放以来至2004年以前的文稿，《道路》这本文集则是收入近十年来的50篇文稿，包括他于2004年6月29日在中共中央政治局集体学习会就“加强党的执政能力建设问题”的讲解内容在内。全书分为五个专题，即苏联模式与中国特色社会主义、苏共执政的经验和教训、社会主义民主政治和廉洁政府建设、党的执政理念和党性、世界社会主义与中国特色社会主义的历史任务。贯穿全书的基本思想，我认为就是扬弃苏联模式，走正中国道路，纠“左”防右，摆脱苏联僵化封闭老路，又不转向西方新自由主义邪路，这样到2049年中华人民共和国成立一百周年时就必能全面形成中国特色社会主义新模式。

迄今国内外思想理论界对苏联模式有两种各走极端的看法。一种观点是把苏联实行的社会主义视为20世纪正宗、正统的社会主义，认为它是对19世纪马克思、恩格斯首创的科学社会主义的新发展；尽管它还有些瑕疵，犹如健康的成人患伤风感冒、肠炎泻肚，吃点消炎药就会痊愈；因此人们必须继承、发扬苏联社会主义，不能否定、抛弃苏联社会主义，甚至有人提出“苏联模式”是个假命题。另一种观点是否认苏联模式含有科学社会主义内容，认为苏联在经济、政治、文化和对外关系等各个方面都歪曲了科学社会主义原则原理，充满封建主义、专制主义、极权主义、官僚主义糟粕，它欺世盗名，冒充科学社会主义蒙骗世人74年，最终被苏联人民抛弃；所以要否定、抛弃苏联模式假社会主义。

新著以辩证唯物论世界观和方法论深入分析了苏联模式社会主义

《道路》一书以辩证唯物论世界观和方法论为指导，全面分析了苏联模式社会主义。在《一个主义，两种模式》一文中指出：苏联模式和中国模式都是社会主义模式，在改革开放之前中国基本上是照搬了苏联模式，随后才独立探索中国模式。苏联模式的最重要特征是指令性的计划经济和一党高度集权，中国改革的突出任务不就是建立社会主义市场经济和社会主义民主政治吗？书中所言苏联模式的最重要两大特征实际上就是两大弊病。

改革开放以来我国从计划经济转轨到社会主义市场经济已经取得了很大成功，还有待进一步完善；在实现社会主义民主政治方面也有显著成效，还要逐步加速前进。我认为，苏联政治模式的重要特征和弊病不是一党高度集权，而是一党过度集权。“高度集权”与“过度集权”相比，一字之差大有区别。高度集权在特定条件下是必要的，过度集权在任何情况下都是弊病。我在《中国政治体制改革的心声》文集中曾经指明：斯大林带头实行的个人集权制、职务终身制和指定接班制，这三制背离社会主义民主政治原则，实际上是封建沙皇君主专制的变种。黄宗良教授写的《“盛世危言”君可听》，对拙著进行评论（此文也已收入本书，见第209—216页）。

新著对如何发展社会主义民主政治和走正中国道路提出了许多真知灼见

特别值得重视的是，黄宗良教授在《道路》一书中就如何发展社会主义民主政治和走正中国道路提出了宝贵的新创见。例如，他早在1998年就提出中国社会已出现“权力腐败”；2007年阐明要树立正确的干部政绩观，不以国内生产总值增长作为衡量干部政绩的第一甚至唯一标准，“勿以GDP论英雄”；2010年坦言政治体制改革的关键是要抓干部的任用、监督和管理制度与权力的制约和监督制度这两个要害问题。他还论证“民主制”不等于“票决制”，协商民主是重要的民主形式，但是选举民主还是民主制最基本、最重要的形式。书中以宽广的视野、深邃的目光用九个字说明了三个三者的关系，即发（发展）、改（改革）、稳（稳定），党、民、法，马（马克思主义）、中（中华传统优秀文化）、西（西方文化）。他认为，善于处理这三个三者的关系，中国特色社会主义的全面成功和中华民族的伟大复兴就大有希望。

黄宗良教授在本书序言中主张学者要善于“自用其才”，以期不虚度年华。我常静思唐朝诗人李白佳句：“天生我材必有用，千金散尽还复来。”当今只要众人首先尽力做到“自用其才”，人尽其才，终究必能达到众才集成，为人民福祉而公用，这是比千金万金更加珍贵的瑰宝。我很欣赏清朝鸿儒戴震的名言：“治学不为媚时语，独寻真知启后人。”不过当今在社会主义人民大众当家做主的新时代，我把他的后半句话改为“众寻真知启世人”。我想，只要有众多有良知的学者共同寻求真理，肯定对于唤起领导、唤起民众、资政育人、促进改革会是大有裨益的。

（作者为中国人民大学教授）

读经典，收获的不只是粮食，更是种子

梁 衡

什么是阅读？阅读就是思考。阅者，看也。但是比看要深一些，它不是随意地、可有可无地观看。阅读是有目的地、带着问题观看，是一个思维过程，边看边想。广义来说，人有六个阅读层次，前三个即信息、刺激、娱乐，是维持人的初级的、浅层的精神需求，可以用“看”来解决。后三个即知识、思想、审美，是维持高级的、深层的精神需求，则只看不行，还要想，这才是真正的阅读，可称为狭义的阅读。现在，电子读物盛行，主要承担提供信息、刺激和娱乐的任务。它的特点是快捷、方便、形象，但也带来另一个问题，浅显、浮躁，形象思维多，逻辑思维少。钱学森年轻时在美国读书，几个好朋友相约，大家都不看电视。他到晚年还自己剪贴报纸。文字有一种神奇的诱导人思考、丰富人精神的功能。我注意观察，很多干部家里没有书架，这是一种精神缺失。

阅读是为了精神生命的成长和延长。大约在30多年前，我注意到当时的一个社会现象。当年被打成“右派”的知识分子虽都落实政策回城安排工作，但结果却大不相同。很多人身体垮了，学业荒了，不能再重振旗鼓，只有坐家养老，等待物质生命的终了。有一部分人却神奇地事业复起，演戏、写书、搞研究等，成果累累，身体也好了，精神变成了物质。这其中一个原因就是在最困难的时候，他们没有停止读书，反而乘机补充了知识，补充了生活。我当时有感写了一首小诗以自勉："能工作时就工作，不能工作时就写作。二者皆不能，读书读书、积累、思索。"也就是在那两年，我完成了40多万字的《数理化通俗演义》和重读了一些理论经典。我的一位朋友说读书可以疗伤。的确，"文化大革命"中很多学者都是靠读书挺了过来，并留下了著作。只要有阅读，人就不会倒，不会老。这里，我谈谈自己关于理论和学术经典的阅读经历。

"典"是指经典、典故，特别是理论经典

我在《文章五诀》中提出形、事、情、理、典。这个"典"是指经典、典故，特别是理论经典。什么是经典？常说为经，常念为典。经典标准有三：一是达到了历史的高度；二是上升到了理性，有长远的指导意义；三是经得起重复引用，能不断释放能量。经过长期的文化积累与筛选，每个领域都有各自的经典。而更高层次的是理论和学术经典，特别是政治与哲学方面的经典。

一般人，特别是文学爱好者常误认为政治理论枯燥乏味、干瘪空洞，不如文学那样水灵、煽情。这是因为文学与理论属不同的思维体系，一个是形象思维，一个是逻辑思维。论者感觉到了这个不同，但不知道作为形象思维的文学只有借助理性的逻辑思维才会更深刻，从而更形象、更生动。就如我们常说的只有理解了的东西才能更好地记忆。这中间有一道门槛，翻过之后，就是一片高地。

我们这一代人赶上"学习毛泽东著作"高潮。这是一个半被动、半主动的经典学习运动。说它被动，是因为那是一个特殊时期，一场运动，人人学，天天读，你不得不学；说它主动，是因为毛的文章确实写得好，道理深刻，文采飞扬，只要一读开，就能吸引你自觉地读下去。

我第一次接触毛泽东的文章，是在中学的历史课堂上，不认真听课，却去翻书上的插图。有一张《新民主主义论》的影印件，如蚂蚁那么小的字，我一下子就被开头几句所吸引：

抗战以来，全国人民有一种欣欣向荣的气象，大家以为有了出路，愁眉锁眼的姿态为之一扫。但是近来的妥协空气，反共声浪，忽又甚嚣尘上，又把全国人民打入闷葫芦里了。

“欣欣向荣”“愁眉锁眼”“甚嚣尘上”“打入闷葫芦”这么多新鲜词，我不觉眼前一亮，有一种莫名的兴奋。这是一种从未见过的文字，说不清是雅，是俗，只是觉得新鲜，很美。放学后，我就回家找来大人的《毛泽东选集》读。我就是这样开始读毛文的，并不为学政治，是为学语言，学文章。后来我逐渐通读了《毛选》四卷，还精读了不少篇章。所以能学下来，政治压力是有的，但主要还是文章本身的魅力。

我对马恩著作的阅读也是半主动、半被动的。可分两个阶段。第一阶段是“文化大革命”以前，囫囵吞枣，如私塾背书一样，只是储存了下来；第二阶段是改革开放之后，结合形势重新验证马恩的观点，又去主动温习。因为我是学文科的，后来又做新闻，一方面是专业要求，一方面是工作需要，所以读了不少，但也忘了不少，留下印象的有《共产党宣言》《自然辩证法》《家庭私有制和国家的起源》《在马克思墓前的讲话》等，一些原理是刻骨铭心的。比如，“环保”这个概念是近二三十年才流行的事，可是恩格斯在一百多年前就发出警告：“我们不要过分陶醉于我们对自然界的胜利。对于每一次这样的胜利，自然界都报复了我们。每一次胜利，在第一步都确实取得了我们预期的结果，但是在第二步和第三步却有了完全不同的、出乎预料的影响，常常把第一个结果又抵消了。”这种深刻、彻底，你不得不佩服。特别是经历了“文化大革命”之后重新发现马恩，你不得不承认他们说得对，是我们过去念歪了经。如“人们为之奋斗的一切，都同他们的利益有关”。“思想一旦离开‘利益’，就一定会使自己出丑”。多么朴素的真理。一部经典不可能全部背下来，只要做到读懂原理，知道观点，记得一些警句，要用时能很快查找出来就够了。

我们不是常说文学是人学，是社会学吗？不是常说爱和死是文学永恒的主题吗？你看马克思怎么说：“人和人之间的直接的、自然的、必然的关系是男女之间的关系。”“你就只能用爱来交换爱……如果你的爱没有引起对方的反应，也就是说，如果你的爱作为爱没有引起对方对你的爱，如果你作为爱者用自己的生命表现没有使自己成为被爱者，那么你的爱就是无力的，而这种爱就是不幸。”

我对毛泽东著作的阅读，感到最有用的是他的两本哲学书《实践论》《矛盾论》，还有可以作为写作示范的一批很漂亮的论文、讲话、社论、时评，如《反对党八股》《别了，司徒雷登》《将革命进行到底》等，集中展示了他的政治才华与文学才华。这种阅读对我来说已是三分政治、七分文学了。2013年毛泽东诞辰120周年时，我将这个多年来的阅读体会写成了一篇文章《文章大家毛泽东》（《人民日报》整版刊登）。此文与另一篇在周恩来诞辰一百周年时发表的《大无大有周恩来》，可以说是我对毛、周两个伟人的阅读笔记。

如果你没有读经典，其实是吃了暗亏

对经典，你读不读、喜欢不喜欢是一回事；它客观存在、确实有用，是另一回事。如果你没有读，其实是吃了暗亏。就好像说一种好食物，你不知道，没有吃过，但它确实好吃。马恩对未来社会的设想，也许不能实现，就像天文学家关于宇宙大爆炸的猜想，现在也还没有得到验证。但你不得不承认这种理论的伟大和思维方法的科学，要不它怎么能造就数百年的科学社会主义运动？经典不是一份名人豆腐账，不必拘泥于马恩哪一年到伦敦、到巴黎，与费尔马哈、黑格尔、杜林什么关系，也不必拘泥于毛泽东当年到哪里，说了什么话。理论经典让人敬而远之的一个原因是某些后人的刻舟求剑，过度解读，故意神化、僵化，拉大旗当虎皮。就像儒家经典一样，马恩经典也一遍又一遍地被人涂抹、改塑。随着历史潮水的退去，经典凸显的只是原理，其它都已不重要。邓小平说："学马列要精，要管用的。长篇的东西是少数搞专业的人读的，群众怎么读？要求都读大本子，那是形式主义的，办不到。"

经典的阅读与出版始终有两条路线。一是真正的学术大家、出版家，为读者着想，筛选出最基本、最精华的东西，做成最便宜的普及本，书愈做愈薄，让人愈读愈有味；二是拉经典扯大旗，靠经典吃经典，为出书而出书，不停地注释、索引、解读，书愈做愈厚，则让人愈读愈烦。经典要转化为有效阅读，必须有负责任的、高水平的、联系实际的、深入浅出的普及环节。可惜政治经典的普及做得很不好，远不如文学经典。我印象深的好的普及本仍然是艾思奇的《大众哲学》，后来我常用的一个本子是《马克思恩格斯要论精选》。

另外，从马克思到毛泽东也不是一般人想象的那样艰深、枯燥、可怕，他们并不缺少文采。如马克思谈资本与劳动力的关系时说：原来的货币所有者成了资本家，昂首前行；劳动力所有者成了他的工人，尾随于后。一个笑容满面，雄心勃勃；一个战战兢兢，畏缩不前，像在市场上出卖了自己的皮一样，只有一个前途——让人家来鞣。

再如，他还这样来挖苦书报检查制度：你们赞美大自然悦人心目的千变万化和无穷无尽的丰富宝藏，你们并不要求玫瑰花和紫罗兰散发出同样的芬芳，但你们为什么却要求世界上最丰富的东西——精神只能有一种存在形式呢？

毛泽东这样谈政治与经济的关系：搞社会主义不能使羊肉不好吃，也不能使南京板鸭、云南火腿不好吃，不能使物质的花样少了，布匹少了，羊肉不一定照马克思主义做，在社会主义社会里，羊肉、鸭子应该更好吃，更进步，这才体现出社会主义比资本主义进步，否则我们在羊肉面前就没有威信了。社会主义一定要比资本主义还要好，还要进步。这种机智、幽默，现在的政治家、文人都是很难企及的。

从政治理论经典中学会直取问题要害

政治理论经典对我的帮助是学会直取问题要害，让找到打开读者思想大门的钥匙，登上可以俯视山下的制高点，也就是找到文章的“文眼”。韩愈为文时要向司马迁“借气”，我则常向马、恩、毛“借力”，借政治之力。在文章看似山穷水尽时，又翻上一层，极目千里，借助政治的高度，是为政治散文。比如，改革开放后农村富了，有钱怎么花，怎么建设新农村？有各种典型，但都不脱好吃、好住、高消费。我在江苏看到这样一个典型，他们一切以人为中心，追求人的生活自由、劳动自由、精神自由。村里办有多种企业，早已做到充分就业，但每家还留了几分地，为的是留住乡愁，享受田园生活的自由。连敬老院也分几种类型，养老方式自由选择。这不就是《共产党宣言》里讲的共产主义就是自由人的联合体吗？就是恩格斯讲的：“我们的目的是要建立社会主义制度，这种制度将给所有的人提供健康而有益的工作，给所有的人提供充裕的物质生活和闲暇时间，给所有的人提供真正的充分的自由。”于是我写了《在蒋巷村的共产主义猜想》。摘要如下：

共产主义是什么样子？谁也没有见过，到现在还是想象中的事情，十分遥远和渺茫。于是共产主义就有了各种各样的版本。

我的所经所见大约有两种。一是解放前后“点灯不用油，耕地不用牛”最初级的“解放版”。二是“人民公社版”，一场黄粱梦。而这次我却看到了一个与前两个不同的比较接近马克思想法的版本，我把它叫作“中国乡村版”的共产主义猜想。

蒋巷村不大，186户，1700亩地，800口人。40年前曾是一块低洼闭塞的蛮荒之地。村展览室的墙上张贴着一首辛弃疾800年前描写江南农村生活的词《清平乐》：“茅檐低小，溪上青青草。醉里吴音相媚好，白发谁家翁媪。大儿锄豆溪东，中儿正织鸡笼；最喜小儿无赖，溪头卧剥莲蓬。”这是中国农民几千年来的理想追求。现全村已人均年收入两万多，学生上学全免费。老人，55岁开始每月补300到600元，如身患重病者，月补400元。他们说这是“按劳分配加按老分配”。

按照恩格斯说的那三条，最难的是第三条即“给所有的人提供真正的充分的自由”。工作自由已不必说，而养老一项，难在怎样保证老人既生活舒服，又精神自由，还能减轻年轻人的负担。蒋巷村却有办法。全村55岁以上老人200个，按说各家都有别墅小楼，住房宽裕，三世同堂，足可养老。但村里又另盖200套老人公寓。平房庭院式，花木葱茏，阳光明媚。分单身居和夫妻居两种，面积不同。室内厨、卫、寝、厅，一应俱全。老人如愿与子女合住，则住；不愿即可搬来公寓自住。免去了许多因“代沟”所引起的习惯不合与情感摩擦。分而不裂，和而不同，亲情不减。“每个人的自由都是对方自由的条件”。

蒋巷村的现状当然不是共产主义，但它肯定是人们追求理想征途上的一小步。共产主义理论一产生就是一个在欧洲大陆上“游荡的幽灵”。160多年后，它漂到中国的江南水乡，与这里从800年前漂过来的，辛弃疾词里所表达的那个天人合一、老少同乐、物我一体的乡土基因相结合，成了现在的这个新版本，蒋巷村版（现代中国还有其他版本，如华西村版、南街村版、大寨村版）。

在蒋巷村我又重读了一遍共产主义的猜想，也读出了一点哲学和科学社会主义的意义。

蒋巷村，本是一个普通的江南水乡的富裕典型，可以写成一般的新闻通讯、游记散文，但是我这里调动了过去对马恩经典的阅读，将江南美景、新村变化、数字事实和传统的小康观念，用“共产主义猜想”这个主题来统领，开辟了一个新的理性高度和审美角度。

利用经典这颗种子，种出一棵属于自己的树

“典”当然主要是指经典的原理。但是典型的人和事，甚至经典的句式都可以拿来引用、翻用，以增加文章的力度和情趣。比如我们年年喊反形式主义，就是反不掉，某地开人代会，领导炫才，工作报告居然是一首数千字的五言诗。我写了一篇评论《为什么不能用诗作报告》结尾时说：“这确如马克思所说，是‘惊险的一跃’，如果跳跃不成功，那摔坏的一定不是形式，而是形式的拥有者。”马克思的原意是，从商品到货币的过程是“惊险的一跃”，这个跳跃如果不成功，摔坏的不是商品，但一定是商品占有者。

经典作品里总是有原理体现。马恩作品里有一般社会原理、哲学原理；毛泽东作品里有中国社会的政治原理；黑格尔的作品里有美学原理。哪怕每一个小的学术分支，只要它够得上经典，就必然会揭示出某一部分的原理，或者可以说，只有含有一定原理的作品才能够得上是经典作品。这也反过来说明，阅读，不管读哪一类作品，一定要读经典，这样你收获的就不只是粮食，更是种子；不只是几条鱼，还有渔具、渔法。当然，再经典的作品也只能作为客观的阅读对象而存在，要收到好的阅读效果，还得发挥阅读者的主观能动性，利用这颗种子，种出一棵属于自己的树。

理论的力量，经典的力量

1963年“文化大革命”后期，我大学毕业后有一年的时间在内蒙古农村劳动锻炼。正苦于无书可读时，在灶台上见到一本已经撕破书皮的陈望道先生著的《修辞学发凡》，此为修辞学经典。陈是个老革命家，中国第一本《共产党宣言》的翻译者，当年与陈独秀一起做建党工作，后因脾气不合，就去做学问，又

成了中国研究修辞第一人。修辞学是一个很小的、专业的学术分支，但是写文章的人不可不读。修辞学很专，我也无心专攻这一行，但我读后从中悟出的一个结论，就是新闻与文学的区别。这再次说明经典的理性光芒。其实我读这本书时还没有做新闻工作，这本书里也没有新闻二字。等到我后来当记者，再后来到新闻出版署从事管理工作，新闻界总有一个摆不脱的阴影，就是有人建议"消息散文化"，一时在新闻界形成潮流，好像这是写好新闻稿的出路。为此《中国新闻出版报》开展了半年的讨论，多数来稿居然也同意这个观点。讨论结束时报社请我写一篇文章，虽然我是散文作家，但我明确表示消息不能散文化。理由当然有很多条，其中一条是按《修辞学发凡》给出的原理，修辞分两大类：消极修辞与积极修辞。

消极修辞主要用于应用、实用类文体，如文件、通告、科学著作、教科书等，典型代表是法律文件、行政公文，要极其客观准确；积极修辞用于文学写作，小说、散文、戏剧，典型代表是诗歌，可以任意想象、浪漫挥洒。消极修辞，注重表达事实，以让人"明白、了解"为目的；积极修辞，注重表达情感，以让人"感染、激动"为目的。消极修辞不是内容表达的消极，而是语言风格的消极，不张扬、不夸张，恰恰是为内容的积极让位，尽量把形式对内容的干扰降低到最小。根据这个原理，我们可以给文字大家族排出如下序列：法律——文件——教材——各种应用文——新闻（以上消极）——（以下积极）报告文学——散文——小说——戏剧——诗歌。可以看出，在这个大序列表中新闻处于消极修辞的末端，靠近积极修辞处，但从性质上讲，它还是属于消极修辞。有了这个序列表，就像有了一张旅店客房指南，或者是化学研究中的元素周期表，物理研究中的光谱图。对号入座，一目了然。

假如我们允许"消息散文化"，那么新闻与文学将没有边界，直接的恶果是假新闻的合法化，是记者天马行空的胡说、煽情。

这样借用修辞学原理就轻松解开了新闻界一个争论已久的难题。这是理论的力量，经典的力量。

（作者为人民日报原副总编辑）

“抱不抵抗主义”问题翻不了案

——读1945年《从九一八到七七事变》

张冠生

旧书网上，《从九一八到七七事变》书名之下有多种图书。比较再三，选了新长城社的1945年版的翻印本。这是日本战败、乖乖投降的年份。

封面单色印刷，白纸黑字。最大的字不是书名，也不是出版社名称，而是“前锋报社翻版”。封二有该书流传中某位书主的手体钢笔字：“前锋报社在河南南阳……”书写认真，留下些线索。

经检索资料，知这家报社是抗战时期河南南阳一家新闻出版机构，报社出版社兼做，由河南方城人士李静之（1901—1989）创办。李先生曾在北京大学读书，攻中国文学史。毕业后当过教师和公务员，后来在河南省建设厅主任秘书职位上辞去官职，于1942年创办《前锋报》，自任社长。

该报名称取自孙中山的“咨尔多士，为民前锋”一语。刊头字从民族英雄岳飞《请停止班师奏草贴》选集，字迹苍劲，表达了知识分子气节和“为民前锋”宗旨。翻印《从九一八到七七事变》一书，也是为揭露国难当头的“不抵抗主义”。

该书文体简洁，自始至终以大事记形式记录事件，保存了珍贵史料。其中最重要的是对“八次不抵抗”的逐次记录；第一次，1931年9月18日夜，日军进攻中国，袭取沈阳，蒋介石表示“日军此举不过寻衅性质”，下令“抱不抵抗主义”；第二次，同年11月8日，天津日本便衣队及宪兵暴动，次日炮轰华界，南京政府训令向日方道歉；第三次，同月22日，日军进攻锦州，南京政府划锦州为“中立区”，以中国驻军退入关内求日不再进军；第四次，1932年1月27日，日方向上海市长发通牒后，南京政府要吴铁城取消抗日救国团体，封闭《民国日报》；第五次，1933年1月3日，日军攻陷山海关，南京政府仅申请国联设法制止；第六次，同年3月5日，宋哲元、关麟征部自动抗日，蒋介石令“言抗日者杀勿赦”；第七次，1935年1月19日，蒋介石称日军进攻察东是地方事件，于21日差人谈判解决；第八次，同年5月29日，驻华北日军武官找借口向北平军分会提出苛刻要求，南京政府电令何应钦谈判解决。

这类史料，现在按照记载抄录，不难。当时要按史实详细记录在案，不易。

有消息说，美国斯坦福大学胡佛研究所部分开放了其收藏的蒋介石日记，还说大陆学者去访问的时间基本用于抄录这些日记，并表示蒋介石日记公开以后，中国现代史或要重写。不知这种说法确否，也不知当年的“不抵抗主义”及事实是否也要重写。

幸好，凤凰卫视摄制了“蒋介石日记”节目，其中有关于抗战的内容。由现在披露的史料看，在“抱不抵抗主义”的问题上，尚无须重写，有当事人张学良的口述为证。最近买得中央研究院印行的几种史料书，其中作为蒋介石资政的曾琦回忆中，有关“攘外必先安内”的记录，也能证明当年这本简陋至极的《从九一八到七七事变》，确实是青史一笔。

（作者为民盟中央委员）

刑事司法中的国情民意

丁国强

左卫民《现实与理想：关于中国刑事诉讼的思考》一书，运用实证研究的方法，从社会学、政治学的角度观察刑事诉讼法的修改，考察刑事诉讼制度的变迁，思考社会转型背景下的司法改革、法律移植等问题，发出了久违的批判之声。刑事司法交织着各种利益纠葛、价值冲突和意见交错，触摸着法治的最敏感神经。刑事立法如何用中国话语、中国经验解决中国问题，实现符合中国国情民意的良法之治，是一个需要认真对待的问题。

从一些热点个案的处理来看，某些参与刑事诉讼的非正式方式或多或少地增加了司法机关的犹豫迟疑

面对公民个体权利主张的迫切，刑事司法改革无法回避社会关注，当然这种关注后面不仅有行使知情权、监督权的冲动，而且也有企图影响个案的动机，这就使得刑事诉讼制度变迁中不可避免地充满了利益博弈和话语权的较量。一些当事人、律师甚至采取上访、网络曝光、媒体发声等方式给司法机关施加压力，以获得有利于自己的诉讼结果。从一些热点个案的处理来看，这些参与刑事诉讼的非正式方式或多或少地增加了司法机关的犹豫迟疑。出于对政治和社会效果的考

虑，司法机关格外在乎舆情反应，并将之上升为民意来对待。左卫民认为，司法机关的这种响应累积到一定程度就会诱发司法机构既定“认知框架”和行为模式的改变。《现实与理想：关于中国刑事诉讼的思考》一书，着力考察影响法治的社会、文化等因素，从而发现法治话语的复杂性和日常性，挖掘法治的思想渊源和价值取向。法治不仅仅是立法者和司法者的法治，而是广大民众的法治。他们是社会生活的主体，他们以什么样的形式参与法治决定了法治的历史和走向。因此，法治是由一个民族的生活所创造的。

公众和媒体的“意见洪流”对刑事诉讼的影响也是难以避免的，互联网为更多主体以设置公共议题的方式参与刑事诉讼实践提供了资源与管道

左卫民认为，以往由绝对的单一主体主导的刑事诉讼制度变迁的格局已不复存在，立法、司法、诉讼参加人、教学研究人员以及媒体都在中观、微观层面推动着刑事诉讼制度的改进，并最终影响宏观制度的变革。律师对于刑事诉讼的制度形态的影响不可低估，他们的深度参与不仅使诉讼过程富有对抗意味，而且还强化了司法的互动性。司法机关需要对律师的行为予以回应，这一过程既是法律知识的对话过程，也是利益博弈的过程。律师不仅要为当事人利益奔走，同时也要竭力维护自身的执业利益。公众和媒体的“意见洪流”对刑事诉讼的影响也是难以避免的，互联网为更多主体以设置公共议题的方式参与刑事诉讼实践提供了资源与管道。热点案件因其后面潜藏着社会矛盾和阶层利益，而成为社会各方面表达不同意见的切入点。媒体不仅可以通过案件报道吸引公众眼球，也满足其影响高层决策、推动制度变革的成就感。但是一些中国的媒体人常常简单借用西方司法制度来批判中国的司法现实，对诸如被羁押人员非正常死亡等个案过度阐释，将司法机关推到有口难辩的困境。一些并非刑事诉讼法领域的所谓公共知识分子动辄进行制度批判，并不断抛出制度突变的构想，他们所勾勒的理想图景大多缺乏实证分析研究和本土资源支持，因而只能借助司法个案的炒作获得话语权。

社会心理往往与司法逻辑不合，司法对民意的尊重最终还是要纳入法律信仰、法律权威之下，而不能一味迁就公众情绪，要避免司法争议泛社会化

不论如何，刑事诉讼制度已无法局限于法律运作，必须从政治、社会等层面来审视，以发现国家与社会关系的新变化。刑事诉讼成为公众监督公权力的重要阵地，公众以极其敏感的神经质疑侦查机关采取刑讯逼供等方式滥用权力，对司法公开提出更高甚至有些苛刻的要求。这就使得司法机关不得不从吸纳民意中获取合法性支持。但是，社会心理往往与司法逻辑不合，司法对民意的尊重最终还是要纳入法律信仰、法律权威之下，而不能一味迁就公众情绪，要避免司法争议泛社会化，更不能把不稳定的公共舆论作为个别化的执法标尺。随着法治文化的发展，舆论对司法的评价也趋于理性、宽和。从整体而言，信任法治进步、理解司法程序、认同法律价值的公众意见比那些极端的个人表达更有生命力。司法机关应对网络围观的能力也不断提升。针对个案的具有特定诉求的舆论流、意见流，如果没有充分的法理支持，虽然传播得快，消散得也快，但是，如果不能用法理影响网络意识形态，就会成为一股销蚀法治精神的潜在力量。一些网络微博大V、网络水军通过大量转发等手段，在特定的话语场内激发情绪和非理性，从而将司法个案操作成舆论热点，实质上已经成为干预司法的一种方式，舆论强势的一方如果达到目的，就势必会对法律面前人人平等的宪法原则造成威胁。不少网络意见不仅缺乏理解和宽容，而且有意挑战规则、抵抗法律秩序，以至于刑事个案在审理和传播过程中，夹杂了大量不符合法治精神的信息。

当今社会，网络舆论已经深深地嵌入了刑事诉讼文化。公众对刑事诉讼的认识，已经成为刑事诉讼文化的一部分。一般意义的司法公开已不能适应高强度的舆论关注。建立公开、理性、常态的意见交流平台成为迫切需要。左卫民认为，当前中国的刑事诉讼中存在着立法精英、知识精英与公众之间没有形成有效有序的沟通格局，公众情感、公共舆论没有得到良性激发等问题。公众情感和精英认知在刑事诉讼实践中存在的巨大差异会产生撕裂共识的负面效应。民粹主义容易

将刑事诉讼实践引到激进法治的道路上，在非理性的轨道上喊法治口号本身就是一件荒谬的事情。

因受域外法治影响，刑事立法的某些碎片化移植，造成了刑事诉讼程序改革某种虚假繁荣的现象

《现实与理想：关于中国刑事诉讼的思考》一书，对1996年、2012年两次修订《刑事诉讼法》过程中体现出的因受域外法治影响，“移植内容中面向未来的理想成分稍多一些”进行了反思。左卫民指出，2012年《刑事诉讼法》的部分移植，存在未经深思熟虑就直接照搬的情况，其借鉴的理想成分略多一些，效果也不好判断。这一判断与那些“里程碑意义”的欢呼声相比是清醒的。碎片化移植造成了刑事诉讼程序改革难达预期。立法吸收了“不得强迫任何人证明自己有罪”“排除合理怀疑”等只言片语，但是却并没有引入与之配套的机制。从苏联模式到英美模式，中国的刑事诉讼制度始终处在主体性缺失的状态之中，对中国语境、中国问题缺乏自主性回应。法律移植的生命力无法靠“死磕派”的利益诉求坚持。法律实施是多元主体的积极参与过程，而并非是某一利益群体的自我陶醉。2012年刑事诉讼法修改虽然确立了羁押必要性审查制度，但是高羁押率和超期羁押的问题并没有迎刃而解，司法理念、办案方式的转变还需要一个很长的过程。

让法律制度的变革在厚实积累上进行，以免坠入法治形式化的陷阱，在复杂的社会现实面前不再尴尬

刑事诉讼立法公开性的增强使得刑事诉讼法修改成为公共意见表达的平台，体现了国家与公众的互动。社会力量和社会意见的崛起，将刑事诉讼法修改由法律问题变成社会问题和政治问题。左卫民指出，这种自下而上的立法模式存在着参与不平衡、理性沟通不够、专业理性欠缺等问题，致使立法过程难免受到工具

主义、民粹主义和部门主义的影响，交织着现实与理想、实务与部门、公众与法学家之间利益平衡和妥协，从而离“正义分配”的目标还有一段距离。这里面既有立法技术不成熟的因素，也有急于求成、操之过急的因素。要防止应然与实然的脱节，就必须实现从价值取向到技术理性的全面完善，让法律制度的变革在厚实积累上进行，以免坠入法治形式化的陷阱，在复杂的社会现实面前不再尴尬。

（作者为西南政法大学特聘教授）

解开启功生前身后的几个“谜团”

——《启功教我学书法》读后

姜维群

我曾拜读《启功教我学书法》一书，感慨良多。在我看来，这本著作虽是一本小书，却弄出了一个众人瞩目的大课题，解开了启功先生生前和身后留下的一些“谜团”。

谜团之一：启功先生为何独膺如此多的荣誉和光环

启功先生生前曾是全国书协主席、西泠印社社长，还是中央文史馆馆长。如此高位的头衔集于一身，在当代中国文坛中十分罕见。对此，总有人说：单纯从书法艺术角度来看，启功先生应该比不上“南沈北吴”，“南沈”即上海的沈尹默，“北吴”即天津的吴玉如；在绘画和鉴赏方面，和他比肩而立的大有人在。但是为什么启功先生同时独膺如此多的荣誉和光环？对于这个“谜团”，本书作者陈启智在书中完满解答了。

在上世纪初那个学人辈出、大师比肩的年代，就做学问而言，仅是清华、燕京就有一批年轻的教授，启功先生当时仅是助教；就作画来说，且不说齐白石、张大千、吴湖帆，即使和金城湖社画会那些画家相比，启功先生也只是北平其中一画家而已，并没有名列前茅；在书法界也是如此。到了新世纪前后，启功先生才受到了大家的"追捧"。这本书里提到，改选全国书协主席时，启功先生在上海，没在场，但大家一致举手选他；选西泠印社的社长也是如此，他不要，大家硬是把这个帽子戴给他；文史馆的馆长肯定也不是他争来的。我有幸在上世纪80年代和启功先生接触过一两次。他的作品在《今晚报》刊登后我们想给他邮寄稿费，问他家地址是几排几号。他说："孩子，你千万别给我寄稿费。我没儿没女，我不要钱，要钱没有用。而且，你给我寄了稿费倒给我找麻烦了，我还得到邮局去取。你不给我寄稿费，我谢谢你。"启功先生为人真诚，本色示人，令人难忘。从这本书中，我们能读出一个做人的大道理：你舍的多，你不得都不行；你搂啊捞啊得的太多，人家也就不给你了。

启功先生之所以受到这么多人的追捧，是靠他的人格魅力。在任何地方、任何领域，他都是向后退一步——他永远不在强光之下、不在焦距之内。从这本书中，我们可以看到，他对任何名利都是无所谓的。白居易有诗道："名为公器无多取，利是身灾合少求。"启功先生真正做到了不要名利，所以他靠人格魅力，超越了同时代的学人，到现在还光芒四射。

谜团之二：启功先生为什么把荣誉给了陈垣先生

从这本书中，我们可以感受到启功先生的正能量，恰恰可以比照我们的灵魂、内心和我们的言行举止。1983年，启功先生在日本办过一次书展，他本人并没有任何的张扬。上世纪90年代初，他又在香港办了一次展览，卖了一百多幅书法，得了一百几十万元。但他并不是为了卖钱，他是想用这笔钱做基金。当时，大家都以为基金会以启功的名字命名，但他也没有这样做，而把名誉给了老师陈垣。陈垣的书屋叫励耘书屋，基金最后就叫励耘奖学助学基金。启功先生为什么要这样做？本书解开了这个"谜团"：启功根本不是为了自己去卖字，他是为了老师去卖字，是一种对老师恩情的回报。因为最苦难的时候，是陈垣给了他最大帮助，使他能够养家糊口、安身立命，使他能够在文化界和学术界立足。启功终生不忘老师恩德，总在替老师做事，榜样的力量是巨大的。"以铜为鉴，可以正衣冠。以人为鉴，可以明得失。以史为鉴，可以知兴替。"

谜团之三：“启体”行书《千字文》是怎么写出来的

这本书提出了一个怎么在逆境中做人、做学问、做书画的问题。经过“文化大革命”的人都知道，当年下功夫做书画、读书做学问，往往不是增加人生砝码，而可能是人生负面，是罪状，甚至会被打成“反革命”。本书作者陈启智找启功先生学字都是偷偷的。所以，怎么在逆境中做人、做学问、做书画，这本书做了最好的解答。

譬如，书中写到的启功先生书写《千字文》的事情。这本行书《千字文》写于1972年，相信当年红卫兵小将、打砸抢的那批人，肯定不知道什么《千字文》。但陈启智就提出来，让启功老师给他写一本，“既然您不让我撕您抄写的大字报，您就写个《千字文》吧”。启功先生写了。世间的许多东西不是金钱能衡量的，这本《千字文》是启功先生留下的书法瑰宝。如果当年，陈先生不是诚心拜师痴心以求，启功先生是不会写的。1972年，在那种形势下写这本《千字文》是冒天下之大不韪的。但受学生之托，启功先生一诺千金冒危而写，却给我们留下世上唯一一本“启体”行书《千字文》。

启功先生的学问就像一座冰山，我们今天发现的仅仅是冰山一角，水下多深我们都不知道。像他的《诗文声律论稿》是写诗必读的。相信，这个论稿是启功先生诗词学问浓缩成的，就像几缸水浓缩成砚墨一样。

谜团之四：启功先生的人生记录为何有一段“空白”

关于启功先生的书很多，都在讲他皇族的血统、没落的家世，或是“文化大革命”以前和改革开放时期。从“文化大革命”初期到改革开放，是启功先生人生记录的空白，没有人去写他的这个阶段。陈启智先生在书中指出：那个时代的确没有人和启功先生接触。而恰恰在那个时期，陈启智在北师大6000多名学生中是极其幸运的一位——在下乡劳动期间通过“换铺”与启功先生相识。当时，学书法都是在非正常的情况下偷偷摸摸地学的，是一种地下活动，但由于自身爱好和内心热爱，陈启智一直追随启功先生。

应该说，这本书填补空白的贡献应该是第一位的。其内容不是道听途说，也不是根据其他的材料整理而来，而是陈启智的亲历亲闻，完全第一手资料。这也是这本书的珍贵所在。

（作者为今晚经济周报社社长）

张学良的阅读习惯

张冠生

张学良生涯里，有三个“三六”。一个是“一九三六”，他在这一年发动西安事变，挟蒋抗日，“把天捅了个窟窿”。另一个“三六”，划开他一生两段。他在回忆录中说：“我的事情只到三十六岁，以后就没有了。”

西安事变后，张学良遭监禁，从浙江奉化开始，先后移监于安徽黄山，江西萍乡，湖南的郴州、沅陵，贵州的修文、开阳、桐梓和四川的重庆，辗转流离，终于1946年11月2日被转至台湾，幽禁于新竹县竹东镇井上温泉。

张学良这天日记说：“今日迁移，但余始终不知去向何处。早六点一刻，由重庆白市驿机场起飞……八点四十分抵武昌徐家珊机场加油，十二点一刻抵台北松山机场，余始知是到台湾……下午二点一刻由台北乘汽车动身，约五点半抵新竹，宿于招待所。”

其时，张学良生涯中出现第三个“三六”——伴随他的赵一荻当年三十六岁。贵州之前的张学良，绝对孤寂。从贵州始，著名的赵家四小姐追随到他身边，陪伴寂寞英雄。

张、赵由此开始了他们台湾幽禁阶段的早期生活。《张学良与赵一荻的清泉幽禁岁月1946—1960》一书中，有两幅相邻的照片。一幅是张学良在窗前读书，另一幅是赵一荻在用缝纫机缝制衣物。这段时间里的记事簿、日记、信函、口述、照片……成为后人研究张学良的珍贵史料。

张学良被幽禁后，读书不辍，并有了研究明史的想法，且兴味日浓，不时托人从外面买书，还列出书单，请毛人凤帮助寻购。据说宋美龄得知张学良的治史兴趣后，专门请了一位明史专家，到张学良的山中居所，行“伴读”之责。宋美龄还曾托信差转送给张学良大量家书。

1955年初，张学良感受到一种入台以后前所未有的寒冷。是年春，赵一荻因咽部出问题，不得不动手术。是年夏，她开始连续尿血，发烧时体温高至39.5摄氏度，四肢冰冷，颤抖，被送到台北中心诊所，检查结论是膀胱炎或肾盂肾炎。赵一荻为此住院两月之久，张学良一人待在井上温泉，开始了“两地书”。

当时的台北和井上之间，未通公路，音问不便。赵一荻托人带回的信，不能及时送达。中秋前后，张学良的一封信断续写了三天。10月15日，赵一荻出院回家，张学良手中积累了她写自医院的近三十封信。张学良的日记里，记录了赵一荻病体逐渐好转的过程。女主人回家了，他们与世隔绝、朝夕相伴的山居岁月继续绵延。

不知何人为张学良和赵一荻留下了他们在书房的多幅照片。自然光，构图工稳，人物闲适，气氛静谧。照片上的赵一荻，背后排列着大量藏书。那是她漫长伴读岁月的证明。其中一幅文字说明是：“赵一荻也老了，看书时也离不开老花眼镜了。”

这类图片数量之多，支撑起“张学良台湾幽禁期间读书影像”专章，给人手不释卷的强烈印象。这一章，是他隐居生活中大量阅读的实况记录。每年元旦，张学良都会启用一个新日记本，写上当年的读书计划，一本本读来。有时在室内，借助桌面一个斜面支架阅读，时常在室外，阳光下，或端坐于石凳、石阶，或仰卧于躺椅，单手持卷，读到入神。

随着时光延伸，当年少帅山中渐老。视力衰退，眼疾困扰，读书越来越不易。从照片看，张学良伏案的姿势越来越低，眼睛离纸面的距离越来越近。是光线原因吗？专题照片里，室外读书的场景多于室内。书上说：“散步时带著书，走累了，坐下看一会儿书。这是张学良的习惯。”

（作者为民盟中央委员）

从学徒、助手到第一支笔

——努力写出有思想历史深度的《胡乔木传》

程中原

从写作到正式出版，历经20年

1992年胡乔木去世后，经中央批准，《胡乔木传》编写组于1994年正式成立。编写组由邓力群同志任组长，主要任务有三项："编辑出版各种专题文集，同时在此基础上对胡乔木的生平进行研究，写出有思想历史深度的《胡乔木传》。"中央要求，"所有专题文集和传记文稿完成后，仍请邓力群同志、胡绳同志及了解乔木同志的有关老同志审阅定稿"。

其实，在胡乔木生前的1991年9月，经中央批准就成立了胡乔木回忆录编写组。在胡乔木主持下进行两项工作：一是编写《回忆毛泽东》；二是编辑出版《胡乔木文集》。《胡乔木传》编写组成立后，继续完成这两项任务。《胡乔木文集》共三卷，胡乔木生前亲自编定，由人民出版社出版。胡乔木在1992年6月1日八十诞辰时看到了刚出版的第一卷。在他逝世后，第二卷、第三卷于1993年、1994年出版。胡乔木生前未能完成的《胡乔木回忆毛泽东》也于1994年由邓力群、胡绳与回忆录编写组同志商量编定，由人民出版社出版。人民出版社于1999年和2004年出版了《胡乔木传》编写组新编的《乔木文丛》六种：《胡乔木谈中共党史》《胡乔木谈新闻出版》《胡乔木谈语言文字》《胡乔木谈文学艺术》

《胡乔木书信集》《胡乔木诗词集》。还有其他专题文集四种：《胡乔木集》《胡乔木与中国社会科学院》《回忆胡乔木》《我所知道的胡乔木》。

编写组成员对胡乔木生平进行研究，发表了一批论文，结集出版了资料集《邓小平（与胡乔木等）的二十四次谈话》，论文集《胡乔木与毛泽东、邓小平》，还指导邯郸学院的胡乔木研究中心编著了《胡乔木生平全记录》。编写组成员在编辑和研究的同时，就开始写胡乔木的传记了。《胡乔木传》从写作到2015年1月正式出版，历经20年。

概括胡乔木生平、业绩，最著名的有两句话

概括胡乔木生平、业绩，最著名的有两句话：一句是“从学徒、助手到第一支笔”；另一句是“百科全书式的马克思主义学者”。前一句话是邓力群说的，后一句话是胡绳说的。这两句话应该说是知人之论，对胡乔木作了比较概括的、全面的评价，实际上就是《胡乔木传》的主题。

“党内第一支笔”是邓小平对胡乔木的评价。我的理解：笔，指笔杆子，也就是‘秀才”。在众多笔杆子也就是众多“秀才”中间，胡乔木是第一名。“党内第一支笔”，实际上就是在写文件、写文章方面充当中央最高领导人的助手。胡乔木当了两代中央领导集体核心人物毛泽东、邓小平的得力助手，而且当得很好。从这方面讲，确实没有什么人能比得上他。写胡乔木的传记，就要充分反映他作为“党内第一支笔”为毛泽东、为邓小平、为党中央、为中华人民共和国，做了哪些事，起了什么作用，做出了怎样的贡献。在这方面，编写组同志是尽了力的。

写好“百科全书式的马克思主义学者”，就要写出胡乔木的主要学术成就和贡献。《胡乔木传》着重写了以下五个方面：中共党史研究和编纂的开拓者，党的文献工作的奠基人。新中国新闻事业的奠基人。中国文字改革事业的领导者。中国社会主义文学事业的推进者。国际国内现实问题的评论家。

应该看到，胡乔木作为“百科全书式的马克思主义学者”的特点。他不是在书斋里而是在革命、建设和改革的实践中成长为一个大学问家的。他以学问家的

姿态来指导思想理论战线各方面的工作和斗争，同时又从革命家、理论家的高度来指导做学问。这就决定了他的学术研究与多数学术大师不同的特点，这就是学术研究同政治、经济和社会生活的紧密结合。他的学术研究成果，是对国际国内政治、经济、思想、理论领域出现的问题进行有说服力的分析论证或批评斗争的强有力支柱。他的许多论文，体现了鲜明的政治性和严谨的学术性的统一。编写组在这方面也做出了很大努力。

全面反映胡乔木一生业绩和特点

分析胡乔木一生经历，我们认为大致有六个发展阶段。《胡乔木传》的结构，就按这六个阶段分为六个单元：青少年时代（1—3章）、从延安到北京（4—9章）、新中国成立至“文化大革命”前（10—18章）、“文化大革命”中（19—22章）、十一届三中全会前后到十二大（23—31章）、十二大以后到逝世（32—38章）。

这部传记对每个阶段又明确了其在胡乔木一生中的地位和作用，并分成若干小段。以第一阶段为例。对于胡乔木来说，这一阶段实际是“逼上延安”。要写出胡乔木是怎样走上革命道路的，是怎样从盐城走出来，经扬中、清华、浙大而到上海，最后不得不奔赴延安。这一阶段对胡乔木一生有很大的影响。主要来自两方面：一是农村生活，养成艰苦朴素的作风；二是家庭与学校教育。他的家庭是书香门第。他读过的学校，从扬州中学到清华大学、浙江大学，都是名校。胡乔木青少年时期的经历使得他：一方面，博古通今，学贯中西，能诗善文；另一方面，倾向革命，投身革命。带来的问题：一是书生气，二是三个纠缠不休的所谓“历史问题”（即叛变嫌疑、托派、周扬假党）。

要全面反映胡乔木的一生业绩，需要写好胡乔木主持或参与的许多重要事件和文献。举其要者，有十个“两”：一是两个历史决议；二是两部宪法（1954年宪法、1982年宪法）；三是两个大会（八大、十二大）；四是两家报纸（《解放日报》《人民日报》）；五是两个农村工作文件（新中国成立后起草的《农业生产合作社示范章程》，上世纪60年代初起草的《人民公社六十条》，当然还可以加上在转战陕北途中起草的《土地改革中各阶级划分成分及其待遇的规定》，十一届三中全会期间起草的《关于加快农业发展的决定（草案）》等）；六是两个机构（筹建、创办国务院政研室和中国社会科学院）；七是两部党史（执笔撰写《中国共产党的三十年》，指导、修改《中国共产党的七十年》）；八是两部巨著（主持编纂《中国大百科全书》，倡议编辑《当代中国》丛书）；九是两部选集（《毛泽东选集》《邓小平文选》）；十是两部全集（《鲁迅全集》《郭沫若全集》）。

当然，传记还必须通过具体情节展现胡乔木的性格特点，如：热情、坦诚；忧思深广；忘我工作；执着，甚至有点固执；学贯中西，文思敏捷，才华横溢。这些个性特征，在传记中得到了具体生动的展现。同时，传记对他的缺点、弱点、错误，也不遮掩，既分析了形成的原因，也反映了纠正、改进的情况。

没有回避有争议的问题

胡乔木是一个有争议的人物。他在一首诗中写道："羡慕我的，赠给我鲜花，厌恶我的，扔给我青蛙。"他的态度是"为美的追求"宁愿遍尝生活中的酸甜苦辣。他说，"我要上高山，看人寰的万象，要畅饮清风，畅浴阳光，要尽情地歌唱，唱生活的情歌，直到呕出心，像临末的天鹅"。

编写组在《胡乔木传》编写中没有回避有争议的问题，尽可能做出有材料、有分析的回答。一般采取在叙述的基础上加以点评的方式，点到即止，而不采取论辩的方式。对胡乔木确实存在的错误和缺点、弱点，明确指出，不文过饰非。邓小平概括评论过胡乔木的缺点，说：他（胡乔木）这个人缺点也有。软弱一点，还有点固执，是属于书生气十足的缺点，同那些看风转舵的人不同。

所谓有争议的问题，主要有七个：关于胡乔木与胡耀邦的关系。关于胡乔木与周扬的关系。关于胡乔木与于光远的关系。关于胡乔木劝退吴祖光的问题。关于胡乔木的所谓"效忠信"问题。关于"反击右倾翻案风"中揭发邓小平的问题。关于胡乔木的所谓"临终遗言"。对于这七个问题，传记中都作了评述。

这部传记可以作为党史和国史的附传来读

2010年7月，编写组向组长、主编邓力群呈报了《胡乔木传》书稿。当时，力群同志眼睛已经看不见了，不能看书看报看文件。他就让身边工作人员将《胡乔木传》书稿读给他听。听完之后，他于2010年9月20日写下对《胡乔木传》的审读意见，报请中央领导同志审阅。力群同志在审读意见中写道："《胡乔木传》书稿全部四十六章，我听工作人员读了一遍，一字不落。"

他认为："这部传记写得好。符合乔木同志对党史著作的要求。乔木同志要求党史要有战斗性，同时要有科学性、可读性，做到党性和科学性的统一；要夹叙夹议，有质有文，脉络清楚，生动感人。这部传记的作者是朝这方面努力的。可以说，基本上达到了一部好的人物传记的要求。"

他指出："对事件和人物的叙述和评论，有不同看法，在所难免。传记作者坚持党性立场，依据两个历史决议精神和历史事实说话，是站得住的。对若干存在不同看法的问题，例如关于人道主义与异化的问题、关于反对资产阶级自由化的问题等等，传记作了有理有据的分析和评论，说服力较强，可以明是非、正视听。听读的过程中我提了一些意见，执笔的同志都作了修改补充。"

他又说："《胡乔木传》跨度很大，从辛亥革命、五四新文化运动直到改革开放新时期。我觉得，这部传记可以作为党史和国史的附传来读；对于毛主席四十年代、五十年代、六十年代前半期的传记，对于小平同志六十年代后半期到九十年代初的传记，尤其可以起到丰富、补充的作用。"

是一部较为完善的传记和信史

中央办公厅接到邓力群同志报送的《胡乔木传》送审稿以后，即委托中宣部组织相关部委审读。在数年间，中央书记处研究室、中央办公厅、中宣部、中央文献研究室、中央党史研究室、中央党校、中国社会科学院、新闻出版署等八个部委进行了两次审读，编写组进行了三轮修改。邓力群同志邀请金冲及同志担任编写组副组长，负责最后阶段的审改和定稿工作。

编写组按照八部委意见所作的修改，主要有以下方面：第一，对胡乔木的评价更为客观准确，恰如其分。对胡乔木参与起草中央领导人重要讲话、中央文件等，一般表述为“参与起草”“按照领导人意见或中央精神起草、修改”，也有的根据实际情况表述为“主持起草”。第二，人物关系力求处理得当。写好他们的一致和分歧。第三，重要事件的叙述、评析抓住要点，突出重点；涉及敏感问题，力求准确、辩证。第四，不过多过细引用胡乔木著作。对文件、文章、讲话、著作的叙述和评价，突出其新意和创见。审慎选择和运用内部材料。第五，调整结构，压缩篇幅。经过调整归并，从原稿46章压缩为38章；字数从120万字精简到80万字。第六，语言力求做到准确、鲜明、生动。

八部委对2011年6月送审稿总体上作了肯定，认为：《胡乔木传》较为全面地介绍了胡乔木同志在新民主主义革命时期和社会主义革命、建设和改革开放时期的经历和贡献，资料丰富，脉络清晰，文笔生动，但有些地方还不完善，需要修改。修改后可以出版。

对经过修改后的2012年12月送审本，八部委表示满意。有的说：读过《胡乔木传》，深感这是目前写作水平很高、史料扎实，作者下了很大功夫的力作。本书作者非常认真地听取意见，作了修改，体现了作者尊重史实和追求真理的精神。有的说：从总体看，本次送审本严谨切实，可读可信，是一部较为完善的传记和信史。

如果说《胡乔木传》取得一定的成功，从上述过程可见，它不仅是编写组同志共同努力的结果，而且是中央有关部门领导和相关部委关心和具体指导的结果，是20年反复打磨、精益求精的结果。当然，它还要在广大读者中经受考验，在虚心听取意见后进一步改进、提。

（作者为当代中国研究所原副所长、《胡乔木传》编写组副组长）

有“硬颈”基因的项南

林志远

项南思想解放，主政福建五年，平反冤假错案，推行家庭联产承包责任制。他支持中外合资办福日电视机厂，支持扩大厦门经济特区，支持把国外银行请进来，发展乡镇企业，“松绑”放权；大念“山海经”，以智取胜，打“台”球“侨”牌，筹建中国第一条高速公路。

项南俯首百姓，晚年拖着病躯，跋涉十几个省的贫困山区扶贫，朋友劝他：“何苦呢？”他说：“这是还债。”他劝前来拜访的老乡、获国际发明奖的菌草技术发明人林占熺：“你即便是亿万富翁也算不了什么。若能将菌草技术用于老百姓脱贫，这才是你真正的生命价值。”他严格自律近乎“洁癖”。他到福建省委赴任、离任均拒绝迎接送行，在任期间他没给家乡批过一分钱，没给自己和儿孙谋过一分私利，清廉如水，疾恶如仇。1997年9月13日，他列席中共十五大时指出：“反腐败要注意两种倾向，一是不能只反下不反上……二是改头换面搞特权，自己不出面，叫儿子亲属炒股票，做房地产生意。他们利用父母的特权，一夜之间可以获得多少千万、多少亿的暴利。”最后他引用杜牧的话：灭六国者，六国也，非秦也；族秦者，秦也，非天下也。58天后，他走了。

人的品性是自然造化和后天文化塑就的。生于闽西的客家人项南，血液里有“硬颈”基因。他从小就接受马列主义，父亲是闽西最早的共产党员，母亲为革命坐过牢，叔叔在“白色恐怖”中壮烈牺牲。正如习仲勋赞誉的，这个家庭“满门忠烈”。12岁那年他加入儿童团，青年时期投身抗日战争和解放战争。新中国成立后任安徽团省委书记直到团中央书记处书记，反右倾运动和“文化大革命”中两次跌入低谷，对人生、对理想有更深刻的感悟。改革开放前率农机代表团访问欧美，不唯上、不唯书、只唯实的他，对中国建设社会主义的路径有自己的见解。

项南祖上屡出清官。在老家项氏宗祠里，有一副保留数百年的对联：“清白世传作吏还从冰上立，廉明性秉讼人都在镜中行。”项南最喜欢的条幅是王冕的《墨梅》：“不要人夸颜色好，只留清气满乾坤。”

既不肯当太平官，又能自觉限制手中掌握的权力、不谋私利的项南，共产党人的信仰和中国传统文化精神，是他立身处世的两块“压舱石”。

我国改革开放进入攻坚期和深水区，艰巨性、复杂性前所未有。经过改革开放30多年物质和经验的积累，要实现“中国梦”，当务之急是在全面深化改革的同时，将中国曾有过的精神生活凝聚成属于中国自身的人文精神，呼唤无数个改革创新的项南，在民族复兴的道路上，“杀出一条血路”。

一滴水可以折射太阳的光辉。我们从众多采访、阅读中摘录、整理了99个项南小故事，《项南的故事》全书不到十万字，读之，却可以让你走近一个有理想、有追求、有人格力量的高尚灵魂。

（作者为福建省作家协会会员、中国民主同盟盟员）

回到五四运动的“原点”

——《五四事件回忆》披露的稀见史料

陈占彪

“五四运动”已过去90多年了，自然，关于“五四运动”的史料整理和全面研究的成果，可谓汗牛充栋。但在笔者看来，撇开更为广义的“五四运动”，即便对“五四事件”，甚至对“5月4日那天在北京的学生游行示威”，还有相当一批材料为我们所鲜见，而这部分材料正是笔者所编的《五四事件回忆》（三联书店2014年出版）一书的主要内容。

着眼于对“五四事件”进行“事实描述”的“稀见材料”

本书主要着眼于对“1919年5月4日在北京爆发的爱国游行”这一事件进行“事实描述”的“稀见材料”，加以收集整理。也就是说，我们试图通过媒体现场报道，亲历者回忆，当事人书信、日记、公文、密件等不同身份的人的不同性质材料，来告诉读者当天发生了什么事，又是如何发生的。因为这一天发生的这件事是“五四运动”的原点。可以说，本书旨在通过对这些材料的收集整理，更好地“退到五四的原点”。

本书区别于已有的“五四”参考资料有以下两点：第一，除与“五四事件”直接相关以外，“五四”前后一些专论思想文化、罢工罢市、社会活动、政治外交的材料不予收录；第二，除北京之外的，全国其他省市的“五四事件”不予收录。并不是说这些材料不重要，而是因为本书所关注的是最基本的“五四事件”，而非更广大的“五四运动”。

当然，对“五四事件”的回忆材料并不缺乏。1979年五四运动六十周年之际出版的《五四运动回忆录》，可以说是“五四”回忆的集大成者，其中就包括一些当事人对当时事件的回忆（此书所指五四运动当然更多的是广义上的“五四运动”，因此包含了更为丰富的内容）。可以说，正是这些材料成为我们了解5月4日这一天学生游行示威情形的重要材料（凡此书收录的内容，本书一概避免收录，我们将此书和其他书籍中一些与“五四事件”相关的文章附录列出，以备有兴趣者参考），此后出版的一些“五四回忆”之类的书，多是从此套书中选录的。

集纳了不易看到的“五四事件”的相关材料

除这些亲历者的回忆之外，还有一批由于种种原因我们不便看到、不易看到，进而被忽视的“五四事件”相关资料。而这些资料正是本书的基本内容。本书的资料来源大概有以下两种。

其一，居留台湾的“五四青年”的“五四事件”回忆。长期以来，我们能看到的几乎全是留在大陆的“五四青年”对“五四”的叙述，如许德珩、周予同、匡互生、杨明轩、杨东莼、杨晦、霍玉厚、俞劲等人的回忆。可是，要知道还有相当一批的“五四青年”居留台湾，他们也有一些关于“五四事件”的叙述，比如陶希圣、杨亮功、田炯锦、王抚洲、毛子水等人的回忆，以及罗光对陆征祥的访问，马星野对罗家伦的访问，傅斯年的侄子傅乐成对蒋复璁的访问，秦贤次对杨亮功的访问，陈其樵的日记等，而这显然是全面了解“五四事件”不可或缺的宝贵材料。

“度尽劫波兄弟在，相逢一笑泯恩仇”。今天，两岸文化学术共享互补，我们有理由、有义务将这一部分材料搜集整理出来。

其二，新中国成立前报刊档案中的“五四事件”叙述。今天，我们能看到的多是新中国成立后的“五四事件”叙述。由于新中国成立前民国报刊档案纷繁芜杂，不易接触，不易检阅，对新中国成立前关于“五四事件”的回忆和叙述就不易见到。这次我们从民国报纸、期刊（包括内部刊物、地方刊物）、日记、书信、密电、公文、报告甚至小说创作中爬梳出对“五四事件”的叙述材料。网撒得很大，捞到的“鱼”却不多，每有些微收获，都令人十分激动，因此这些材料也就显得弥足珍贵。

比如，1919年5月5日《晨报》上登载的在中央公园游览的该报记者的现场目击文字，记述生动，细节丰富，可谓是最早最生动的“五四”学生游行现场报道，论理这篇文章并不难找，可是它却较少为研究者所重视。再如，1941年《城固青年》上登载的陆懋德的演讲《五四运动之经过及其意义》，亦是作者亲历“五四”的文字。城固系陕西省名不见经传的小县城，《城固青年》亦是名不见经传之小刊物，恐怕很少有人能注意到这类文字的存在。还比如，周瘦鹃于1919年5月9日写的《卖国奴之日记》更是以“曹汝霖”的口吻写其“末路之窘促”。“冷嘲与热骂俱备”“穷极酣畅”，却因“语多激烈，无出版社敢印”，只得自费出版。此小说是“五四事件”的艺术反映，其反应之迅速亦是让人惊叹。

可以说，通过本书搜集的民国时期和台湾地区对“五四事件”的叙述，再加上我们能够看到的新中国成立后对“五四事件”的叙述，大概能构成一个相对完整的“五四事件”叙述。

大致脉络：从“事件背景”“现场实录”到“事后回忆”“当下警示”

由“事件背景”到“现场实录”到“事后回忆”到“文学演义”到“当下警示”，是本书的大致脉络。本书的基本内容包括六部分。

“和会秘辛”：通过陆征祥、顾维钧、王正廷、伍朝枢、西园寺侯爵、重光葵等巴黎和会参与者，以及当初在法国发动同胞阻止中国代表团签字的李宗侗的文章，我们大致可以了解巴黎和会上中国所处的困境，是为北京学生“五四”游行的直接动因。

“现场存真”：从当时的书信、日记、密电、呈文、报纸中将“五四”当时游行的现场呈现出来。

“亲历者忆”：收录了台湾地区“五四青年”的回忆，民国报刊中关于“五四事件”的叙述，这些亲历者的回忆，也是本书主要的内容。

“日本五四”：收录了关于1919年5月7日在东京的中国留学生游行示威并被日本警察和民众阻挠、殴打、镇压的记述，这个事件一向为人忽略，但也是认识“五四事件”的一个向度。

“五四演义”：收录了蔡东藩、蔷薇园主、周瘦鹃、程生、汪静之等人数篇关于“五四事件”的“文艺创作”（通俗小说、话剧、诗），从这部分内容中可以看出一个创作中的“五四事件”。需要强调的是，几乎就在“五四事件”发生的同时，以“文艺”的形式对“五四事件”进行创作并不少见，但这个角度似乎鲜为人注意，但这些材料尚未能全部整理出来，就只好留待以后了。

“告日人书”：辑录了当初各界人士，如北京学生、林长民、张继、何天炯、戴季陶、李大钊等人，推心置腹、苦口婆心地劝说日本放弃侵略的“讲理”之辞。另外，本书还附录了已经出版的其他书籍中与“五四事件”相关的文章，以备有兴趣的读者参考。

本书“附录二”《细说五四》这篇文章，主要从“五四事件”中一些不为人注意的细节，论及这一事件与当时的天气状况等因素是有关的，“五四事件”中军警的表现是可圈可点的，火烧赵家楼是经过事先谋划的等。虽然此文发表过，但是这次结合笔者新看到的若干史料，又做了新的补充和修订。

（作者为上海社科院副研究员）

书评的怪圈

黄　健

在今天的环境下，书评人面临两难书评，即评论或介绍书籍的文章，在作者、读者和出版商之间构建信息交流的渠道。在今天的环境下，书评人面临两难：一方面读者的阅读能力下降，书评人在某种程度上是在替读者选书、读书，扮演着阅读者的“保姆”角色；另一方面这种替代却并不能真正增长读者的知识和提高他们的思维、判断能力，相反它造成了读者的思维惰性，而这又是危害阅读的。今天存在一类沉迷于阅读书评的读者，这类读者在最大程度上将阅读等同于阅读书评。这是一种危险的倾向，无论是对于读者还是书评作者，都没有太多的益处。读者失去了阅读原作本身的乐趣，同时也避免了阅读的挑战，这导致许多人阅读能力下降。而轻信某一个书评作者，容易导致思维模式的固化，并丧失判断力，书评作者侵占了阅读主体本来该有的地位。

现在，很多大众媒体上经常出现书评人还没有完整读完一本书就已经写好一个书评的情况。这样的书评，既缺乏知识性，也缺乏思想性，书评人并不是没有意识到这个问题，他们也常因为交稿时间的限制，或者为了赶上某个风头正劲的形势，可能只是翻一翻书的大致内容或者看看简介，余下的基本靠发挥，或反复卖弄自己的一点私货，或信口开河而了无边际。在这样的情境下，作者在书评中评价某本书的优劣之处，已经丧失可信度。书评中出现这样的怪圈：评论者不认真读书品书，书的作者也在一定程度上并不认真地读评论，但他们经常都“相互喜欢”。这中间，恐怕只有出版社或者潜在的公关机构得到了最大的实际利益。

更严重的问题是，书评界中存在过度阐释的潮流这股潮流将那些严谨的书评作者也带入到一个找不到规范和方向的境界里。过度阐释的书评大多存在于一些期刊杂志上，因为杂志不同于报纸，它们的版面更加充分一些，因此留给了书评作者更多自说自话的空间。在这个空间中，除了比较严重的贩卖私货的行为外，最大的问题就是过度阐释。诸多书评作者在编辑的导引下，以某本书为起点或者话题，展开议论。倘若作为一种话题讨论，则也不失为一种好的文体。但是大多数的书评作者并没有很好地遵循议论的规则，他们将某本书的观点大加阐释，然后宣称其为自己的新思想。过度的阐释，极易违背原著的观点和意义，如此书评最终成为一种与原作关系不大的东西，只是被作者或者编辑冠之以书评的标识罢了。这样的书评随处可见，有的还颇受杂志编辑和部分读者的喜爱，大多数作此种书评的作者，一般也喜欢卖弄才华，并常挟典故和术语以自重，让人触不可及、望而生畏。

要建立一个良好的书评氛围，真不是一件容易的事情处于这个复杂社会结构和知识结构中的现代书评，要想成为一个引领读者或知识界的标杆，还有很多方面需要改进。书评人应对原作内容忠实而简明扼要地总结和陈述之，其评论应建立在对原作细致阅读和理解的基础上。评论是知识性的，亦即评论在知识性的框架下展开，即便是小说评论，它同样是一种建立在小说基本知识和规范之下，而不应是一种纯感悟式的言说。值得指出的是，这种知识性的评论并不是旨在纠正或者强调某个知识点的错误或者问题，而是将问题以知识对话的形式呈现出来。强调这种知识性的评论，主要的目的在于避免腾云驾雾式的言说。作为书评的写作者，在细致阅读的基础上，就更应当有自己的独立思考和判断。他首先应该读懂需要评论的著作，在情境中思考，同时应去情境地加以表达。作者本身不应该有太多的情境立场，例如在书评中以“国情特殊论”来否定或者批评原著作者的观点和方法，或者以某种既成大众哲学体系来反对某种观点等行为，看似是一种颇有见解的评论，实际上则暴露了书评人头脑中观念的条框。这样的书评写作，最后不仅仅容易成为新八股，变得千篇一律、空洞贫乏，还会影响书评作者自身的判断力，给读者带来一定的伤害。书评人还应该规避一些近亲评论行为，尽量减少或者不应去做人情式评论。为人情而作书评，无论从哪种角度来说，都难以全面和客观。书评人应该尽可能客观而不是想办法去做某种观点和利益的卫道士。在某种意义上讲，现代书评应该是启蒙导向的、基于客观立场的评论以及保持克制的阐释。

回到最初的起点，重新体味中国书评研究开先河者萧乾先生的话，我想对于中国书评再出发很有必要。他说：“一个理想的书评家要具有足用的知识和品位的背景，对实际生活又怀有莫大兴趣。历史沿革对他不生疏，而拾起每本书来，他仍能持涉猎的好奇心，发现它自身的价值。”

（作者单位为华中科技大学社会学系）

清官的司法判案也不足为训

王曾瑜

人们研究中国古代法律史，对法律条文的变迁，下了许多功夫，当然是必要的、可贵的。但是，更重要的方面还应是司法实践。唯有注重和研究司法实践，方能使法律史成为活的法律史。在专制主义中央集权的等级授职制的人治条件下的司法腐败，应是中国古代法律史研究的中心。

我个人在长时间内对司法腐败的重要性，确是认识不足，注意不够，直到近年才有所纠正。故在《王曾瑜说辽宋夏金》第136页，将司法腐败列为宋代农民的五大公害之一。

宋朝的司法制度，确是比唐朝有所进步和提高。但是，在专制主义中央集权的等级授职制的总前提下，宋代与此前历朝的司法相比，虽有其特点，也只能说是大同而小异。之所以说大同小异，或者无多少差别，主要在于司法实践。历朝的司法实践固然难以比较高下，但基本情况是可以判断的。

《名公书判清明集》是一部重要的宋史史料，史料价值颇高。相比之下，就官员司法书判而论，也确是表明了宋代比唐代的进步。所谓"名公"，就是一批清官，他们的司法判案，就是具体的司法实践。南宋后期，将他们的判案编集成册，以为范本。但是，正如一些学者早已指出的，此类书判对地方豪强，即宋代黑社会势力的惩处还是偏轻的。依照马克思主义的基本观点，宋代社会既然存在着阶级的剥削和压迫，存在着专制主义中央集权的等级授职制，在十官九贪的情况下，司法腐败必然成为司法实践的主流。故《名公书判清明集》所反映的，只能是宋代司法实践中很少量的、较好的情况，而绝无普遍意义。编类此书的目的，固然是希望以此提高司法的质量。但在大多数地方官非贪即谬的情况下，《名公书判清明集》的指导意义，就不可能估计过高。大文豪欧阳修曾贬官夷陵，此地“虽小县，然诤讼甚多，而田契不明，僻远之地，县吏朴鞭，官书无簿籍，吏曹不识文字”。当他“取架阁陈年公案，反复观之。见其枉直乖错，不可胜数，以无为有，以枉为直，违法徇情，灭亲害义，无所不有”。其结论是“且以夷陵荒远偏小，尚如此，天下固可知矣”。这是在“县吏朴鞭”、不善于在司法文书中做手脚的情况下，可以被欧阳修所识破。如果遇上那些奸胥猾吏，完全可伪造出高明的司法文书，虽是颠倒黑白，光从文字上看，却也似乎是天衣无缝。欧阳修只怕也就未必能从中推敲出破绽。欧阳修所述，才是反映了宋代司法实践的主流，“天下固可知矣”。

（作者为中国社科院荣誉学部委员）

“75后”新体验：中国发展的两次升级

王绍光

《大道之行：中国共产党与中国社会主义》是几位年轻学者近年来认真思索的结晶。读后感觉是：“横空过雨千峰出，大野新霜万叶枯。”如果没有什么过人之处，几个年轻人不可能写出这样的好书。作为“75后”，这群作者是改革开放的同龄人，经历了中国发展的三个阶段，体验了社会主义路线图的两次升级。

从这批作者出生到大学毕业，他们与中国一起经历了“温饱阶段”。正是在此背景下，中国一步步推进着改革开放。然而，伴随这批作者成长、伴随着中国改革开放的还有一个巨大的阴影：新自由主义在此期间开始在全世界范围风生水起。1979年上台、担任英国首相长达11年的撒切尔夫人有一句口头禅：你别无选择（There Is No Alternative）。据统计，她在讲话中使用这个口头禅达500多遍，以至于有人送给她一个绰号，就叫TINA。所谓“别无选择”是指，除了资本主义，世界已别无选择。“铁娘子”的“铁”表现在对“别无选择”的信念十分坚定。

1989年初夏，日裔美国人福山把撒切尔夫人的“别无选择”说上升到了历史哲学层面，发表了一篇题为“历史的终结”的论文。在这篇名噪一时的论文中，福山说：“20世纪开始时，西方对自由民主的最终胜利充满了自信；到20世纪接近尾声时，似乎转了一个圈又回到了原点。结局不是像某些人曾预料的那样，出现了‘意识形态的终结’或资本主义和社会主义之间的趋同，而是经济和政治自由主义完完全全的胜利。”在文章的结尾，福山几乎难以掩饰自己的得意，却故意流露出一丝胜利者不再有对手的失落感。据他说，历史终结以后的世界将会变得非常无聊：不再有艺术与哲学，只有在博物馆里才能看到它们的痕迹。

在本书作者们小学毕业、进入初中时，历史似乎的确正按照撒切尔夫人与福山预测的轨迹行进：庞大的苏联轰然垮塌，南斯拉夫陷入内战，东欧各国纷纷易帜转向，整个世界似乎都在拥抱资本主义。

然而，中国仍然坚定地行进在社会主义大道上，而且路线图版本已经升级。当本书作者们走出大学校门前后，他们已经目睹了中国式社会主义2.0版本带来的奇迹。从1978年到2001年，中国GDP年均增长9.6%。作为一个十几亿人口的超大、超复杂经济体，中国连续20多年高速增长，这在人类史上是名副其实的“奇迹”。但更大的奇迹是中国在扶贫减贫方面的成就。如果按照世界银行的贫困标准计算，从1981年到2004年，中国贫困人口的绝对数量从6.52亿降至1.35亿，5亿多人摆脱了贫困。而在同一时期，全球发展中国家贫困人口的绝对数量只减少了4亿。换言之，如果排除中国，发展中国家贫困人口数量不仅没有减少，反倒增加了。难怪世界银行的一份报告赞叹道：中国“在如此短的时间里使得如此多的人摆脱了贫困，对于全人类来说这是史无前例的”。

当然，2.0版本的中国式社会主义也有严重缺陷。为了追求尽可能高的经济增长速度，在这一阶段，中国在相当程度上忽略了社会公平、职工权益、公共卫生、医疗保障、生态环境等，带来了一系列严重的后果。人们有了更多的钱，却普遍感到不安全、不平等、不舒适。这一切都让本书的作者们痛心疾首。

带着对国家发展的荣耀感，也带着对社会主义前途的困惑，他们于新世纪初走出国门，开始在境外、海外求学。与此同时，绝大多数中国人已衣食无忧，进入“小康阶段”，中国经济继续快速发展。如果说在温饱阶段，提高私人收入/消费水平有助于改善社会福利的话，那么，进入“小康阶段”后，私人收入/消费水平的提高已不再是社会福利改善的主要动力，它与社会福利改善的正相关关系开始递减，甚至走向反面。如果沿用2.0版本路线图，不仅收入差距会持续扩大，先富起来的少数群体还会快速聚集大量财富，固化与广大劳动人民之间的鸿沟。

在基本解决广大人民群众的温饱问题之后，“小康阶段”的社会主义路线图必须再次升级，追求共同富裕。为了实现共同富裕，3.0版的中国式社会主义应该对那些能切实改善大多数人福利的领域（如宜居、畅通、平安、生态、基础设施、文化艺术、科学技术）加大投入，并通过再分配的方式，尽力对与人类生存权相关的领域进行“去商品化”，实现“学有所教、劳有所得、病有所医、老有所养、住有所居”。

在过去十余年，中国出现了一次新跃进：社会保护力度大大增强。这个新跃进已静悄悄地给中国社会带来翻天覆地的变化：一方面，它阻止了不平等进一步恶化的趋势；另一方面，它为降低人类不安全创造了有利条件。只要继续推进这两方面的变化，社会主义就不是一句空话。

（作者为清华大学公共管理学院长江讲座教授、
香港中文大学政治与公共行政系讲座教授）

全面认识“官书”“私记”的史料价值

——读齐世荣先生《史料五讲》书后

瞿林东

齐世荣先生的新著《史料五讲》，去年由首都师范大学出版社出版。这是一本关于如何看待、辨析、运用史料的论集，收录了齐先生近三四年来专讲史料问题的五篇论文，故名《史料五讲》。首篇论官府文书和私家记述各自的史料价值与其局限以及在这方面存在的三种不同的认识；继而依次谈到日记、私人信函、回忆录、小说的史料价值。

韩愈在《进学解》一文曾以“闳中肆外”来说明作文应达到的一种境界，意即只有有了丰富的积累才能得以充分发挥。齐先生的《史料五讲》，旁征博引，纵横捭阖，挥洒自如，新见迭出，在讲史料的过程中，实则论述了治学问题，概而言之，自当以“闳中肆外”看待。本文拟就书中所论史料和治学问题讲一点读后的认识，请作者和读者批评。

全面看待“官书”“私记”的史料价值，对几类重要私记作了全局性的勾勒

《史料五讲》所包含的五个方面的史料问题，各自独立成篇，看似并无直接联系，但都是与全局密切联系的一部分。所谓“全局”，主要反映在两个方面：

第一，作者以论述“官书”和“私记”提携全书，使所论四种私记都不脱离全局，这一点不难理解。第二，作者的全局见识，反映在对所讲的五个方面的史料问题，都分别有总体上的把握，分则各自卓然成立，合则浑然一体，即在综论“官书”与“私记”价值的前提下，对不同的“私记”予以辨析，论其得失。这两点，对读者都有积极的启示。如：

——关于日记，作者指出：日记因记于当时，且是留着自己查阅的，故有治史的参考价值；但有的日记，作者是准备出版或有意于留给后人阅读的，其价值就另当别论了。

——关于私人信函，作者认为，它是在公开的公文或公开出版的著作中所见不到的文字，因而可以扩大治史者的史料范围。

——关于回忆录类私人文件，作者指出，回忆录类私人文件，具有重要的史料价值，但其缺陷和局限也十分突出，故以专题论之。

——关于小说的史料价值，作者引用翦伯赞论史料的有关观点，以及恩格斯论巴尔扎克《人间喜剧》的史料价值，进而展开论述；同时强调：“使用从小说中发现的史料时，应参照其他方面提供的史料，才能得出比较正确的结论。”

通观上述论点可以看出，作者在全面看待“官书”“私记”的史料价值的前提下，对几类重要私记（小说作为私人创作亦可视为一种私记）的史料价值及其局限，作了明确的表述和全局性的勾勒，读后使人感到有一种整体上的认识和理论上的提升。

采取多种考察方法，尤其是分类法，使讨论层层推进，其结论则自然生成

齐先生在论述各类私记史料价值时，多采用比较的方法与分类的方法，尤其是分类的方法，使这种讨论层层推进，其结论则自然生成，读者愈往下读，愈觉豁然开朗。

作者列举“官书”“私记”史料价值的三种看法，实有比较之意，从比较中看出它们的分歧；而于第三种看法则先后概述蔡元培、陈寅恪、傅斯年、顾颉刚诸家论点，其中亦含有比较之意，即从比较中看出诸家认识上相同而表述上的差异，可谓各显风采，相得益彰，彰显出第三种看法的合理性及其多重论证的力度。

关于日记、私人信函和回忆录类私人文件的史料价值，作者运用分类的方法进行论述。如日记划分为政治人物的日记和文化人物的日记：政治人物日记又划分为“高级官员的日记”和“中下级官员的日记”；文化人物的日记则划分为“文人的日记”和“学者的日记”。又如回忆录类私人文件分为两大类：一是以个人为线索，多涉及时代各个方面的回忆录；二是主要谈个人，旁及所处时代的回忆录。前者又分为政治、经济、社会文化三类论述。这种以类相从进行研究、论述的方法，有几个方面的益处：一是记日记的人的身份很复杂，不分类难以入手研究，也难以说明某种历史真相；二是同类型人物的日记对于反映某一社会现象有其共同点，便于揭示一个方面的历史真相。同样，私人信函也划分为“政治人物的私人信函”和“文化人物的私人信函”两大类，每类之中举其有典型意义者予以分析、判断。这种在分类基础上进行研究的方法，是作者治学中的类例思想的具体运用，这不仅使作者的论述条分缕析，也使读者读来步步深入，兴致盎然。

材料征引繁富，可谓古今中外，信手拈来

《史料五讲》一书，部帙不大，但征引的材料十分丰富。齐世荣先生以治世界近现代史闻名于当代，而在中国历史及中国文献方面功底深厚，故论述问题，征引繁富，可谓古今中外，信手拈来，使其所论具有极强的吸引力和说服力。在《谈回忆录类私人文件的史料价值》一文中，作者先后列举了陈寅恪《寒柳堂记梦未定稿》《顾维钧回忆录》《杜鲁门回忆录》、爱伦堡《人·岁月·生活——爱伦堡回忆录》、张集馨《咸道宦海回忆录》、张伯驹《春游纪梦》与《续洪宪纪事诗补注》、方暾《国民党军政部点验委员会的真相》、汪辉祖《病榻梦痕录》、孟元老《东京梦华录》、吴自牧《梦粱录》、司马迁《太史公自序》、蔡元培《自写年谱》、齐如山《齐如山回忆录》、胡适《四十自述》与《胡适口述自传》、杨树达《积微翁回忆录》，以及吕思勉、季羡林、韦君宜、曾志等人的回忆录等，指出这些回忆录对反映一定历史时期的政治、经济、思想文化面貌，都有一定的价值。在《谈日记的史料价值》一文中，作者引用了《翁同龢日记》《郭嵩焘日记》《齐亚诺日记》《和平大使：阿贝农勋爵日记》、尼克尔森《日

记与书信》，以及李慈铭《越缦堂日记》、罗曼·罗兰《莫斯科日记》、陈白尘《牛棚日记》《朱自清日记》、威廉·L·夏伊勒《柏林日记——二战驻德日记见闻（1934—1941）》等，用来说明日记的史料价值。作者论私人信函的史料价值，列举各种信函亦多类此。

笔者列举这些书名之时，愈益增加了对作者博览群书、知识渊博的钦佩之情，也有感于作者以如此广泛的征引来说明有关“私记”的史料价值，实乃历史文献学的一个新发展。

通读《史料五讲》，深感作者在史料的视野、辨析、抉择上的深厚功底，加深了读者对史料的认识。同时，我认为，作者在阐说史料的过程中，实际上多处涉及史学的理论和方法，即人们在认识作者的史料思想的同时，进而认识作者治学的理论和方法。

在讲史料中论治学

《史料五讲》一书，顾名思义，以讲史料为其基本旨趣和主要内容。但是，因为治学的过程并非只有史料这一环节，故人们不可能完全脱离治学理念单纯地讨论史料问题。从齐世荣先生的学术道路和治学经历以及他的学术风格来看，更不可能在《史料五讲》中不涉及他的治学理论和学术风格。通观全书，依我的肤浅认识，我认为从治学旨趣来看《史料五讲》，它十分鲜明地反映了齐先生的治史理念和史学风格。

概括说来，这一治史理念是：应当十分重视史料，这是研究历史的基础；应当辩证地看待和运用史料，这是研究历史的关键环节；应当把史料、理论和方法结合起来，以理论分析史料的价值，以不同方法采择和使用史料，使三者密切结合作综合考察，庶几得到近于历史真相的结论。齐先生的史学风格，从上文所述各项，或可见其大概，不再赘说。

（作者为北京师范大学历史学院教授、博士生导师）

对我起了巨大作用的两本书

耿云志

这些年来，常听到一些消息，有个别我们的同胞在外国旅行时，出现不文明行为，招致外人的反感。这非常令人遗憾。我想，这样的人有这等不文明行为，除了其他原因外，有一个重要原因就是他们读书太少，读好书太少。

今天提倡全民读书，应当读些什么书？怎样读法？我觉得，读书无非是两方面，一方面是学习做人，一方面是学习做事。

做人，就是要有人格。中国古代一些重要经典，其最大的好处就是可以帮助我们塑造人格。我认为古代经典，特别是儒家经典，主要是塑造君子人格。如《论语》中就有非常丰富的关于君子人格的论述，我曾举例说，从孔子及其弟子们如何对待缺点错误，可看出他们对君子人格的期许。

首先，他们强调，有错误绝不要掩饰，要让别人知道自己所犯的错误，就像日食、月食那样，谁都看得见。这就是《论语》上说的，“君子之过，如日月之蚀”。然后，知错而勇于改正，“过则勿惮改”。最后，有错误不埋怨别人，也不强调客观原因，而是虚心检讨自己致错的原因，吸取教训，不再重犯已经犯过的错误。《论语》上说的“不迁怒，不贰过”就是这个意思。

《中庸》一书，我觉得中心是讲一个“诚”字。“诚者，天之道也；诚之者，人之道也”。这是此书的核心。一个人若能做到彻头彻尾、彻里彻外的“诚”，他就是一个坦荡荡的君子，就是一个大好人，甚至可以成为一个伟大的人。

《大学》《孟子》等书，也都要多从塑造君子人格的角度去看，去领会，去吸取和实行。历史上一些有伟大人格的人，他们的书，他们的传记，都是我们塑造君子人格的重要资鉴。

读书的另一个目的，是学习做事的本领。做事的本领来自两方面：一是来自经验。父母教诲，老师传授，周围朋友、同事的切磋，尤其是自己身体力行的经验。二是来自读书。读书一方面是扩充知识，另一方面是训练思想。后者可能比前者更重要。

我从上世纪90年代开始招博士生，每个学生入门，我开的参考书里面，都有《资本论》和《哲学史讲演录》。这两本书对我个人起了巨大的作用，既训练了思想的能力，又训练了思想的方法。《哲学史讲演录》一共四卷，我高中时很认真地读了这本书，虽然当时不能全懂，但我对西方古代哲学的了解，以及黑格尔那种非常深刻的发展的观念，都为我后来做历史研究、做思想史研究打下了很好的思想基础。《资本论》对我的思想方法、思想能力的训练，起了决定性作用。可以说，我能有一点辩证思维的能力，有一点辩证地分析问题的能力，有一点既能分析又能综合的能力，主要是《资本论》一书所赐。

这两本书也不一定要成为所有人的选择。我的意思是，一个人要想在学问上、在事业上有所成就，必须读一些讲究思想方法、提高思想能力的书。至于具体选择哪些书，要根据每个人所从事的事业以及个人的兴趣。

作为一个有修养的现代人，一定要阅读一些优秀的文学作品。伟大作家的作品可以帮助我们认识人生，帮助我们提高对事物的观察力，帮助我们读懂他人的心理。

作为中国读书人，我还要特别提倡一下，对中国书法美的欣赏。我们中国文字，是世界上独一无二的文字，其美感肯定要超过其他任何一种文字。我欣赏一件好的书法作品，同欣赏一件画家的优秀作品所得到的美的享受，是一样的，甚至有过之而无不及。作为一个中国的读书人，对中国的书法艺术，没有鉴赏的兴趣，似乎太辜负了中国文化。

（作者为中国社科院研究员）

吕振羽：史与诗熔铸的情怀

吴怀祺

《吕振羽全集》是国家“十二五”规划重点出版项目，十多位专家学者历时多年编辑，2014年由人民出版社出版。全集共计十卷，有专著、史论、政论、回忆录、日记、札记、书信等，近六百万字。这是当代史学史上的一个大工程。

吕振羽治史成就，不只是分量上“著述等身”，更重要的是，著述中凝含的思想和智慧。吕振羽的历史智慧，是他的史学创新精神，启示发展当代史学的途径，对于当代民族文化建设，对于观察当代世界的变动、思考历史的走向，具有重要的意义。

世界史精神是吕老治史重大特点

吕振羽研究中国历史，善于从世界的变动中进行思考，认识到“中国革命是世界革命的一部分”。《全集》第一卷开篇，就显示出吕振羽的鲜亮的世界史的眼光，这一卷收录了他的《中国外交问题》《中日问题批判》以及《最近世界资本主义经济》著作。他于1926年东渡日本，在明治学院学经济，1928年回国。第一部《中国外交问题》，写作是在1928年12月至次年1月。他以世界史的大视野，开启了探索的历程。1932年出版的《中日问题批判》一书，通过对日本经济危机特点以及对中国物资与市场依赖等分析指出中日战争不可避免。同年出版的《最近世界资本主义经济》一书，是他以马克思、列宁有关资本主义经济危机理论来研究当时的世界经济危机及趋向。他在书中称经济危机中的英国，“这个纸糊的老虎，更动颤不得。愈益构成其恐慌的严重性”。

这几部书，表达吕振羽“强烈的爱国情怀与反帝思想，并从近代中国史以及世界各关系的广阔视野下”，探索世界民族解放之路。

吕振羽撰写的《简明中国通史》，就是把中国史作为一个过程来把握的，根据正确的方法论，和世界史作比较研究。他指出学术的“中国化”，所谓“中国化”，就是要使先进的文化活用于中国。根据中国的具体环境和民族革命的现实要求来活用。在对待文化传统上，有两种倾向要反对，一种是所谓的文化贩运主义，一种是文化闭关主义，即实际就是文化上的排外主义或者说是文化上的保守主义，新史学家要以世界史的眼光对待传统文化，振奋民族精神。

上个世纪30年代，关于中国社会史论战、中国社会性质论战、中国农村社会性质论战，实际上让人们思考中国历史、中国社会的出路，这是关系到实际与未来的大问题，没有世界史的广阔视野，就不可能解决。通过论战，唯物史观进一步扩大了影响，马克思主义史学思想得到进一步的发展。论战促使人们对中国历史有更深的思考。吕老发表的相关论说有重大的理论与实际意义。

20世纪30年代，一批中国马克思主义史学家，以开放的眼光看待中西史学的问题，吕振羽就是代表。他对传统史学、对传统文化的合理内涵充分肯定，从理论上阐明了正确对待中西史学的必要，重视传统，不是无分析地全盘接受。

治史求真与求实的追求

作为现代中国的五大马克思主义史学家之一的吕振羽，其贡献是巨大的。白寿彝先生在他的史学史与史学概论的著述中，谈到中国马克思主义史学发展史过程，就系统肯定吕振羽在社会史、思想史、通史诸多方面的开启意义。

吕振羽总是把历史问题的探讨，作为推进历史发展的力量。抗日战争时期，无论在延安地区还是在重庆等地区的史学工作者，都将对中国历史发展历程的理论思考与现实的走向结合起来，开展了深入的研究。吕振羽的研究，是突出的代表。

吕振羽有自己的理论思考，认真考察中国各民族的历史与文化，提出自己的创见。他的史学探索，体现出史学家使命感、责任感。在学术评论上，吕振羽坦言自己的认识，对自己也是不断反思。在《中国政治思想史》的《导言》中说："我所划出的这个轮廓，只是暂时的，将来在我们的研究的进行中，如发现不妥时，再予以不断的更正。"

从1963年到1965年，就是在一度失去自由的情况下，吕老仍然继续历史探讨与史学研究，完成《史学评论——读报随笔》20万字。如他在《随笔·自编集目》中，还提出今后要"从事《简明中国近代现代史》《中国近代现代哲学史》《亚洲简史》等著作"的写作计划。在《史学评论》中，他直抒己见，坚持信念，体现出马克思主义史学家治史求真的品格，"表现了著者对党对马克思主义的无比忠诚和作为史学家对我国社会科学发展的高度关注和责任感"。

史与诗熔铸的情怀

《吕振羽全集》第十卷，展现出吕振羽学术的又一组光彩篇章：《回忆录》《学吟集诗选》《学吟集诗选补》以及《日记》《书信》。

吕振羽史学的一个耀眼风景是他的治史中，又融入"诗"的情怀。这由史发而为诗："敢把日游入正史，欲从今古究长河。"

据《吕振羽全集》的《前言》的统计，吕老的《学吟集初草》收录诗近三千首。《咏史》以诗评史、评议古今历史人物，"历史人物一一评，物观如矢扬群氓"；而史学家入于《诗》中的《华峤范晔两〈后汉书〉答问偶成》别开生面，是提倡史学的警世之作。

吕老在完成一系列史学著作的同时，还写出3000多首诗，这是怎样的精神呵!

诗中有史、诗中有情，史化为诗，是呐喊，是追求，是信念，"诗言志，歌永言"。杜甫以"诗"化"史"，司马迁的《史记》的"究天人之际，通古今之变，成一家之言”写史，成为史家千古之绝唱，无韵之离骚。吕诗同样是史，是“史”与“诗”熔铸成的情怀、理念。

他的诗的高峰创作时间，从1963年1月9日至1967年1月9日，也正是他蒙受不白之冤之时。而诗中体现的对历史前途的信仰，对祖国、对人民、对领袖、对友人、对亲人的热烈的爱，未曾磨灭一丝一毫。一首《马克思赞》就有270余行，概括了马克思学说的形成与发展；长诗《祖国颂》讴歌中华五千年悠长历史；诗集中对先进思想家、改革家无限景仰，对民族文化的赞颂；长诗《孔子逝世二千四百四十周年》，简直是一部民族文化学术史的赞颂；他称王夫之学术的影响是“史学船山掀巨浪，欲明理势穷长河”。总之，吕老“史”中有“情”、有“爱”；“诗”中有“史”、有“理”。

（作者为北京师范大学历史学院教授）

法官能为法治做什么

何　帆

从2013年到2014年，司法改革提速，译事逐渐荒疏。每有朋友问及翻译进展，只能苦笑："中国法院的事情都忙不过来，哪儿有时间关心域外司法？"

完全不关心也不可能，只是题材变了。初涉译事，自我定位为司法文化传播者，更侧重推介法官传记或经典判例，很少专注于制度介绍。近些年，因忙于司改，译书题材逐渐由"软"及"硬"，故事变少，干货渐多。以手头两本待译著作为例，一本是《美国司法独立史》，讲述法官选任制度流变；一本是《专门法院》，讨论专门法院利弊兴衰。两本书的题材正好与当下司法改革的两个热点话题对应，即：法官怎么选？法院怎么设？

先说法官选任。本轮司法改革启幕时，各界普遍认为，未来的法官应当职业化、高素质、严要求，但这样的法官到底该由谁遴选、如何选任，意见却并不统一。各省法官遴选委员会陆续设立，争议也随之产生：谁来当遴选委员会主任？法官占多大比例？党管干部原则在哪个环节体现？等等。有人担心高级法院主导法官遴选委员会，会导致上下级法院之间的"行政化"更严重；有人害怕非专业委员过多，会影响法官遴选委员会的专业判断；还有人认为，如果法官集中在省一级遴选，任免权力还保留在省以下地方各级人大及其常委会手中，司法的"地方化"问题仍将积重难返。

再看法院设置。很长时间以来，理论界与实务界都津津乐道于专门法院的设置。从知识产权法院、行政法院、未成年人法院和家事法院，到商事法院、破产法院、金融法院、财税法院和环境资源保护法院，但凡某个审判领域与专业性沾边，就会有设立相应专门法院的呼声。在新一轮司法体制改革中，知识产权法院应运而生，跨行政区划法院也在京沪率先挂牌。一时间，特殊类型的法院又成时髦话题。可是，也有人追问：一个专业领域对应一个专门法院，到底有没有必要？设立专门法院的必要性和标准到底是什么？如何把握好专业化审判、统一法律适用与便利民众诉讼、节约司法资源之间的边界？又如何避免今天一拥而上的改革成果成为未来的改革对象？上述问题其实都有进一步探讨的空间。

上述关于法官与法院的争议，在美国也曾长期存在。直到现在，完善州法官选任方式仍是美国司法改革的焦点议题。此外，美国专门法院的设置也非常繁杂，从联邦到各州，门类多达十几种，别说法学院师生，就算资深律师，不在诉讼圈摸爬滚打三五年，也理不清各类法院的管辖关系。而专门法院的存废撤并之争，在美国司法界也是一个经久不衰的话题。

由此可见，尽管历史动因与表现方式不同，但我国司法改革面临的困难和问题，彼岸也曾存在，了解其历史源流和经验教训，对推进当下改革应有启发。

《法官能为法治做什么——美国著名法官讲演录》主要关注美国的司法热点问题，如司法审查、宪法解释和州宪法的人权保障作用等，但是，司法领域毕竟有许多共通规律，因此，书中反映的许多问题，与我国司法改革中的现实争议也能遥相呼应。例如，联邦法官的名额到底是多了还是少了？“案多人少”是不是伪命题？法官在信息化时代如何合理安排工作？庭审的重要性何在？法官到底是纠纷解决者还是政策制定者？对于习惯拿美国司法说事者来说，透过法官们的阐述，可能看到许多有意思的情况，例如：虽然案件在增加，但美国法院庭审数量其实在逐步下降。民事庭审数量从20世纪80年代至今下降了60%，刑事庭审数量则从1962年的15%，降至2002年的5%。联邦基层法院法官的工作，目前更多是参与庭前谈判、辩诉交易及案件管理。这与我国基层法院法官“连轴转”开庭的情况，已有很大不同。

对中国的司法改革，这本小册子可能提供不了什么现实答案，但书中法官们着力论述的，正是“法院何以为法院、法官何以为法官”这样的通识道理。当下，“法治”已成朝野共识，而对法官来说，真正成为独立判断、勇于担当者，并享受充分的职业保障，才可切实为推进法治做出贡献。

（作者为最高人民法院法官）

贤哲的会心之处

——读1936年《八贤手札》

张冠生

《八贤手札》作者阵容很有可观。“八贤”所指的曾国藩、左宗棠、胡林翼、曾国荃、彭玉麟、沈葆桢、李鸿章、骆秉章，都是一时俊杰，呼风唤雨，辄动天下。

该书序文作者瞿鸿禨，光绪元年大考第一，官至工部尚书、军机大臣、政务大臣，曾参议清末立宪。跋语作者郭嵩焘，是近代中国“走向世界”的中坚，中国第一个驻外外交官。因任驻英公使，著有《使西纪程》，主张革故鼎新。

郭嵩焘的弟弟郭昆焘，禀赋才略不在其兄之后，尤“深于戎略”（瞿鸿禨语）。只因他“天性恬退，成劳不居”，喜欢“俯仰歌啸于泉石之间”，远离官场、沙场，最多作为“幕府”出些主意，不登前台，所以名气远不如兄。号称“全球最大中文百科全书”的“百度百科”上，郭昆焘词条仅一百四五十字。

真实发生过的那段历史对他的礼遇却隆重得多。《八贤手札》便是一证。其正文逾六万字，全是曾、左、李等八人给郭昆焘的书信。其中，曾国藩二十八通，左宗棠十二通，李鸿章六通，胡林翼十六通，曾国荃十四通，彭玉麟十七通，沈葆桢四通，骆秉章七通。据郭昆焘哲嗣郭庆藩说，有十多年时间里，其父“专主军幕”“四方将帅驰书问方略”。“先大夫据案起草，动辄盈尺；诸名贤书札往还，日或数十百通，盈积箱簏”。

在郭昆焘，诸如此类，无非寻常事，亦无意身后声名，所以，满箱书札“为人攫去不置问”，潇洒到无以复加。当时郭庆藩年纪还小，虽常见父亲闻鸡起舞，笔走龙蛇，却不懂父亲与远方沙场将帅书函交驰的意义、价值，也没有心力予以保护。待其长大，渐知世事，即用心收集起父执八方来信，日积月累，蔚为大观。但他并不视此为私产，“因取骆文忠曾文正胡文忠沈文肃诸公，今相国李公、左公，宫保曾公、彭公手札，各摹刻数通，与海内共欣赏之”。这大概就是曾文正公所称道的“廓然而大公”的风范。

瞿鸿禨在该书序文中表示，书中手札存了“父执之风仪”，更存了益于后人了解历史起伏的素材，对郭昆焘曾有过的历史贡献也可推知大概。原话为：“后之览者，因以考知世变，将有感于人才之盛衰；而先生之闳识孤怀，功在当时而不与，亦可以得其概焉！”

《八贤手札》阅读未毕，遇上民国版《曾文正公家书》（上中下）三本一套，也买下，作延伸阅读，对曾氏之贤有了更多领悟。譬如其自拟“五箴”（立志、居敬、主静、谨言、有恒），不离人生大关节处，言辞中贯注浩然之气，确为修身要津。

言及“居敬”，曰：“谁人可慢？何事可弛？弛事者无成，慢人者反尔。纵彼不反，亦长吾骄。人则下汝，天罚昭昭。”类似议论，触目皆是。

这样想问题，必然会认真对待人生所遇每一个人，每一件事，自然就进入“积土成山，积水成渊”的状态。人之贤，来自于滴水穿石的功夫。

梁漱溟先生一生喜欢的“廓然大公，物来顺应”，也在曾氏家书中读到。毕竟都是贤哲，自有会心之处。

（作者为民盟中央委员）

重新认识劳动

——看《劳动铸就中国梦》所思

张德祥

2015年4月28日，庆祝“五一”国际劳动节暨表彰全国劳动模范和先进工作者大会在人民大会堂隆重举行，习近平总书记的讲话在全社会引起热烈反响。“劳动最光荣、劳动最崇高、劳动最伟大、劳动最美丽”，这是继1979年，时隔36年之后，国家最高规格隆重表彰劳动者、再度确立劳动光荣的典礼。这是对劳动价值的表彰与弘扬，也可以说，这是在新的历史条件下对时代精神的理直气壮的强调，对时代风气的旗帜鲜明的引领。

2015年4月30日，由中宣部组织，中共杭州市委、学习出版社、中央电视台联合摄制的6集大型电视政论片《劳动铸就中国梦》在中央电视台播出，形成了对习近平总书记“五一”讲话精神的重要响应。看《劳动铸就中国梦》，好像遇见久违的老朋友，很亲切，很朴实，很温暖，也很受教益。“劳动创造历史，劳动开创未来”。这是最朴实的思想，也是最朴素的真理。然而，在这个信息爆炸的传媒时代，朴素和朴实常常被妖艳离奇所遮蔽或淹没，人们视而不见。该片通过一系列具体翔实、纵贯古今的事例生动阐释了劳动的价值、意义和精神，无论从创意还是制作上来看，都是一部非常具有时代意义的佳作。从古到今，没有任何一项成果不是劳动所创造。劳动创造了历史，劳动创造了文明，劳动创造了人。

如果没有劳动创造，或者说，没有创造性的劳动，梦想不可能变成现实。因此，该片把劳动与中国梦紧紧连在一起，只有创造性的劳动才能铸就中国梦。当然，劳动的概念在这里具有了广泛的包容性与鲜明的时代性。劳动不仅仅是指体力劳动，更广泛地包含了智力创造，尤其是在这个信息化、智能化的时代，智力创造已经成为劳动的重要体现形式。其实，劳动从来就是体力与智力的综合体现，二者相互依存，互为促进。中国人自古有之的勤劳智慧，无论在故土还是他乡，都是中国人奋斗的坚强支撑，都是实现梦想、创造幸福生活的精神动力。

重新认识劳动，重提劳动价值，在今天有着特别重要的意义。很久了，我们的屏幕上不缺乏宫斗、权谋、商战内容，机关算尽太聪明；不缺乏打打杀杀的武打内容，说不了几句话就拳脚相加，用功夫说话；不缺乏选秀选美选配偶之类重重叠叠的高富帅、白富美，“秀”与“诱”只在一念间；歌咏比赛、舞蹈比赛、才艺比赛之类节目也如火如荼，你方唱罢我登场。但是，聚焦劳动者的镜头不多，歌颂劳动的作品罕见。就精神文明建设、社会道德建设、文化建设而言，这是致命的缺失。好在，《劳动铸就中国梦》向我们走来。

在全社会重新树立劳动光荣的价值观，树立热爱劳动的时代新风气，仅仅靠这一部政论片是不够的，重要的是树立和形成一种正确的文化舆论导向，树立一种劳动美学观念。毋庸讳言，现在媒体上流行的并不是劳动美学，而是“后宫美学”“权谋美学”“暴力美学”以及躲避崇高、亵渎神圣的“庸俗美学”。很显然，这些所谓“美学”传达的不过是精心包装过的残忍、奸诈、嫉妒、不劳而获等所谓富丽堂皇的“聪明”。劳动创造了美，但时下流行的艺术中，很少看到对劳动的歌颂，相反，鄙视劳动尤其是底层劳动倒是屡见不鲜，为什么？就是由于“劳动美学”的缺位。劳动，能够通过改造客观世界而改造主观世界，这是不容置疑的真理。劳动，是改造客观世界，就要符合客观世界的规律，因此，劳动中包含着科学，与真相通。劳动，要出力流汗，是辛苦的付出与牺牲，所以，劳动与善相通。真与善，构成了美。因此，应当堂堂正正地弘扬劳动美学。

《劳动铸就中国梦》开了个好头，值得喝彩！

（作者为中国电视艺术家协会理论研究部主任、《当代电视》主编）

以权利制约权力是民主与法治的契合点

——读《国家学原理》

丁国强

《国家学原理》，王海明著，三联书店出版。

国家学是关于国家治理的科学，是关于国家起源和发展规律的知识体系。党的十八届三中全会把“完善和发展中国特色社会主义制度，推进国家治理体系和治理能力现代化”作为全面深化改革的总目标，这既是中国特色社会主义现代化理论创新，也是国家理论的创新。王海明的《国家学原理》对国家制度、国家权力、国家价值等国家治理基本问题进行了理论探索，对于推动国家治理实践有启迪意义。

国家制度的优劣好坏决定国家治理优劣好坏；国家治理的优劣好坏表现国家制度的优劣好坏

国家治理体系和治理能力的现代化是国家制度的现代化。国家制度是国家治理的根本依据，不仅决定着国家治理的价值，也关系国家利益和每一个国民的利益。国家治理的有效性取决于国家制度安排的正当性、科学性和适应性。国家制度体现着人们对国家治理规律的认识和把握，体现着一个国家的治理传统和经验，也体现着特定时代条件下的国家理想。《国家学原理》提出这样一个重要的观点：“国家制度的优劣好坏决定国家治理优劣好坏；国家治理的优劣好坏表现国家制度的优劣好坏。”制度缺陷是国家治理失败的根本原因。国家制度的建构不是静态的，而是在国家法治发展的历史进程中逐步形成、不断完善的。《国家学原理》把增减全社会和每个人利益总量当作衡量国家和政府好坏的终极价值标准，用所有社会成员的利益作为判断尺度体现了马克思主义利益观。

一个良善的国家制度，很重要的方面就是能够提供正义、公平和自由，对每个人的权利义务进行公正地分配。国家制度是国家健康发展的保证。最大多数人的最大利益是在国家发展中实现的。国家发展停滞，最直接的后果就是每个人的权利和利益停滞。国家活力既来自人们对自身利益的追求，也来自国家提供财富、职务和地位的机会的公平性。国家制度的现代化也是国家政治体制、法治体系的现代化。中国的现代化道路是在适应自身国情、应对风险考验、超越西方模式中探索出来的。

国家制度建设需要顶层设计，也需要实践探索，既要遵循制度演进规律，又要把握国家治理规律，既要体现制度创新的内生逻辑，又要体现发展的推动作用。全面深化改革体现了国家制度创新的自觉。没有国家制度的创新，国家的发展动力和创造精神都会受到很大制约。国家制度的创新与国家的制度自信并不矛盾，一个充满活力的国家制度必然是敢于正视问题、勇于革除弊端的，而一个停滞不变的国家制度往往是脆弱的。改革的渐进性也为国家制度创新提供了调整的空间，积累了突破的能量。制度演进与国家发展、改革开放同步，是政治文明的重要标志，也是改革开放的重要成果。全面深化改革的一个重要内容就是以问题为导向，对国家治理的制度安排进行科学调整，一方面，通过国家治理促进公共利益和国家福利的增长，一方面，降低国家治理成本，提高国家治理效能，彰显国家治理的制度优势。

国家治理内含着法治思维、法治逻辑、法治方式，通过建立处理社会利益冲突、使权力受到法律控制的机制，为人民监督权力提供了稳定的程序和路径

国家治理体系和治理能力的现代化是国家权力的现代化。王海明认为，国家

权力是具有合法性的强制力量，依靠宪法法律对社会生活施加影响，从而构建相对稳定的国家秩序。秩序是最基本的国家产品。没有秩序，权利和利益无从谈起。规范和制约国家权力是基本的国家法理，也是国家民主的最重要体现。国家权力的合法性来自人民同意，国家政权是为全民服务的，国家权力的运行通过协商、对话，以共识遏制专断。“失去社会成员普遍同意的权力便不再是权力，而仅仅是强制力量。”国家治理目标的实现，不仅要靠有效的动员能力，而且也要靠有效管控权力的能力。国家权力是国家意志的体现，国家意志是公共意志，需要体现人人直接或间接一致同意的自由原则。王海明认为，自由的原则既可能是正义的、优良的原则，也可能是非正义的、恶劣的原则。因此，不能将自由的原则等同于正义的原则。

民主是一种优良的权力设计，只有让全体公民直接和间接掌握国家最高权力，才能阻断对权力的独占，实现对公民权利的平等分配。民主不仅是对权力扩张本性的约束，也是对人的自由、平等本性的张扬。民主为人的尊严、权利和利益的维护、发展拓展了空间，也为发挥每个人的创造性潜能，促进人民幸福、国家繁荣提供了可能性。权利和公正的同步增长是国家发展的重要目标。王海明认为，民主只是符合国家制度价值标准的理想国家的必要条件，而不是充分条件。民主是法治的政治基础，法治必须建立在人民认同、参与乃至信仰的基础上。以权利制约权力是民主与法治的契合点。国家治理内含着法治思维、法治逻辑、法治方式，通过建立处理社会利益冲突、使权力受到法律控制的机制，为人民监督权力提供了稳定的程序和路径。

构建国家治理文化的过程，
也是认识把握国情、传承国家传统、凝聚国家共识、
激发国家动力、弘扬国家精神的过程

国家治理体系和治理能力的现代化是国家价值的现代化。国家价值是国家制度和国家活动的价值取向。国家是一种特殊的社会，而社会就是个人的集合。国家起源于每个人的社会需要。国家的本性实质就是人的本性，国家价值就是实现

每个人的最大价值。

国家发展的过程也是人的完善和全面发展的过程，是从“把人当人看”到“使人成为人”的过程。国家的所有问题归根到底是人的问题，罗尔斯认为，每个人都享有一种基于公正的不可侵犯性。保障这种不可侵犯性只能依赖于国家，国家通过完善法治将道德性的人权转化为宪法性的公民权利，将保障公民权利作为国家的基本职责。

文化是制度之母，也是价值的载体。推动国家治理文化建设是国家治理的重要任务。国家既是一种权威性的政治组织体系，又是一种凝聚性的精神观念体系。国家竞争既是国家能力的竞争，也是国家文化的较量。国家治理文化包括国家意识、权力观念、公民文化、制度伦理、法治精神等内容，需要思想启蒙与政治实践的共同推动、融合前进。正如在臣民文化之上难以实现和巩固民主制一样，在陈旧的国家文化之上也难以实现国家治理现代化。国家治理能力是国家观念、国家目标、国家理想的实践折射。构建国家治理文化的过程，也是认识把握国情、传承国家传统、凝聚国家共识、激发国家动力、弘扬国家精神的过程。

（作者为西南大学特聘教授）

阅读也是一种创造

张　鸣

就85后和90后而言，他们中的好些人对于《红楼梦》《三国演义》之类古典名著的了解，基本上是通过电视剧。甚至连金庸的武侠小说，他们也只看电视剧，不看原著。阅读文字，大概仅限于网上，而且也只看网络小说，那种语言风格跟他们特别贴近，几乎不用动脑筋的穿越、种马类的货色。有人说，这是读图的一代。

读图的一代，不是识字无多的文盲，他们绝大多数，都是大学生，或者读过大学的人。其实，不是他们不喜欢《红楼梦》，不喜欢金庸的武侠小说，但看电视比看书更省力，更有感官的愉悦。一个媒体人，祭起替人读书的旗帜，居然成了自媒体的领军人物，有几百万的微信粉丝。因为新的一代，想知道一点书的内容，尤其是传说中相当时髦的书的内容，但却又懒得去读，有人替他们去读，消化了反刍喂给他们，他们很高兴。反过来，由于长期懒得阅读，他们对文字的理解力，已经大大地萎缩，稍微有点难度的文字，就看不懂了。

人类获取信息，有很多种渠道，但自打有文字以来，阅读就是一个最主要的渠道。别的渠道之所以不及阅读，关键是阅读可以促进人们思考能力。的确，阅读比起听讲，比起看影视画面，都要费力一点，但正因为这个费力，才能逼得你整合、分析，归纳，有时候，还需要查阅工具书和其他资料。从这个意义上说，阅读也是一种创造，是仅仅比写作低一点的创造。其实，很多写作，包括学术研究，都是大量阅读之后的产物。

历史上，也有读书读多了，变成书呆子的。也有不读书，而成就帝王之业的。刘邦不读书，喜欢拿儒生的帽子撒尿。刘备不读书，但知大略，那点大略，大概是听来的。朱元璋不读书，喜欢听人讲书。李自成和张献忠，都是听人讲《三国演义》，从中悟出带兵打仗的策略的。但是，历史的传承，文明的演进，却还是靠着一代代的读书人的读书创造延续的。读书读成书呆子的，很多不是真正的呆子，只是日常生活能力有点退化。而那些不读书的混世魔王，真要成事，还非得读书人帮忙，不帮忙，或者帮得不够，大体上也只能做一个草头王。

人是各种各样的，不读书能成事的，只是极少数的特异品种。任何一个时代，都不可能涌现成批的刘邦和刘备。多数人，只能通过阅读成才，慢慢升上去。人作为离开动物界的一种异类生物，也正是因为他们有文字的能力，可以阅读，才逐渐进化。显然，懒得阅读，甚至出现阅读障碍的人，大脑是会退化的。当今之世，人们每每感慨傻子越来越多，很多骗子，用一些上一代的骗术，就可以轻而易举地将我们新一代的大学生甚至研究生蒙了，说明这种退化，还真是存在，而且大有蔓延之势。

（作者为中国人民大学教授）

福山“政治菜单”之失

喻　中

在近年相继出版的《政治秩序的起源》《政治秩序与政治衰朽》等论著中，日裔美籍学者福山开出了一个引人注目的政治菜单：国家、法治、问责制政府。其中，国家是指国家能力或所谓的有效国家，法治与宗教密切相关，问责制政府的核心是民主。福山认为，一个现代化的政治秩序，应当把这三个要素结合起来，融为一体。

这个政治菜单具有一定的启示意义。首先，国家能力是建构政治秩序必不可少的支柱。国家能力主要体现为政权对政治共同体的整合能力、调控能力、动员能力。国家能力甚至会以国家强制力的方式呈现出来。现代化的政治秩序必须加强国家能力建设，这是没有疑问的。在当代中国的语境下，国家能力主要体现为国家治理能力。其次，法治也是必不可少的。从起源来看，法治是部落转向国家的伴生物。部落以血缘关系作为纽带，属于前国家形态，在部落生活中，可以没有法治。相比之下，国家作为一种超血缘的政治形态，必然以公共性的法律与法治为依据。以中国为例，在春秋战国时代以前，家国完全一体，尚未形成公共性的国家，法治不可能产生。到了秦朝，随着郡县制的建立，血缘的支配地位随之终结，“一断于法”意义上的法治开始兴起。再次，责任制政府与民主问责确实也是现代政治的一个支点。政府对民众负责，既是必要的，也是可行的，属于现代政治的题中应有之义。

但是，福山开出的政治菜单不仅称不上完整，而且遗漏了更重要的内容，那就是政党。在人类政治秩序形成的早期，确实没有现代意义上的政党。但是，西方自17世纪以来，中国自20世纪以来，政党已经成为现代政治的火车头。现代化政治秩序的形成，最关键的因素其实是政党，因为现代政治主要是政党政治，现代政治主要是由政党来运作的。在当今世界的绝大多数国家，离开政党来谈论政治秩序，终究是不得要领的。虽然不同国家的政党制度是不同的，但是，无论是多党制国家、两党制国家，还是像中国这样的由共产党领导的多党合作制国家，政治的核心都是政党。在相当程度上，是各具特色的政党制度塑造了各具特色的政治秩序。一个国家的国家能力、法治状况、问责制政府，其实都是由这个国家的政党及政党制度所塑造的。

在政党政治的整体背景下，政治秩序的兴衰在相当程度上取决于政党的兴衰。这就是说，较之于国家、法治、问责制政府，政党对于现代化的政治秩序来说，具有更重要的意义。当今世界，有的国家或地区，随着政党的衰朽，政治也趋于衰朽，根本不上轨道，政治秩序也乏善可陈。另一些国家，随着政党的成熟，政治面貌也随之焕然一新。因而，政治秩序的优化与现代化，最重要的决定性因素，其实是政党；政治建设的核心其实是政党建设。福山的政治菜单看似完整，其实存在着严重的疏漏，因为它忽略了政党，只能在一定程度上解释前政党时代的政治秩序，不能很好地解释现代、特别是当代的政治秩序。

福山不仅遗漏了政党，而且对国家、法治、责任制政府的解释也存在着诸多可商议之处。譬如，关于法治，福山的看法是："宗教也是法治起源的关键，它是第三部分的主题。基于基督教的法律，存在于古代以色列、印度、穆斯林的中东、基督教的西方。"这样的全称判断显然失之准确。因为法治的起源既可能与宗教有关，也可能与宗教无关。譬如新加坡、中国的香港特别行政区，都是公认的法治国家或地区，但是，新加坡或中国香港的法治，与宗教并没有什么关系。福山把宗教作为法治起源的关键，以之解释欧美，可能有一定的有效性，但以之解释整个世界，则有以偏概全之嫌。诸如此类的问题还有很多，这里不可能一一讨论。

简而言之，福山的政治菜单列举了政治秩序中的某些因素，但并没有论及政治秩序中最具决定性的因素。因此，我们应当承认福山的学术洞察力，但也不宜给予过高的估计。

（作者为首都经济贸易大学法学院院长、教授）

王鼎：清代的“屈原”

卜　键

2012年岁杪，惠西平兄从西安打来电话，希望代为邀约一位清史专家，写一本有关王鼎生平事迹的书，当即应允。孰料先问传记组诸位，后又在清史编委会遍加征询，皆辞以未做专门研究。相关论文文章无多，又集中于王鼎死因的探讨，却引起我的强烈关注：一个枢阁重臣，竟会在圆明园的军机处自缢，以死抗谏么？

那时我调到国家清史办已近两年，尽管是苦读恶补，初不识王鼎为何许人也。急找来相关史籍，阅读中越来越受到感动和震撼，也为这样一个人竟被尘封忽略深感歉疚，遂致电西平，表示自己愿意试试。两年过去了，虽不能说全部，但我的绝多业余时间都献给了王鼎，交出这样一份答卷，用眼下的话来说，也是蛮拼的。本书不能说是一本单纯的王鼎传记，笔者所力图呈现的，还有两朝中枢的政治运作，有与王鼎同时的一些大臣。

在我国的历史上，除却那些贪酷庸劣的官员，从来都有认真做事的人，有热衷作秀的人，有既做事也作秀的人，王鼎属于前者。清朝至嘉道间已是盛极而衰：苗变、教变、民变、兵变，统治者强力镇压的模式未变；治漕、治盐、治河、治边，常也是理乱愈纷，按下葫芦浮起瓢。正是在这样一个时代，王鼎一步步走向高位，靠的是拆解难题的能力，是勤恳务实的作风，更是品德和节操。清人喜用“有守有为”形容清正明练的官员，王鼎应是这方面的典范。他曾多次奉旨往各地办案，曾历仕六部中的五个部，也曾任顺天府兼尹和短期署理河南巡抚、直隶总督，堪称救火队员，所至无不竭尽心力。王鼎学养深厚，廷试在第六名，翰詹大考皆位于前列，诗文兼擅，却没有留下一部诗文集。这对本书的写作带来很大困难，笔者则怀有别样的敬重，为他的专注于国计民生，也为他不屑于追逐生前身后之名。王鼎是一位被长期遮蔽的爱国英杰，然其风骨气节，足以映照千秋，启悟今人。

嘉道两朝天子都致力于振刷衰靡，惩治贪腐和积弊，任用了不少清廉果决的能员，各有一番作为，各也好景不长。数十年间，但见这些栋梁之材起落无定，革职流遣，如那彦成、吴熊光，如明亮、松筠，如邓廷桢和林则徐，一个个尘土满面。比较起来，王鼎应说是幸运的，嘉庆帝将他视为“特达之知”，道光帝赞扬他“言谨事敬”，在朝40余年几乎未经受任何挫折。即使最后一次陛见时争执嘶吼，甚至去拉扯皇上的龙袍，道光帝也仅是微露不悦，轻声劝慰一两句后离去。几天后王鼎以死诤谏，因他有着特别的敏感和自尊么？非是，比个人自尊更重的是国家体面和民族尊严！王鼎希冀以生命相阻拦的，是那份即将签署的条约。“条约不可轻许，恶例不可轻开，穆不可任，林不可弃”，传为王鼎遗折的关键词，没有一个字说到自己。

对于王鼎的死，向来存在着不同说法：官方文献说他死于疾病，本书中做了详晰辨析，应毋须再议；李星沅说他的死轻于鸿毛，乍读时颇觉刺目，其实在于感慨世人之麻木；而大多数记载，都对这一壮烈之举表达了崇敬悼惜。此事很快被演为戏曲，“王中堂捐躯报国，皇太后勖主用贤”，对皇帝的失望，使人想到了当朝皇太后，也是一种民意的延伸。远在伊犁河谷的林则徐写成悼诗，中有“卫史遗言成永憾，晋卿祈死岂初心”一联，真称挚交之言。从河工赶回的王鼎，本是想力请道光帝起用贤能、抗击强敌的，这才是一个纯臣的初心。

阅读王鼎，认知王鼎，描写记述王鼎，也是一次灵魂的洗礼，是对儒家思想精义的再领悟。人民为什么赞颂屈原？正在于他对国家命运的焦灼忧惧，在于那“虽九死其犹未悔”的坚守，在于其殉国殉道的死之绚烂。王鼎就是清代的屈原！他以75岁的高龄，以衰病劳瘁之躯，演绎了平静赴死的绚烂乐章。时人誉之为尸谏的史鱼，誉之为祈死的范燮，我则认为他更像汨罗江畔跣足披发、朝着雷电嘶喊的屈原，在气节精神上与之隔代相通。

遥想170多年前，祥符大工正处于合龙的关键时刻，王鼎日夜“亲驻苇土之中”，林则徐剧咳已月余，“力疾从事”。接下来的元旦，是他生命中最后一个年节，暴风催涌着黑凌激撞而来，东西两坝出现大段崩塌，官员兵夫多有伤亡，王鼎不听劝阻，在坝上“昼夜督工”，置个人生死于度外。这也是一种决死精神！将之与他在不久后毅然尸谏相衔接，才可画出其一以贯之的行为轨迹，才是那个唯精唯一、真切可感的王鼎。

请记住这个名字。

（作者为国家清史编纂委员会常务副主任、国家清史办主任。本文为作者《国之大臣》一书的跋，发表时有删节）

古人的乡愁寻寄

张　勃

伴随着2013年12月习近平总书记在中央城镇化工作会议上提出城镇化建设“要依托现有山水脉络等独特风光，让城市融入大自然，让居民望得见山、看得见水、记得住乡愁”，“乡愁”这一概念迅速进入公众媒体和学术领域，并引发了广泛的社会共鸣和热烈的社会讨论。

乡愁并非产生于现代社会，它是一种有着悠久历史的个人情绪和集体情绪

现代社会自然有其乡愁，笔者曾将其概括为故园之情、自然之想与传统之恋。但作为“深切思念家乡的忧伤的心情”，乡愁并非产生于现代社会，它是一种有着悠久历史的个人情绪和集体情绪，《诗经·小雅·采薇》中的“昔我往矣，杨柳依依。今我来思，雨雪霏霏”，已是描写乡愁的著名诗句。而在2000多年前楚汉相争的垓下之战中，刘邦让自己的军队在夜间大唱楚歌，以引起项羽军队的思乡之情，已是对乡愁情感的有效利用，而项羽军队也果真在四面楚歌声中忧从中来，斗志骤消。

中国传统社会以农立国，人们安土重迁，一般不会抛家舍业，背井离乡。然

而，战乱、灾荒、移民、经商、戍边、读书、仕进等多种因素又确实导致了许多人离开家乡的事实。这其中有被迫的离开，也有为了寻找更好生存机会的离开，但无论哪一种，都为乡愁的产生准备了条件。

古代社会交通不发达，空间是难以跨越的距离，对于每一个到他乡谋生活、求发展、避灾难的人而言，离开故乡都是个体生活史上的重大事件，它意味着种种变化的必然发生。从此，他要离开自己生于斯长于斯的那片土地，离开基于血缘、地缘、业缘等建立起密切交往关系的亲朋好友、邻里乡亲，离开他熟悉的风俗民情和地方文化传统。他去了一个陌生的地方。在那里，他可能水土不服，也可能言语不通，他缺乏亲戚朋友，难以找到可以共享欢乐、分担痛苦的人，甚至卧病在床也没有一个人前来嘘寒问暖。身处于这样一个漂泊无助、精神困顿的异己的世界，他必然会想念故乡，那种称为乡愁的情绪也便油然而生。而如果他是一个因为国家灭亡、政权更迭不得不离开家乡的人，那么他的乡愁就会因增加了失国之痛变得更加持久而深沉。

古人乡愁寻寄的方式

然而，具有社会行动能力的人绝不会让自己长期深陷于乡愁织就的网络之中不能自拔，他一定会想方设法谋求摆脱，使乡愁得到纾解和寄托。大致而言，古人乡愁寻寄的方式主要有以下几种：

首先是在他乡再造故乡。东晋《西京杂记》里记载了汉高祖刘邦再造故乡的故事，说的是刘邦建汉定都长安后，将父亲太公接来同住，可是太公发现他在老家丰县所喜欢的东西在新地方都是没有的，就患了乡愁。为此刘邦运用最高统治者的权力建了一个新丰，不仅将故乡的街巷布局、人文景观、风俗民情整体复制，就连老家的人和鸡鸭犬羊也都迁移了来，以至于“士女老幼相携路首，各知其室，放犬羊鸡鸭于通涂，亦竞识其家”。这下太公的乡愁有了寄托，重新高兴起来。像营建新丰这样在他乡复制故乡的例子在历史上是罕见的，不过，离乡的人在他乡努力沿用故乡的生活方式、习俗传统乃至故乡的名字，却是常见的现象。比如西晋末年，中原地区先后爆发八王之乱和永嘉之乱，地方割据势力连年混战，争斗不休。为避战乱，北方人大批渡江南迁。到了南方之后，这些移民相聚而居，总是刻意保持着原来的籍贯和地区，以致在南方出现了大量北方的州郡名，只是加上一个“南”字，如在京口设立南徐州，在江乘设立南琅琊郡与南临沂县。再比如，两宋之际由于大量东京人南迁临安，临安就经历了一个明显的“东京化”的过程，临安的房舍街衢、服饰饮食、风俗习惯等均和东京十分相似。“暖风熏得游人醉，直把杭州作汴州。”通过在他乡延续故乡的生活方式、习俗传统乃至故乡的名字，使人产生仿佛在故乡之感，就能有效形成文化传统的连续感和个人身份的同一感，从而对乡愁的寄托发挥一定的作用。

其次是身体返乡，即人回到家乡去。既然乡愁因离乡而起，那么只要家乡变化不大，身体返乡就是缓释乡愁的最佳办法。通过返乡，人的身体再次与家乡的山水、人物、文化亲密接触，耳之所闻，目之所见，鼻之所嗅，舌之所尝，口之所说，身之所触，无不是熟悉的、亲切的，由是心灵有了依靠，精神也得以安顿。

然而离乡的人很难做到一有乡愁就身体返乡，更不用说并非所有人都有身体返乡的机会。对于许多因为战争、灾荒、王朝易代、政府移民等被迫离乡的人而言，家乡已成故乡，是身体永远回不去的地方。即便回去，也已经物是人非，甚至物人皆非，根本无法寄托乡愁了。相比之下，精神返乡是一种更容易做到、也更有效的乡愁寄托方式，即通过对山川景观、人物故事、风俗民情等与故乡有关的一切回忆和想象，使自己的情感、心灵、精神贴近故乡，从而满足对自我同一性和身份感的诉求，形成一种直面现实的积极力量。

与同乡相聚一起谈论家乡，或者共同回忆往事，是一种典型的精神返乡。初唐的王绩写过一篇《在京思故园见乡人问》，“旅泊多年岁，老去不知回。忽逢门前客，道发故乡来。敛眉俱握手，破涕共衔杯”。这个长年离乡、满怀乡愁的诗人偶然遇见一个同乡，不由激动地流下了眼泪，他拉着同乡一边喝酒一边询问故乡的人和事，从朋旧童孩、宗族弟侄、旧园新树、茅斋宽窄一直问到柳行疏密、院果林花，仍然意犹未尽。王维亦有一首小诗，“君自故乡来，应知故乡事。来日绮窗前，寒梅著花未”，与它有异曲同工之妙，都写出了离乡人寻寄乡愁的迫切，想必在知晓了“故乡事”之后，他们的乡愁会得到一定的缓解吧。

然而，文人们并不止于谈论和言说式的回忆，他们还会用手中的笔，通过直抒思乡之情或者互通家信，乃至书写故乡的方式进行精神返乡。中国古代有许多抒发乡愁的文学作品，李白的《静夜思》、杜甫的《月夜忆舍弟》、崔颢的《黄鹤楼》、范仲淹的《苏幕遮》都是其中的名篇。而南朝宗懔的《荆楚岁时记》，唐李绰的《秦中岁时记》，宋孟元老的《东京梦华录》、吴自牧的《梦粱录》、周密的《武林旧事》，明陆启浤的《北京岁华记》，等等，都通过对故乡岁时节日、景观风俗、民情人物的回忆和书写，来寄托对于“回不去的故乡”的恋念之情。

书写故乡的文化乡愁成为我们了解历史、认识历史、建立起与前人联带感和密切关系的重要凭依

特别值得一提的是，有些明显寄托乡愁、精神返乡的作品写作于王朝更迭之际，由于王朝更迭往往造成文化传统的断裂，这些作者便超越了对自我情感的一般关注，而有着一种传承文化、弥合断裂、保存历史记忆的自觉意识，他们的乡愁也就不仅是对故乡土地景物人情的乡愁，更是一种文化乡愁。比如孟元老之所以写《东京梦华录》的重要原因即在于：“暗想当年，节物风流，人情和美，但成怅恨。近与亲戚会面，谈及曩昔，后生往往妄生不然。仆恐浸久，论其风俗者失于事实，诚为可惜；谨省记编次成集，庶几开卷得睹当时之盛。”正是这样的文化乡愁，不仅使书写故乡本身构成了一个富有特色的学术传统，而且留下珍贵的历史记忆，成为我们了解历史、认识历史、建立起与前人联带感和密切关系的重要凭依。

（作者为北京联合大学北京学研究所研究员）

北京历史文化特征新探

王光镐

习近平总书记曾指出："要在展览的同时高度重视修史修志，让文物说话、把历史智慧告诉人们，激发我们的民族自豪感和自信心，坚定全体人民振兴中华、实现中国梦的信心和决心。"《人类文明的圣殿——北京》（以下简称《圣殿》）一书，正是"让文物说话，把历史智慧告诉人们，激发我们的民族自豪感和自信心"的一个有益尝试。

对北京历史文化的本质属性作了纵向剖析

《圣殿》第一次对北京历史文化的本质属性作了系统、深入、全面的纵向剖析，并对北京历史文化的特性作了大视角的横向比较，其结论是：具有悠久、持续、递进、多元、一统发展特性的北京历史文化，在人类文明史上独树一帜，是"人类文明的圣殿"。不但如此，它还是孕育了远古人类、现代黄种人、新石器文化和华夏文明的地方，堪称"中华第一摇篮"；它更是世界上唯一一座从上古时代走来并且保持大都市地位的城市，堪称"天下第一城"；它同时还是不折不扣的"东方第一都"，蕴积着极为丰厚、深刻的东方文明内涵。

一座城市和一个人一样，有其内在的气质和气韵，而这无疑是由其贯穿始终的历史特性所决定的。北京历史文化悠久、持续、递进、多元、一统的发展，充分证明这是一座极具创新性、恒久性、进取性、开放性和统一性的城市，这就是《圣殿》一书告诉我们的。

对中华文明史上的一些疑案进行了考释

《圣殿》一书综合考古、文献、地理、民俗、神话等史料，对中华文明史上的一些疑案进行了考释。

中华民族的始祖黄帝究竟源于何处？本书通过系统剖解得出的结论是：黄帝不仅不源出于中原腹心之地，而恰恰源出于塞外的西拉木伦河、老哈河、大凌河流域，源自那里的红山文化。此说获得了本书所论的十大证据的支持，故而最可凭信。

世界上任何一个国家和民族，都不可能不关心本民族是在何时、何地并通过何种途径跨进文明门槛的，对中国来说更是如此。据本书的考证，可知先是北京地区的文化促进了东北兴隆洼文化和红山文化的发展，后是鼎盛期的红山文化孕育出了黄帝集团，而后黄帝集团的南下撞击了中原北上的文化，最终两大文化通过彼此的综合作用迸发出了绚丽耀眼的中华文明之光。这就是说，华夏文明是在燕山南北各大文化的交融、碰撞下产生的，甚至是在被后人斥为“蛮夷”之地的燕山以北文化的直接作用下形成的。这就是中华文明起源的谜底，也是多年来人们苦苦追寻的华夏文明之根。它的揭示，不仅丝毫无损于中原文化的光辉，还突显了神州大地自古以来的多元一体，彰显了长城内外两大地域自古既有的唇齿相依。

中华民族到底有没有自己的传统信仰？长期以来形成的观点是，中国古代既无“上帝”亦无“信仰”。这种观点认为，因为缺乏信仰，中国人没有精神支柱，没有社会道德体系，没有主流价值观，由此导致物欲横流、整体失德。那么，事实到底是怎样的呢？《圣殿》一书列举种种史实说明：持续了五千余载、汇聚了56个民族的中华文明不可能没有信仰，并从华夏正统理念及民间伦理道德两方面揭示，这个信仰就是源远流长的“天、地、君、亲、师”崇拜体系。

这个体系早在儒学诞生前便已流传，是中华民族的本底文化，此后更发展成东方文明的核心内涵。它倡导的不是出世哲学，而是安身立命的入世哲学，并创建出一种以“天人合一”观为核心的最具可持续发展理念的信仰。正是由于它的存在，东方民族才形成了极具特色的伦理道德和行为规范，如敬天厚地、父慈子孝、君仁臣忠、师道尊严等，进而构建出“上下有义，贵贱有分，长幼有等，贫富有度”的社会秩序。同时它还成为治国之宏谟、为政之纲领，孕育出以“敬天法祖”为核心的中华礼制文明。

对北京历史文化的研究足以构成一门“北京学”

在浩瀚的人类长河中，有一些都城长盛不衰，成为人类文明史上永恒的灯塔。若以今天仍是都城的城市为准，且以延续到今天的连续都城史为计，这样的“千年古都”到底有哪些呢？揆诸史实，榜上有名的是法国的巴黎、英国的伦敦和中国的北京。

巴黎是从公元987年卡佩王朝起正式成为法兰西首都的，此后一直是历代王朝和历届共和国的首都，迄今已有一千余年历史。英国伦敦在公元12世纪诺曼人统治时成为英格兰的首都，至今也有八百余年历史。至于北京，姑且不论距今3000多年的燕国都城乃至更早的蓟国都城，单从事实上起到辽朝正都作用的南京城算起，北京的建都史也有了一千余载。辽朝升燕京为南京是在公元938年，正是这之后的千余年光阴，使北京成了整个东方唯一一座持续了上千年的古都。

以北京历史文化之丰富广博，以其特征之独特和意义之非凡，对它的研究足以构成一门博大精深的“北京学”。这将是一门兼具历史性和现实性、典型性和普遍性、世界性和时代性的大课题。“北京学”的兴起，无疑对增强北京的文化软实力、扩大北京的国际影响、形成中华文化的强大感召力，有着极为显著的意义。

（作者为武汉大学考古专业原主任）

中国古代也有“学术规范”

——兼谈《水经注》研究史上的一桩学术公案

葛剑雄

今天，学界有一些年轻的朋友以为中国古代没有学术规范，所以我们没有学术规范的传统，只能从西方引进。这种看法是不符合历史事实的。

中国古代之所以会给当今有些人造成没有学术规范的印象，原因是没有认识到学术环境和社会环境等各方面的差异，中国古代的学术规范与当今学术规范存在着很大不同，不少今天已经习以为常的规范当时还不存在，这是很自然的。

比如，由于书籍的流传相当困难，特别是在印刷术普及以前，古代学人对前人的著作或研究成果往往只能依靠记忆和背诵，所以他们在引用前人著作或别人的成果时常常无法逐字逐句地直接引用，而只能取其大意，一般都是间接引用。他们大多不习惯于注明出处，往往将前人的话与自己的话混在一起，或者完全按自己的意思改写了。用今天的眼光，我们可以指责这种做法是剽窃，是掠人之美，或者是侵犯了别人的署名权和著作权。但如果了解当时的情况，我们就不难理解古人的苦衷：在书写条件很困难的条件下，或者完全靠记忆和背诵时，自然越简单越好；用自己的话更容易记住，更便于表达自己的意思。本来就不存在署名权或著作权，引用时当然不会有这样的概念。

又如，古人为了做学问或学习的方便，也为了克服找书和读书的困难，经常将从看到的书籍和资料中摘录出有用的内容分门别类编为类书。这些类书，有的是为自己用的，有的是为别人编的，或者是奉皇帝命令用公费开馆编纂的。很多类书的资料来源和引文都不注明出处，除了一些现成的诗文或整段资料有时会提一下作者或书名外，一般就按内容编入不同的类别。但要知道，这种类书的编纂，无论是因公还是因私，都不会有什么著作权，更拿不到稿费，所以只要编得质量高，编得实用，就会博得“嘉惠学林”的赞誉，就是被引用的人也不以为忤，而只着眼于知识或成果的传播。还有一个实际困难，一些资料或成果经过无数次的传播，原作者是谁已经无法弄清，并且早已面目全非。

古代还有一种故意作伪的现象，将自己或别人的作品假托为古代或当代的名人，如先秦的不少作品都冠以大禹、周公、孔子，文章要假托历史上的名人，诗词的作者都写上唐宋大家。但除了极少数人是出于政治或经济目的外，这类作伪者大多是很可怜的。因为无钱无势无名，即使他们的作品很有价值也无法流传，而一旦托名于古代圣贤或当代名流，就有可能被刻成碑，印成书，传诵一时，流传千古。尽管绝大多数真正的作者依然默默无闻，但他们的自我价值还是得到了一定程度的满足。这是专制集权社会的学术悲剧。

然而，这些并不意味着中国古代没有学术规范，相反，在一些重大的学术问题上，从先秦开始就存在着严格的规范。

例如，儒家典籍和学说的传承与解释，不仅流派分明，次序严密，而且任何注或疏都署明作者，原文与注释、注释者和传播者绝不相混。在《汉书·儒林传》中，对儒家不同流派的传承过程和人物有明确的记载，其中多数人并没有留下自己的著作，但他们对传播儒家学说的贡献得到充分的肯定。一些重要的历史、地理著作也有这样的传统，如对《史记》《汉书》作注释的学者代有其人，但对有价值的注释，后世学者无不尊重作者的署名，即使有些作者名不见经传，甚至有名无姓，也都一一注明。如唐朝的颜师古为《汉书》作注时，就本着“凡旧注是者，则无间然，具而存之，以示不隐”的原则，收录了23位前人的注释，其中既有应劭、郭璞、崔浩这样的著名学者，也有像李斐、项昭那样不知道籍贯的人，甚至有像郑氏、臣瓒那样连姓名都不全的人，但他们的成果都得到了颜师古和后世学人的尊重。

《水经注》研究史上有一场延续至今的学术公案，那就是戴震在《四库全书》馆中校勘《水经注》时究竟有没有袭用赵一清的《水经注释》？本来，全祖望和赵一清的研究成果完成在前，戴震要加以引用或采用是顺理成章的事，但在戴震校定的殿本《水经注》中，他完全没有提及全、赵等人的本子，而将一切重要的判断和改动都归结于当时其他读者看不到的《永乐大典》本。怀疑戴震的人认为，以戴氏当时所处的地位，他肯定能看到《四库全书》馆所征集到的全部本子，包括赵一清的本子在内。支持戴震的人则认为，以戴氏的学术水平，根本没有必要抄袭赵一清，而且大典本《水经注》确实存在，其中不乏戴震校勘的依据。

这场争论或许永远不可能作出双方都能接受的结论，但争论的焦点是事实，即究竟戴震有没有使用赵一清的成果而没有加以说明，而对这一原则——使用别人的研究成果必须注明出处——是毫无疑义的。所以，包括戴震的学生在内支持他的人极力证明戴氏校勘本与赵氏《水经注释》的相同之处纯粹是出于巧合，真正的原因是大典本与赵氏本本来就相同。要是大典本不存在或不是如此，那么他们就百口莫辩了。

由此可见，中国并不缺少学术规范的传统，我们今天面临的问题，是如何继承这样的传统，建立起适应现代学术发展需要的新规范。20世纪特别是改革开放以来，中国传统的学术规范面临着新的挑战，但由于历史的原因，中国的学者能够平等地、自主地考虑如何适应国际学术规范的时间并不长，很多问题自然还来不及解决。从上面的论述不难看出，中国的传统学术规范与西方及国际通行的学术规范之间并没有什么本质上的差异，所不同的只是具体做法、方式和程度。

于是有人认为，既然如此，我们何必要学外国的学术规范，为什么要与国际接轨？我想，这取决于我们的目的。如果我们的学术成果既不愿意让外国了解，也不希望与外国交流，那么当然不必考虑别人的要求，甚至完全不必用外文发表论著或者将论著译成外语。但我们今天的学术发展离不开国际交流，不能自外于世界潮流。源于国外、传入中国的学问不必说，就是中国的传统文化、纯粹的国学也不能故步自封，闭门称雄，同样需要吸收国外的优秀成果和经验，面向世界，走向世界。再说，学术规范与国际接轨或国际化并不是一味学外国，或者非采用外国的标准，也可以向外国推广中国行之有效、具有国际先进水平的学术规范，在一些富有中国特色或传统的学科领域内尤其可以做到。

（作者为复旦大学教授）

读图时代：国民阅读困境的深层之因

梁　玲

当下可谓是一个“阅读之死”的年代。阅读本义指“阅文”，但日益流行的“读图”也是阅读题中之义。读图时代的深层危机在于浅阅读背后是阅读力的退化。

如果我们将阅读置于知识考古学的视野之下，阅读力的退化正是“读图时代”人类普遍的精神境况。相对于阅读语言文字的“读书”，“读图”曾经充当了解放的力量，是新时代启蒙的象征，当下阅读力丧失的种种症候正是启蒙衰竭的象征。马克斯·霍克海默、西奥多·阿道尔诺在《启蒙辩证法》中认为，神话与启蒙呈现为一对辩证关系：神话即是启蒙，但启蒙已经蜕变为神话。在读图与阅文的二元关系中亦可发现，人类本初的“读图”本能与神话的形象性相类似，即便在黑暗的洞穴中，人类也会用稚拙的画风在洞壁上记录生活、表达信仰，这是启蒙的最初形式。“阅文”则像洞外的启蒙之光，随着“阅文”替代“读图”逐渐占据主导，理性取得了人类文明的盟主权。文化工业崛起，世界再次进入普遍图像化的时代，人类面向另一场“视觉转向”，“读图”重新崛起，感性革命颠覆理性启蒙，这正在将我们导向另一场神话。

读图时代阅读力退化来源于快感神话的“快感+节约原理”。传播学研究中，受众一般趋向于接受最符合经济原理的阅读方式，即付出较少却能得到较多的媒体和文体。对新时代的受众来说，花最少精力得到最多的东西，是工具理性的核心。相比读图，缓慢地阅文自然不符合“快感+节约原理”，随之消失的是与文字摩擦的亲密以及生命体验的热度。

在印度工程师眼中，中国人对阅读的冷漠似乎比其他国家更为严重，这与传统和现代的文明形成了双向背离。对阅读力更为致命的挫伤，并不在图像本身，而在于消费主义的宰制。蔓延着的“图像拜物教”将阅读简化为对虚幻魔力的崇拜，而这与当下中国社会的消费主义化密不可分。《令人忧虑，不阅读的中国人》中说：“中国乘客中也有阅读和工作的，但不太多——大部分人或者在穿梭购物，或者在大声谈笑和比较价格。”作者不禁问道：“为什么中国人都在打电话或玩手机？没有人看书！”这正点出了“读图时代”的一个本质特征。图像之所以具有魔力，乃是由于图像作为文化的“主因”正适合消费社会的主导倾向。形象即商品，而商品即形象。形象不仅可以提供商品的使用价值，更将阅读和思想拟像化为符号价值和象征价值，这一转换，不可避免地导向一种消费主义的意识形态。

正如鲍德里亚等人的分析，一种对于图像的崇拜正在让人们陷于感性主义和快乐原则的沉迷之中。“阅文”越来越远，而“读图”无限趋近，神话制造了启蒙，而启蒙却退化为神话。读图时代彰显出一种“读图”与“阅文”相冲突、感性主义与理想主义相抵牾的文化政治，标志着后现代启蒙落入困境。

（作者为复旦大学出版社副编审、博士）

《选主批判》：西方学者反思选举民主

王绍光

民主的原意是指人民当家做主。但说起民主的实现形式，现在人们首先想到的是在多党之间进行的自由的竞争性选举。如果说直到20世纪初对民主的实现形式还存在不同看法的话，那么自从熊彼特1942年发表《资本主义、社会主义和民主》以后，这种对民主实现形式的理解就几乎变成了唯一的理解。一方面，一个国家哪怕刚举办了一次多党之间进行的自由的竞争性选举，即便其他方面没有任何实质变化，就会有人欢呼它走上了民主的道路，比如缅甸。另一方面，一个国家哪怕内部政治资源的分布方式发生了翻天覆地的变化，只要没有出现多党之间进行的自由的竞争性选举，就会有人断言这个国家从未进行过政治改革，比如中国。久而久之，当提到民主时，人们马上想到的是多党之间进行的自由的竞争性选举。民主的含义因而就从人民当家做主变成了多党之间进行的自由的竞争性选举。历史在这个问题上似乎已经终结了：民主变成选主。任何人只要质疑选主的民主潜质，就可能会被扣上“反民主”的帽子；然而，在其原产地即西方资本主义国家，选主体制正在经历前所未有的危机。《选主批判》一书收录的12篇译文，是从大量文献中筛选出来的，由学识渊博的著名学者撰写，在西方主流意识形态遮蔽下，它们是一股若隐若现的清流。

加利福尼亚大学伯克利分校的荣休教授汉娜·费尼切尔·皮特金：民主可以获得拯救吗？我老了，看你们的了

《革命、代表与现代民主制的根基》的作者克里斯托弗·霍布森承认：18世纪以前，“代表”与“民主”处于水火不相容的两极。在用“代议”对“民主”进行转基因改造以前，“西方政治思想的经典在拒绝民主方面几乎是完全一致的。霍布斯、洛克、卢梭和启蒙运动者都不曾直接、正面地谈论过民主”。按照霍布森的分析，最早将“代表”纳入对民主的构想之中的，是法国大革命的两位核心人物：托马斯·潘恩和马克西米伦·罗伯斯庇尔。另一位著名的民主理论家约翰·邓恩对这种嫁接的看法是，“现代代议制民主几乎把民主理念改造得面目全非”，并因此对代议制民主的崛起持强烈的保留态度。

加利福尼亚大学伯克利分校的荣休教授汉娜·费尼切尔·皮特金坦承：40多年前自己曾想当然地在代表与民主之间画上等号，或者至少是在民主与代议制政府之间画上等号；然而现在这个假定即使不能说完全错误的话，也存在严重误导，因为代议制政府已经演化为寡头制的一个新形式，普通人民被排除在公共生活之外。今天还有那么多人把两者的关系视为不证自明的公理，说明这种误导根深蒂固。为此，皮特金显得有点悲观，其文章《代表与民主：不稳定的联姻》以一个意味深长的问答结尾：民主可以获得拯救吗？我老了，看你们的了。

哈佛大学法学院讲座教授拉尼·吉尼尔认为：民主是可以获得拯救的，其途径简而言之就是超越选主

《超越选主：反思作为陌生权贵的政治代表》的作者、哈佛大学法学院讲座教授拉尼·吉尼尔认为：民主是可以获得拯救的，其途径简而言之就是超越选主。在很长的时间里，她曾把选举、投票视为实现民主的首要方式，认为参与政治过程的机会首先意味着选举满意的候选人。具有讽刺意味的是，几十年的民权律师生涯打破了她对选主的迷信。现在，她认识到，“选主理念是一个糟糕的民主观，这尤其是因为它将

政治代表与其选民分离开来，将选民彼此分离开来。……陌生权贵的统治，不论是选举的、任命的还是靠爵位得来的，都是对民主的挑战”。那么如何才能拯救民主呢?她在文中列举了选举前后公民直接参与的四个古今例证，颇具启发性。

《难以抓住的民主》的作者谢尔登·沃林教授也认为：民主是可以拯救的，但在宪政、在政府形式上做花拳绣腿的文章，是徒劳的、靠不住的缘木求鱼。甚至只会适得其反。宪政之所以靠不住，是因为宪法的作用与其说是为了保护民主，不如说是为民主设定界限，其设定的界限一定与社会中占支配地位的权力群体合拍，并使之正当化。偏重政府形式之所以是缘木求鱼，是因为民主一旦开始专门化、例行化和行政化，我们就会看到领导开始出现；等级制开始形成；各色人等的专家环绕在决策中心；命令、程序和先例取代更自生自发的政治。因此，制度化只不过是民主衰减的标志。在作者看来，民主的关键是千千万万普通公民把民主理念内化于心，相信自己、依靠自己、敢于发挥自己的首创精神。用作者的话说，民主“复兴的可能性取决于一个简单的事实：普通个体有能力在任何时刻创造共同性的新文化模式。个体齐心协力建造低收入住房、工厂工人所有制、更好的学校、更好的医保服务、更安全的饮用水、污水排放控制以及关系日常生活的上千其他共同关切，这就是在经历一个民主时刻，就是在为发现、关怀和照料共同关注的共同性做贡献”。

诺贝尔经济学奖获得者斯蒂格利茨《1%有、1%治、1%享》的文章对美国选举民主弊端的深刻回应

《建构政治正当性：选举民主还是政府质量》的作者博·罗斯坦认为，探寻政治正当性根源时，仅仅着眼于选举民主是远远不够的，“选举民主对于正当性的建构没有必然的关联”。2011年，芝加哥大学出版社出版了罗斯坦的专著《政府质量：国际视野中的腐败、社会信任与不平等》。本选文就是书中的一章。在书中，罗斯坦解释说，为什么近年来越来越多的人对“政府质量”（或“良治”“国家能力”）感兴趣，原因很简单：世界上有一大批国家，那里建立了代

议民主，其选举是“自由、公正”的，但对最广大人民的最基本经济社会福祉毫无改善。他的研究所收集的历年跨国数据清晰地证明了这一点。这些数据导致罗斯坦得出两条结论：一、政府质量与选举民主是两个完全不同的概念；二、如果排序的话，前者比后者更重要。在这篇文章中，罗斯坦对一个流行的观念提出了挑战：选举民主的确立是建构政治正当性的关键。他从理论与实证两方面论证：正当性的建构、维系和破坏不是发生在政治体系的输入端，而是在输出端，即政府治理的质量。从这个维度上来看，中国政府的治理质量堪称全球翘楚。

《不平等加剧时代的美国民主》一文是美国政治学会2004年的特别报告。其结论很简单，只有一句令人震撼的话：在实现自己的民主理想方面，美国已裹足不前，在一些领域甚至走了回头路。这个结论依据的是大量文献与数据。随着经济不平等日益加剧，对很多美国人而言，宪法允诺的平等权利越来越像镜中花、水中月。只有一小部分美国人可以充分行使其公民权利，他们的声音很大，政府不得不听；而大多数美国人没有工夫发声、不会发声、发了声也没人听。这种巨大的反差是对民主的无情嘲讽。2008年，本文作者之一、美国科学院院士拉里·巴特尔斯出版了《不平等的民主：新镀金时代的政治经济学分析》，用更翔实的数据证明，收入与财富的不平等导致政治参与的不平等，政治参与的不平等导致政治代表的不平等，政治代表的不平等导致政治影响的不平等，政治影响的不平等最终导致政策回应度的不平等。书中有几张图看得让人触目惊心：不管是哪一届美国国会，不管是来自民主党还是共和党，议员们在制定政策时都更倾向回应社会上层、中层，而不是下层。正是在这个背景下，我们才能理解诺贝尔经济学奖获得者斯蒂格利茨为什么会在2011年5月发表一篇题为《1%有、1%治、1%享》的文章，才能理解为什么美国随后出现了“99%运动”“占领华尔街运动”。美国人民已经与“选主”制度共舞200余年了，如今他们不禁要发出疑问：自己真的是国家的主人吗?

（作者为清华大学公共管理学院长江讲座教授。本文根据作者为《选主批判》一书所写的“前言”编辑而成，标题为编者所加）

读懂那些“读不懂”的书

桑　兵

当今社会，节奏加快，信息爆炸，令人无暇读书，除了通过各种形式获取资讯外，只能浏览快餐式的书刊。不仅如此，连人们习称的上学读书，也早就变了味道。从小学到大学，所谓读书，其实主要是读教科书，很少有机会真正读书。不仅如此，即便进入研究乃至教书阶段，如今通行的做法大概也不大读书。虽然每日少不了或主要是与书打交道，只能说是翻书寻找自己需要的材料，并非读书。作者的立意，全书的主旨，似乎与己无关。如此看来，读书已成一项奢侈之事，许多人一生当中读书的机会甚少，真正通读过的书自然为数不多。

既然读书不多，如何才能读懂，便成为问题。在力求读懂之前，首先应当明白，上学读书，就是要逐渐读懂那些读不懂的书，并且内化为自己的知识。如果一味只看那些一看就懂的书，获取感官愉悦，而美其名曰雅俗共赏、老少咸宜，则无论读多少书，也是低水平的重复，至多增加一些茶余饭后的谈资，很难有知识水平的进步提高。上大学的主要目的之一，就是努力读懂自己原来读不懂的书，使得读懂的书越来越多，读不懂的越来越少。检验上大学收效的标准之一，就是看原来读不懂的书读懂了多少，还剩下多少。以此为准，分为各个学期学年，可以验看提高进步的程度幅度，总体考察，则读懂的书越多，读不懂的书越少，成效越大。如果毕业之际与入学之时读懂书的能力相差无几，则有虚度光阴之嫌。

上大学的学习方式与中小学有所不同，初学发蒙，是从全然无知到逐渐有知，灌输式的教学必不可少，待到由背诵记忆积累起一定的知识，便具备相应的自学能力，可以通过各种形式主动延伸学习和扩展知识。大学阶段则应转变方式，以自学读书为主，听授为辅。大学老师的作用，首先是明道，即探求指示学问整体与分支的渊源脉络，其次是解惑，照本宣科式的授业只不过是初级形式。若学生不读书，不问学，教师便只能盲目施教。而一视同仁的讲授无论多么认真规范，其实是最简单省事的办法，起不到因材施教的作用。如今大学本科阶段的教学，已经相当程度地高中化，不仅以课堂听授为主，而且从形式到内容都是高中阶段的延续翻版，学生学习的时间被大量规范化的课堂讲授填满，以至于很少有时间进图书馆系统读书。

当然，学生即使有时间也不读书的情形同样相当普遍，许多人在应付课程、上网、闲聊等之后，如果还有余暇，才随意翻书，而且由于心浮气躁，只看那些容易看懂的书，看不懂的便束之高阁。据媒体调查，大学生每天读书的时间平均不到一小时。也就是说，即使对于专门读书的大学生，读书也成为一项业余活动。不从被动转为主动，大学学习的效果自然不佳，学生掌握的知识以及与之相应的能力很难得到切实提升。近年来，学生普遍反映大学阶段没有学到东西，原因至为复杂，家长和社会对于大学期望值的错位、大学理念的流失、教师资质的下降等之外，就学生自身而言，最应该反躬自省的就是是否实现自觉转型，主动学习。

大学阶段，要推动学生改变被动学习的习惯，由耳学而眼学，主动进图书馆博览群书的环节至为关键。我尝戏言大学里唯一增值的就是图书馆，其余包括所谓高科技在内，都是高投入、高消耗。尽管图书馆的书籍也有一些时过境迁即无甚价值，但有相当部分的图书随着光阴的流逝反而不断增值。珍本原版典籍产生的视觉冲击效果，很难为其他形式所取代。由于资源稀缺，不仅价格高昂，后设的大学图书馆财力再充足，收藏也极为有限。当然，藏书家与学问家对于书的需求有所分别，有心向学者偏重于后者。时下学生面临的主要问题是不会找书（包括逛图书馆和利用网络），也不喜欢看书，而不是无书可看或看不到书。尤其是随着网络资源日益丰富，坐拥书城已是普遍状况，无书可读的情形一去不复返，而上学不读书的现象却依然是到处的共相。章太炎曾经预言大学不出学问，原因之一，正是鉴于大学只听授而不读书的教学方式。因而认真读书，正是防止其不幸言中的可行之道。

胡怀琛论及1920年代学界的风气，有如下评议："今之学者不求所以自立，徒为虚憍之气所乘，以盗窃为能事，以标榜为名事，不仅文话白话然也，一切学问，莫不如是。于是不知算学而言罗素，不知生物而言杜里舒，不知经史而言崔东壁，不知小学而言高邮王氏父子，无闭门读书之人，只有登坛演讲之人，无执卷问业之人，只有随众听讲之人。演讲与听讲，非不可行之事。然必演讲者对于所讲之学问，有彻底之了解，听讲者对于所讲之学问，有相当之根基。今演讲者自知学问之未了解也，于是好为新奇之说，以博听者之感情；而听讲者不仅无相当之根基，并无听讲之诚意。"

胡氏所描述的情形如今即使不能说变本加厉，至少不见显著改善。那些抱怨在大学期间没有学到东西的学子，不妨自我反省，而大学和教育行政部门也应当作出调整。

（作者为中山大学历史系教授）

历史教训似在眼前

杜　伟

翻开《中国历史的教训》，与其说在读，不如说在听，似在听单田芳、田连元、袁阔成等优秀评书艺术家说书。先说说题目：“庆亲王的作风问题”“赵匡胤与官二代”“慈禧收礼”……再看看里面的细节：朱元璋实在受不了茹太素的长篇报告，将其一顿痛打的苦笑无奈；崇祯议而不决、错失良机，将自己一步步逼上煤山的可怜可恨……书里故事生动有趣，娓娓道来中忽然异峰突起。24篇反腐历史故事人物语言、神态逼真生动，感觉如同在眼前立体上演，又给人留下了无尽的想象。或清官能吏忠臣，或贪官懒官巧官，有的伟岸得让人拍案叫绝，有的卑劣得让人不可思议，有的愚蠢得让人顿足捶胸，有好人也有坏人，有好事也有坏事，是历史但又恍如在现世，个个似曾相识、如在左右，怎能不令人为之感叹，实在妙绝。

仔细品来，作者通过众多出人意料的故事，寻找明清愈演愈烈的政治腐败的病理依据，进而探寻可供当下反腐败工作借鉴的经验教训，事事回应当下反腐新政。

比如，中央提出八项规定后，作者创作了《作风建设与历史周期律》，讲述触发癸酉之变的清朝官场作风问题；“大老虎”纷纷被抓，作者以《高级干部的低级错误》作为回应；山西出现了塌方式腐败问题，作者便推出《张之洞借钱》，用故事讲述“让权力从市场走开”；中央强调“加强制度建设，强化对权力运行的制约和监督”，作者便以《皇帝的伙食费》《一把扇子与制度设计》来析事明理。作者紧随中央反腐步伐，用说故事的妙招解读中央精神，超越“历史的教训”。

（作者单位为北京科技大学）

何谓“政治法学”

喻　中

政治法学作为一个流行的概念，可以意会，但却难以说明。这就仿佛奥古斯丁在面对“时间”这个概念时的困惑一样：“时间究竟是什么？没有人问我，我倒清楚，有人问我，我想说明，便茫然不解了。”要说明政治法学是什么，同样是一件比较困难的事。不过，尽管这是一个令人困惑的问题，还是应当给予某些尝试性的说明。

最方便的解说方式，就是按照流行的套路，把政治法学解释为：关于政治法的理论学说的总称；或者更具体地说：政治法学是以政治法这一社会现象作为研究对象的科学活动及其认识成果的总称。这样的论断虽然很容易得出，但是，进一步的追问马上就会接踵而至：政治法又是什么呢？在这个问题上，倒是可以找到一些权威性的答案。譬如，卢梭就曾在《社会契约论》中提出，政治法是规定“主权者对国家的比率”的法。在《论法的精神》一书中，孟德斯鸠则把政治法视为调整“治者与被治者的关系”的法，从而将政治法置于与民法、国际法相并列的地位。按照孟德斯鸠的思路，政治法近似于现在所说的公法，但它又不能包括国际公法。在当代中国，有学者在严格区分政治法与宪法的前提下，把政治法的内容分为四个部分：政治主体法、政治关系法、政治行为法、政治程序法。这好像是一种明白而清晰的界定，但它依然包含着一些至为明显的疑点：什么叫政治？以及什么叫政治主体、政治关系、政治行为、政治程序？再说，如果把政治法的内容划分为这四个部分，关于这四个部分的理论学说当然可以归属于政治法学，但它能够等同于政治法学么？

为了更深入地理解政治法学，不妨从两个不同的角度着手。一方面，立足于法学学科，可以把政治法学理解为：关于政治的法学理论。这样的政治法学侧重于研究与政治有关的规则、制度等相关问题。具体地说，在现行的法学体系中，这样的政治法学的范围，可以涵盖宪法学、国际公法学，以及行政法学、刑法学、诉讼法学等部门法学的基础理论。这种关于政治的法学理论，其实也可以理解为“公法学基础理论”或“公法哲学”。至于公法学中的技术性内容，则不宜归属于政治法学的领域，因为它的政治意蕴较为稀薄。譬如，诉讼过程中的某些技术性问题，像书证与物证的区别，作为严格意义上的诉讼法学问题，就不能把它们看作是一个政治法学问题。但是，诉讼过程中如何处理检察权与审判权的关系问题，以及检察权能不能监督审判权的问题，则可以纳入政治法学的理论范围之内。再如，在刑法领域，抢劫罪与抢夺罪的区别，不属于政治法学，但是，“反人道罪”或“危害国家安全罪”的理论问题，则是一个政治法学问题。刑事视野中的“苏格拉底之死”“耶稣之死”，甚至“丹东之死”，都可以作为政治法学的经典案例。可见，政治法学作为关于政治的法学理论，它并不是一门完全独立于现有法学分支学科的新学科；事实上，也没有一门与宪法学、国际法学等二级学科完全无关的政治法学；政治法学作为一种法学理论，是对法学体系内各门分支学科进行再分类的产物。

另一方面，政治法学不仅可以理解为关于政治的法学理论，还可以理解为关于法的政治理论。在这个角度上，也可以把政治法学理解为“法政治学”。这个层面上的政治法学，立足于政治学，其着眼点不在于规则、制度等法学专业问题，而是在于揭示法、规则、秩序的政治意蕴。这种意义上的政治法学，其典型形态是洛克的《政府论》、孟德斯鸠的《论法的精神》，还有美国的《联邦党人文集》等。这些经典文献虽然在法学论著中有很高的引证率，常常被视为法学经典，但是，这些经典文献的着眼点，并不在于专业性的法学或法律，而是在于政治理论——当然，在论述政治理论的时候，它们也论及法律，但是，法律主要是作为政治系统中的一个组成部分。从知识发生学上来看，作为法政治学意义上的政治法学在古典时期的盛行，有一个至关重要的根源：在那个时代，现代意义上的学科划分尚未完成，政治学、法学之间的界限并不清晰，甚至也不为经典作家们特别在意；他们也没有现在流行的“专业槽”意识。经典作家们从公共生活、文明秩序、政治共同体的现实需要出发，提出了我们现在所看到的政治法学（法政治学），以及与之密不可分的政治哲学。

在法律出版社的支持下，我们创办并编辑《政治法学研究》，是希望在法学与政治学的交叉地带，既推进关于法的政治理论，也拓展关于政治的法学理论。我们期待各方先进的惠助，俾使通过点点滴滴的商谈与对话，回应法政实践，汇聚法政学思，滋养法政文明。

（作者为首都经济贸易大学法学院教授）

古籍今译不宜大力提倡

刘梦溪

古籍今译是个比较复杂的问题，不好一概而论。所谓今译，就是将原来的文言翻译成今天的白话。一些史书，包括二十四史，翻译成白话，有助于历史知识的普及。“六经”要不要今译，回答起来颇费踌躇。《乐》经不传，只有《诗》《书》《礼》《易》《春秋》“五经”存留下来，这是中国传统文化的最高形态。对这样的经典，放在第一位考量的，是如何得其本义真义的问题。如果不能做到正确传达经典的本义，则与其今译，就不如不译了。

诗词古文类文学作品要不要今译，也须分别看待。许多人包括学术大家，都认为古代诗歌不能今译。唐诗、宋词、元散曲小令，或律诗、绝句、歌行等等，是古代诗歌的特殊表现方式，离开这些特殊的表现方式，古代诗歌便不复存在。这与翻译外国文学作品不同。外国文字译成中文，主要是传达文字所包含的内容信息，语言形式反而可以多种多样，既可以用白话也可以用文言进行翻译。古籍今译，尤其诗歌的今译，不仅是语言形式的转换，同时也是文体的改变，使原来的特定文体不复存在，今译的效果有可能适得其反。这也就是旧体诗词至今还有人写、还在流传、还不能为白话诗完全取代的原因。人们常说的，经过今译能否保持原诗的神韵，还不是最主要的问题所在。

古代的书面文字，即通常所说的文言文，本身有一个演化的过程，不同历史时期、不同的文体，文字的难易，很有分别。孔、孟、荀、韩、老、庄等先秦诸子之文，并不特别难读，篇幅短，反复涵泳，文义自见。难读的是“六经”原典和经解经注。汉赋也很难读。唐宋古文就要好读一些。宋儒语录，已接近当时的白话。清代知识分子处境艰难，有时不免在文字里捉迷藏，越晚越容易读这个话，还不好说定。而且难易系相对而言，不同的读者对象有不同的要求。专门的研究者，不需要今译。一般古典文学爱好者，如果不喜欢古典文学的语言形式，就谈不上爱好。因此我倾向认为，除史书等少数例外，大多数古代典籍一般都不需要今译。

还可以从文化传承的角度谈这个问题。我国历史悠久，文化遗产宏富，但流传下来成为今天人们生活组成部分的文化元素，并不很多。连汉民族的服饰，也没有真正流传下来。文言文作为古代典籍的一种载体，只要古代典籍本身尚有生命力，文言文就不会死亡。文言外壳包裹着的是我们民族活的文化传统，不能因为白话文成为普通的书面文体，而抹杀了文言文传承历史文化的伟大功绩。

“五四”文学革命，以白话文代替文言文，自然是无法阻遏的历史潮流，但对文言文历史作用的估计，部分“五四”先贤不无偏颇。他们的心态过于急切，没有充分顾及文化本身的特性，致使后“五四”时期各种类型的新文学史，很少为旧体诗词的写作者留一席地位。只有钱基博先生的《现代中国文学史》是个例外。

古籍今译的局限不可忽视。如果长此以往，各出版机构争相今译，甚至造成今译成为流行，原典反被冷落，青少年只以读白话的古代作品为满足，文化传承便成了一句空话。中国传统文化的经典“五经”，以及《论语》《孟子》《中庸》《大学》“四书”，最好是直接读原典。不涵泳原典原文，难以得其滋味。经典的意义在于常读常新，在于其不可代替性。今译得再好，也难逃离“本”之讥。我所说的“本”，不仅指内容，而且包括文体和语言表达方式。

古籍今译大热起来虽然是近年的事情，追根溯源倒也渊源有自。“五四”以后，郭沫若翻译过屈原的作品，后来文怀沙又译过。陈子展、余冠英则试译过《诗经》。上世纪50年代初期有关部门曾予以提倡，以为是整理和继承古代文化遗产的一种可行的方法。实际上，大多数今译的试验都没有成功，很多读者不肯抛开原文而去读译作。大手笔尚且难以奏效，如今临时凑人马，急着赶进度，一出就是逾千万字的全译本，结果可想而知。

因此依笔者之见，古籍今译不宜大力提倡，不必大规模地施行。更迫切需要的是，不忘我民族的历史地位，养成阅读原典原文的风气，使今日之中国和历史的中国连成一气。

（作者为中国艺术研究院终身研究员、中央文史馆馆员）

爱之不增其美，憎之不益其恶

——从《段祺瑞传》说到治史原则

杨天石

彭秀良先生的《段祺瑞传》，对段祺瑞“三造共和”等一生大事，作了详尽的叙述；对其功过是非，提出了自己的见解和评价；对其为官清廉，“不抽、不喝、不嫖、不赌、不贪、不占”的“六不”戒条作了介绍；对其“三一八”惨案后在牺牲者面前长跪不起以及自此吃斋的讹传作了辨正。

段祺瑞是袁世凯的亲信，与冯国璋、王士珍并称为“北洋三杰”。他曾受袁世凯指使，率领北洋将领46人，通电“请立共和政体”，否则即“率全体将士入京，与王公剖清利害”。民国建立后，他任陆军总长。1915年年底，袁世凯称帝，段表示不拥护。1916年袁取消帝制，邀段出任国务总理。1917年，张勋复辟，段组成“讨逆军”，于天津马厂誓师反对。自1916年至1918年期间，段祺瑞三次出任国务总理，掌握国家大权，是北洋政府内部的皖系一派领袖。1924年10月23日，冯玉祥发动北京政变，推翻直系大总统曹锟，段祺瑞出任中华民国临时政府的临时执政（国家元首）。1926年3月18日，北洋政府镇压北京学生运动，发生“三一八”惨案。同年4月，段祺瑞被冯玉祥驱逐下台，退居天津，在日租界当寓公，潜心佛学，自号“正道居士”。

1931年“九一八”事变后，段祺瑞拒绝与日本人往来。1933年2月，移居上海，受到蒋介石的礼遇。1935年被任为国民政府委员，未就职。1936年11月2日因胃溃疡在上海病逝，享年72岁。遗言称："勿因我见而轻起政争，勿尚空谈而不顾实践，勿兴不急之务而浪用民财，勿信过激言行之说而自摇邦本。讲外交者，勿忘巩固国防；司教育者，勿忘保存国粹；治家者，勿弃国有之礼教；求学者，勿骛时尚之纷华。"

多年来，对北洋政府、北洋人物，似乎早有定论，一言以蔽之曰"军阀"。自然，这是负面评价，似乎将其"妖魔化"，一棍子打死了。本人一向主张：以实事求是为治史最高原则，有好说好，有坏说坏，爱之不增其美，憎之不益其恶。因此，我对于重新研究北洋史是赞成的，寄予希望的。然而，近年来，对北洋政府、北洋人物，似乎溢美之词日渐多了起来。例如，有人说，北洋时期实行"市场经济"，是中国民族资本发展的黄金时期，也是中国历史上第一个高度民主的时期，更是言论最自由、结社最自由、舆论环境最宽松的时期；甚至说，北洋政府最大的成就当属思想解放；还有人说，北洋政府是近代最伟大的政府，是在维护国家主权和领土完整方面做出过重大贡献的政府，是最宽大、最有人性的政府，云云。在这些观点面前，我有点茫然。

上述观点，不是全无道理。例如：经济学家可以用数字说明，1920年之前，中国经济如何以每年平均13.8%的速度向前发展；政治学家可以用几部宪法的递嬗以及国会、总统府、国务院之间的关系，说明那个时期的民主发展程度；文化史学家可以用社团、报刊的数字来说明那个时期的结社自由和言论、学术环境的宽松，等等。然而，我觉得，上述论者的最大缺陷是将"时期"和"政府"这两个概念混淆了。只要我们比较深入地研究以下的问题：哪些成绩的取得是由于20世纪时代、潮流的影响和辛亥革命精神的承续？哪些社会进步是由于人民，包括知识界的奋斗、努力和抗争？当时政府和统治者的执政重点何在？他们提出了哪些政策，其倡导和推动作用如何？北洋时期的中国发展和其政府政策之间是否存在，或存在着怎样的因果关系？我相信，如果比较深入地研究了上述问题之后，也许我们对北洋政府和北洋人物的评价就会持平一些、允当一些。

（作者为中国社科院近代史所研究员）

抗战烽火中“长大”的中国大学

陈平原

“连天烽火”与“遍地弦歌”本是两种截然对立的情景，但在艰苦卓绝的抗日战争中，二者竟巧妙地相互配合，交织成撼人心魄的乐章。有一张老照片令我印象深刻，那是西南联大教授朱自清、罗庸、罗常培、闻一多、王力的合影，堪称抗战中意气风发的中国读书人的象征。我曾说：“联大有什么值得骄傲的？联大有精神：政治情怀、社会承担、学术抱负、远大志向。联大人贫困，可人不猥琐，甚至可以说‘器宇轩昂’，他们的自信、刚毅与聪慧，全都写在脸上。”今天的中国大学，从校园建筑到科研成果，都正朝“世界一流”飞奔，却找不出如此明亮、干净与自信的合影——那是一种由内而外、充溢于天地间的精神力量。就精神境界而言，其实我们比不上抗战那一代。正因此，我写作《抗战烽火中的中国大学》一书，希望带领读者回眸那段历史。

中国大学不仅没被炸垮，还在发展壮大的同时弦歌不辍，催生出众多美好的“故事”与“传说”

抗战军兴，原本主要分布在沿海及华北的中国大学，纷纷内迁。战争结束时，大学数量由108所增加到141所，学生从4万多增加到8万多。中国大学不仅没被炸垮，还在发展壮大的同时弦歌不辍，催生出众多美好的“故事”与“传说”，这是中央政府、后方民众以及大学师生共同努力的结果。台湾作家齐邦媛在《巨流河》中提到，当年她在四川乐山的武汉大学念书，战事紧迫，随时可能撤离，即使在这样的情况下，校长王星拱说了，不到最后一刻，弦歌不辍。第二天，朱光潜先生继续讲他的英国浪漫主义诗篇，只字不提随时可能降临的炮火。战争不会影响我们的阅读与思考，反而加深了我们对文学、对美的向往与追求。

1937年10月底，中央大学南京三牌楼农学院实习农场的职工们决定，把畜牧场饲养多年的美国牛、荷兰牛、澳洲牛、英国猪、美国鹅、北京鸭等良种实验家畜，搬迁到大后方去。历经千辛万苦，一年后的11月中旬，这些职工赶着牛呀猪呀，终于到达了重庆。中央大学校长罗家伦1941年“于重庆警报声中”撰写《炸弹下长大的中央大学》称：“我于一天傍晚的时候，由校进城，在路上遇见他们到了，仿佛如乱后骨肉重逢一样，真是有悲喜交集的情绪。”如此有情且鲜活的历史画面在当时比比皆是，仔细阅读与钩稽，很容易理解中国学人的个人修养、历史意识和文化情怀，这也是为什么中国大学能在忧患中浴火重生的答案。如此扣人心弦的故事，古代中国未有，同时期欧美各国也谈不上。

硝烟弥漫中，众多大学师生之弦歌不辍，这本身就是一种稳定人心的力量

战火纷飞中，中国大学顽强地生存、抗争、发展，其中蕴含着某种让后人肃然起敬的神秘力量。历史上，凡狼烟四起时，最容易遭受毁灭性打击的便是手无寸铁的师生。“衣冠南渡”的情形虽并不鲜见，但从未有过在战争中为保存文化而有计划、成建制、大规模地撤退学校的壮举。这次内迁有几个引人瞩目的特点：第一，这不是溃败后的逃难，而是有组织的集体行动；第二，教学上，不是应急，而是长远打算，所谓“战时如平时”，更多着眼于战后的大业，保证了战时培养的大学生有很好的质量；第三，学术上，不是仓促行文，而是沉潜把玩，出有思想的学问，有情怀的大学者——这一点人文学尤其明显；第四，因大学内迁而见识中国的辽阔与贫困，于流徙中读书，人生忧患与书本知识合一，精神境

界得以提升；第五，除了具体的学术成果，大批大学的内迁，把新的思想观念和生活方式，带到原先比较落后的西南、西北，此举对于中国教育平衡发展意义重大。

很多人有疑问：为何在那么艰苦的条件下，内迁大学依然能够培养出大学者与大师？答案很简单：第一，无论师生，在如此艰难的大迁徙中，人生忧患与书本知识合一。第二，生活圈子缩小了，教授们第一次和学生走得这么近，互相感召与启迪。第三，这段时间，枪口一致对外，校园里没有那么多内讧与政争。第四，生活艰辛，但对未来充满期待，反而显得“幸福”与“单纯”。这种精神状态，其实更适合于求学或治学。

以上所说都是内迁大学的有形功绩，而无形的贡献是笔墨难以形容的，那就是在生死存亡的关键时刻，表达了一种民族精神以及抗战必胜的坚定信念。硝烟弥漫中，众多大学师生之弦歌不辍，这本身就是一种稳定人心的力量。罗家伦有一句名言：“武力占据一个国家的领土是可能的，武力征服一个民族的精神是不可能的。”

让日渐遥远的“大学精神”重新焕发光彩，也让“富贵不能淫，贫贱不能移，威武不能屈”的大丈夫形象重新站立起来

我曾就“抗战中大学内迁”这一问题写过很多文章，但皆为随意点染，算不上专业研究，故不收入本书。本书共四章，各文的大致思路如下：

第一章《此情可待成追忆——中国大学内迁的历史、传说与精神》，讲述抗战中中国大学内迁这一段波澜壮阔的历史。事后回忆与学者发掘固然重要，但更值得关注的是当事人当年的文字，看他们如何在惊魂未定之际回首往事，制造传说，总结经验，畅想未来——那既是文学，也是历史，更是精神。此文利用各种史料，勾勒各大学的迁移路线、地理分布以及办学特色。另外，选择20篇或年轻学生或大学校长的文章，纵横交错，呈现战时中国大学的精神风貌。文章最后讨论如何跨越虚构与写实的鸿沟，让日渐遥远的“老大学的故事”重新焕发光彩。

第二章《永远的“笳吹弦诵”——关于西南联大的历史、追忆及阐释》，试图从教育史、学术史、思想史、文化史乃至政治史等不同角度入手，重新发掘国立西南联合大学的历史、传说与精神。于颠沛流离中弦歌不辍，此乃当年中国大学的共同生态；可后人谈论抗战中的学术文化建设，为何多以西南联大为例证？除了三校合一学术实力超强，更因牵涉“故事”的诞生与传播机制。对于这所明星大学，本文强调其“必胜信念、学术关怀以及师生情谊”，凸显“以本科教学为中心”、辨析“人和”的另一面，自信有不少精彩的发现。

第三章《岂止诗句记飘蓬——抗战中西南联大教授的旧体诗作》，主要讲述陈寅恪、吴宓、朱自清、潘光旦、浦薛凤、魏建功、浦江清、萧涤非等八位西南联大教授，抗战期间多有旧体诗创作，当初很少公开发表。他们的相互唱酬不只是因为共同的文学兴趣，感情交流与相互慰藉或是更重要的因素，注重的是友情、修养与趣味。八位教授学术背景各不相同，之所以都选择旧体诗，既确认其文化身份，让作者得以思接千古；又可以借助韵语，表达某些幽微的思绪以及不合时宜的感觉，指向的是个人修养、历史意识与文化情怀。这些“有情”且“鲜活”的史料，让我们得以了解他们在战火中的遭遇与思考、困惑与怨怼，以及压在著述背后的心情。

第四章《六位师长和一所大学——我所知道的西南联大》，主要谈论吴宏聪（我的导师）、王瑶、季镇淮是如何饱含深情地追忆他们各自的导师杨振声、朱自清、闻一多，并借此呈现他们对西南联大的想象的。此文可谓“公私兼顾”，既谈我的导师，也谈导师的导师，希望在三代师生的视野交汇处，凸显一所大学所曾经拥有的英姿。在写作时，我抛开大路，另辟蹊径，选择“限制叙事”策略，最大的理由是，对于像我这样喜欢玩味细节的读者来说，这样写显得更亲近，更可信，也更有人情味。

本书的目标是，借助档案、报道、日记、书信、散文、杂感、诗词、著作等不同史料的仔细辨析，跨越虚构与写实的鸿沟，让日渐遥远的“大学精神”重新焕发光彩，也让“富贵不能淫，贫贱不能移，威武不能屈”的大丈夫形象重新站立起来。抗战内迁大学的历史，既是世界教育史上一段异彩纷呈的华章，也是中华民族复兴路上一座昂然屹立的丰碑。回望这段历史，对今天的教育发展以及社会改革，有重要的启示作用。即便只是着眼于教育，起码让你我警醒：大学的存在价值，不仅仅是传授具体知识、生产科研成果，更包括坚定正确信念，以及塑造民族灵魂。

谨以此文，向饱经忧患而奋斗不息的前辈们致意；并以此小书，纪念伟大的中国人民抗日战争胜利70周年。

（作者为北京大学教授）

《史记》中的法治思想

岳庆平

《史记》中的法治思想，主要以两种方式体现：一种是司马迁在篇末以论赞的形式直接发表观点和评论；另一种则体现在对人物和事件的描写与叙述中，正所谓“载之空言，不如见之于行事之深切著明也”。究其内容，主要包含强调道德与法律的共同作用，主张有局限的法律平等及宣扬慎刑、宽刑等。

《史记》在记载远古事迹时体现了“慎刑”思想

《史记》叙事始于传说中的五帝时代，在记载远古事迹时已包含初步的法治思想。据《史记》记载，尧年老时，让舜代行天子的职务，考察他的执政能力。舜实行了一系列政策，其中关于法治的措施有作“象刑”。有学者认为，“象刑”并不是真正的处罚，而是一种“象征刑”，是让犯法者穿上与众不同的衣服，戴上不同颜色的头巾，以此来表示警戒。舜时还实行“眚灾过，赦；怙终贼，刑”的政策，即赦免那些由于过失犯罪的人，对屡教不改的犯人才动用刑罚。这些都体现了原始的“慎刑”思想。

周穆王以甫侯为相，作《甫刑》。随着刑罚的渐趋发展成熟，对执法人员的素质和司法的过程也提出了更高要求。比如，当时强调选择贤人执法以安百姓，强调在司法过程中敬畏法律，以杜绝所谓“择非其人”“敬非其刑”“居非其宜”等现象。在具体法律的施行过程中，注意做到“两造具备”“师听五辞”，即注重证词和证词的取得程序，以保证法律施行过程中的公正，避免冤案产生。难能可贵的是，当时已提出了处罚必须和所犯罪行相适应的“阅实其罪，惟钧其过”和疑罪从轻的“刑疑赦从罚，罚疑赦从免”的口号。认为只有谨慎使用法律，不轻易用刑，才能“简信有众，惟讯有稽”，得到百姓的拥护。

司马迁肯定李斯在法治上的建树，但批评他过于“严威酷刑”

秦自商鞅变法始，信奉申不害、韩非子等法家代表人物的法治思想，逐渐确立了以法治国的政策。秦统一后，李斯主持整理修订法律，“明法度，定律令”，还“除疑定法”，使百姓“咸知所避”。司马迁肯定李斯在法治上的建树，但批评他过于“严威酷刑”，认为如果不是因为这一点，他将会和周公、召公等圣贤一样名垂青史。

秦朝快速灭亡后，汉初知识阶层反思秦代统治教训，形成了一股“非秦”的思潮，而秦朝的严刑峻法更是广受批评。贾谊的《过秦论》即是“非秦”思潮的代表作品，贾谊认为秦王“禁文书而酷刑法，先诈力而后仁义，以暴虐为天下始”。按照贾谊的主张，秦二世应该“虚囹圄而免刑，除去收孥污秽之罪”，约法省禁，让天下的人能够自新，以威德统治天下，那样就会避免“暴乱之奸”。司马迁非常推崇贾谊对秦政的分析与批评，将其言论附在《秦始皇本纪》的篇末。也对秦始皇的政策进行批评，认为他“刚毅戾深，事皆决于法，刻削毋仁恩和义，然后合五德之数。于是急法，久者不赦”。

司马迁对汉文帝的赞扬，明确地表达出从宽执法的主张

与对秦始皇的批评形成鲜明对比的是司马迁对汉文帝的赞扬，在他的笔下，汉文帝是一位贤明君主。在汉文帝时期，中国的法治有几项重大的变革，废除“收孥”是其中之一。“收孥”是由秦代开始的一种残酷制度：如果一人犯罪，

其父母妻子等家属都要遭受处罚。汉文帝即位第一年就废除了这一制度，他相信“法正则民悫，罪当则民从”，即法律正当民众才会诚实，处罚得当民众才会服从。如果官员不能引导民众遵守秩序，又用不正当的法律处罚，这反而会使民众信奉暴力。

汉文帝时期另一项重大法治变革是废除肉刑，而这是由一位女子的上书所引发的。汉文帝时期，齐国的太仓令淳于意犯罪，按法律应该押解到长安受肉刑。他的小女儿缇萦跟随父亲到京城，在皇宫门阙外上书，说“死者不可复生，而刑者不可复续”，自己愿意舍身去做官府的女奴，来赎父亲的罪过，让他能改过自新。缇萦的上书感动了汉文帝，文帝认为对犯罪者不进行教育而只是施加刑法，残毁肉体，“断支体，刻肌肤，终身不息”，这不是为民父母应有的做法。他随即下令废除肉刑，成为中国古代司法史上的重要事件。

在《史记》中，司马迁为奉公守法的官吏作《循吏列传》，对他们有很高的评价。在该传的最后，他明确地表达出从宽执法的主张：“法令所以导民也，刑罚所以禁奸也。文武不备，良民惧然身修者，官未曾乱也。奉职循理，亦可以为治，何必威严哉？”

《史记》中有礼治与法治相互补充、相辅而成的思想

《史记》中大力宣扬道德教化与法律制约相互配合，认为礼、德要优于政、刑，非常认同“导之以政，齐之以刑，民免而无耻。导之以德，齐之以礼，有耻且格”。《史记》中还有礼治与法治相互补充、相辅而成的思想，在《孔子世家》中引用了“夫名不正则言不顺，言不顺则事不成，事不成则礼乐不兴，礼乐不兴则刑罚不中，刑罚不中则民无所措手足矣”。对于礼与法的关系，司马迁也有类似的观点，他在《太史公自序》中说：“夫礼禁未然之前，法施已然之后，法之所为用者易见，而礼之所为禁者难知。”认为道德规范可以起到预防犯罪的作用，法律规定的作用只体现在犯罪行为发生之后，法律的处罚制裁作用是即时的、显性的，而道德的引导规范作用是长期的、隐性的。

自《史记》问世以来，历朝历代的学者都在不断地研究它，不断地挖掘它的

价值。在2000多年后的今天，我们重新审视《史记》，汲取其中最为光彩、最有价值的内容，尤其是认真总结《史记》中的法治思想，借鉴上述德主刑辅、礼法合治等积极因素，对于大力弘扬中华优秀传统文化，使之服务于全面深化改革和全面推进依法治国的实践，具有极其深刻和长远的重要意义。

（作者为北京大学历史系教授）

伟大也要有人懂

朱善璐

北京大学校史馆里，有一张令人感慨万千的照片：一群英俊的青年，以一棵蓬勃生长的大树为背景合影，其中个子高高的就是毛泽东。

那是1920年1月18日，毛泽东、邓中夏等人在北京陶然亭慈悲庵的合影。当时的毛泽东正在北京大学图书馆工作，而邓中夏则就读于北京大学的国学门，那时的他们，都是经历了时代的大浪淘沙、思想的勇猛精进，而刚刚成为了马克思主义者，他们也是中国和北大第一批马克思主义者。

在北大图书馆里，还珍藏着一份同样令我们感慨万千的“北大月刊”，就是这份90多年前（1921年11月17日）的月刊，揭载了“马克思学说研究会”的成立启事，研究会由李大钊组织发起，成员有邓中夏、高君宇、刘仁静、何孟雄、朱务善、罗章龙、张国焘等19人，马克思学说的思想魅力，把这些来自北大不同学科的先驱者凝聚在一起，他们一起阅读马克思，努力地在学习与寻找中读懂马克思，他们还把一起研读的小屋命名为“亢慕义斋”。“亢慕义”，取义于“共产主义”的译音，“亢慕义斋”这个名字，把博大精深的马克思主义学说与中国文明的典雅简洁地结合在一起，“红楼雪晴读书窗”，思之令人神往。当习近平总书记在北大看到这份启事等文物资料时，十分感慨地说：“追根溯源，看来源头在这里啊！”

这张照片、这则启事告诉我们：欲改造中国与世界，必先扫除思想、理论和知识的贫困状态。只有根深才能叶茂，只有在丰厚的思想、理论和知识的沃土里，生活与生命之树才能长青。而这张照片、这则启事仿佛在给我们讲述一个成长的故事：一个国家、一个民族、一代青年、一个新世界的成长，如同那棵蓬勃向上的大树。

北京大学是最早在中国传播马克思主义和民主科学思想的基地，是中国共产党的早期活动基地，近百年前，以李大钊、陈独秀为代表的北大优秀师生，就是第一批在中国阅读马克思著作、传播马克思主义的先行者和播火者。“雄关漫道真如铁，而今迈步从头越”，抚今追昔，今天的北大人，只能以更勤奋的学习、更笃实的实践、更扎实的学术工作，更高质量的教学和科研业绩来发扬这个传统，继承这个前赴后继、继往开来的事业。

马克思主义是世上最博大精深的学问，要读懂马克思的伟大，必须像习近平总书记所指出的那样：“下得苦功夫，求得真学问”，今天，北大的青年学者韩毓海教授写出了《伟大也要有人懂：少年读马克思》，这本书体现新一代北大人成长的心路和思想历程，体现了北大人在学习、研究和实践马克思主义学说时所做出的新的尝试、新的努力。在马克思主义学说传入中国百年后的今天，这本书的出版具有标志性意义，它表明：北京大学的百年信念与追求没有变，它表明：在探索真理的道路上，北大人前赴后继，初心不改。这本书的出版之所以具有标志性意义，更是因为它向世人表明：“亢慕义斋”犹在，红楼钟声长鸣，这本书虽小，却是今天的北大人向时代和历史交出的一份优秀的答卷。

这本书的阅读对象是青少年。而这本写给青少年的书，告诉大家一个重要的、但在当下却经常被人忽略的真理：马克思是人类最伟大的思想家之一。马克思主义是人类社会科学的基础，是打开包罗万象、精彩纷呈的人类知识宝库，解读人类社会发展规律之谜的金钥匙。马克思主义提供了社会科学的基本框架，给予了人们认识和改造世界的根本观点和方法。有了它，知识就能站立起来；丢了它，就丢掉了安身立命的根本。因此，我们必须像习近平总书记要求的那样，老老实实读原著，“要把系统掌握马克思主义基本理论作为看家本领”。

为什么要强调老老实实地读原著呢？我个人认为，这就是因为阅读马克思，最忌功利主义、实用主义的态度。什么叫功利主义、实用主义的态度呢？这也就是习近平总书记所指出的："顺利的时候，看山是山、看水是水，一遇挫折，就怀疑动摇，看山不是山、看水不是水了。"这就好比——只有当美国爆发了金融危机，一些人才放马后炮说"马克思的理论都应验了"，而一旦危机过后，同样的一些人，或许又会重弹他们"马克思早就过时了"的老调。

我以为，学者治学的最为可贵之处，就在于脚跟立得住，路子走得正，不跟风、不摇摆、不心浮气躁、不朝三暮四，特别是——能够以默默的、持续的工作，影响和带动青年学生从阅读经典原著出发，一步一个脚印地往前走，迈稳步子、夯实根基。而这就是学者的责任：对前人的责任，对后人的责任，而我以为这也是教师的责任：以真理的魅力培育抚育学生的心灵，以学术的造诣开启学生的智慧之门，以高尚的人格操守引导学生，引领学生，塑造青年学子的人生成长和人格成长。

自上世纪70年代到如今，从路易·阿尔都塞的《保卫马克思》和《读资本论》、雅克·德里达的《马克思的幽灵们》、日本思想家柄古行人的《马克思及其可能性的中心》，到2014年风靡西方世界的托马斯·皮凯蒂的《二十一世纪资本论》，马克思主义一直引领着当代西方哲学社会科学发展的方向，马克思主义的基本论断，在当今世界具有强大的生命力和感召力，而马克思主义中国化，中国特色社会主义理论国际化，乃是当前社会科学研究需要努力的重要方向。我很高兴地看到：《伟大也要有人懂：少年读马克思》这本书，不但在国内读者中产生了很好的反响，而且这本书也被美国引进，本书的英文版已经在国外成功发行，这一实绩，既体现了中国少年儿童新闻出版总社，体现了当代中国出版人脚踏实地、开拓创新的使命担当，更体现了今天的北京大学扎根中国大地创建世界一流的办学方针，体现了新一代北大学者追求真理、守正创新、严谨求实的抱负追求和卓越学风。

习近平总书记指出："青年的价值取向决定了未来整个社会的价值取向，而青年又处在价值观形成和确立的时期，抓好这一时期的价值观养成十分重要。这就像穿衣服扣扣子一样，如果第一粒扣子扣错了，剩余的扣子都会扣错。人生的扣子从一开始就要扣好。"《伟大也要有人懂：少年读马克思》一书所面对的读者主要是广大青年，这本书也得到了青年读者的喜爱，而对于一个教师而言，没有什么比自己的教学研究成果得到青年人喜爱更值得高兴的事情了，对于一个北大教师而言，没有什么事情，能够比继承前辈先贤的光荣传统和精神魅力，在传授知识和能力中向青年一代传播真理之火和进步向上的价值观更重要的了。

（作者为中共北京大学委员会书记）

谈笑，也是为了思考

陈四益

苏东坡词：“谈笑间，樯橹灰飞烟灭。”好气派！但那说的是周郎，34岁指挥东吴三万之军，联合刘备荆州之众也不过5万余人，同率兵80余万的曹操战于赤壁，大获全胜，岂能无此气派！

但“谈笑间”，并不只属于非常人物。你看《桃花扇》首出中说书的柳麻子，末出中唱曲的苏昆生，一个把那《论语》说得活灵活现：“暗红尘霎时雪亮，热春光一阵冰凉，清白人会算糊涂账。这笑骂风流跌宕，一声拍板温而厉，三下渔阳慨以慷”；一个把那大明的兴亡唱得荡气回肠：“俺曾见金陵玉殿莺啼晓，秦淮水榭花开早，谁知道容易冰消。眼看他起朱楼，眼看他宴宾客，眼看他楼塌了。”

圣君贤人，王朝兴替，都入了渔樵闲话。也算是谈笑间灰飞烟灭了。

读书，若是直不起腰板儿，以为其中句句是真理，一句抵一万句，生怕自己领会不来，是极苦的差事。读史，若诚惶诚恐，以为那里面句句是实，半分无假，多份儿也是呆子。这样的呆读，充其量只是个书袋子，引不起多少兴味。但若能从不疑处生出疑惑，从涂饰中看出真相，那就真是“清白人会算糊涂账”了。读书，读到不被瞒过，别有所得，就不算白费了灯油，也才会有一点“谈笑”的兴味，能不能“灰飞烟灭”并不重要。

为这本小书作序而说了一堆“谈笑间”，只是因为其中一半篇幅是我读书的小小感想。这些感想大多是从字缝儿里或与现实的观照中体味得来，虽不是什么经国之大业，却也可能带一点憬然若有所悟的趣味。

另一半内容，是一组对人生中一段经历的观照与回想。事情发生在“史无前例”那场“大革命”及其前后，所叙却不是什么烈烈轰轰的壮举。那场“大革命”或曰“大动乱”，若从多少无辜者在历时十年的悲惨遭遇来看，则是一场悲剧；但若从那十年无穷无尽的荒诞来看，又是不折不扣的喜剧与闹剧。

著名电影评论家钟惦棐先生曾讲到一段“干校”的经历：一位被送到“干校”劳动改造的“校友”，每到星期五，都要到校部向“牛政委”交代一篇编造出来的“罪行”，于是，到周末他便可与其他“革命群众”一道回城休假。钟先生起初不值其人，但在一次可以坦诚交谈的场合，这位“校友”倾诉了他不得已的苦衷：他的妻子瘫痪在床，无人照料。一周如果不回去帮她擦洗，浑身都会发臭。不得已，才出此下策，以假交代换取回城的机会。其实，那位“牛政委”也并非不知交代是假，但为了证明“革命政治”的合理与正确，他需要这样的交代——哪怕它是假的。一方迫于无奈，必须编造假话以欺骗；另一方明知是假，却需要这种欺骗。这是多么绝妙的喜剧题材。钟先生慨叹：有个莫里哀，该多好！可惜中国太缺少喜剧。

这组短文的所忆所思，大都是些可悲、可气、可笑、可叹之事。虽然都不是什么大事、要闻，但也不妨归入笑谈，从中可以看到，在那样的时代，那样的环境，那样的氛围中，一个伟大的民族，曾经怎样一本正经地做着那些今天看来已觉荒诞不经的事情。

是什么条件，使十几亿人如此癫狂？如果相同的条件再次出现，是否还会同样的癫狂？谈笑，也是为了思考——总要长点记性才好。

谈笑归于谈笑，书名却须另起，叫《神仙局》？还是《主子只有一个》？似乎都行。但想来想去，还是叫《衙门这碗饭》吧。

（作者为《瞭望》原副总编辑）

汉镜铭文体现的价值观

陈　来

铜镜在青铜时代属礼器，春秋战国时代为贵族所佩戴和享用。古代的铜镜，功能有限，如所谓“以铜为镜，可以正衣冠”，主要用途是照鉴察形。汉代的铜镜已经相当精巧，用途也更广泛。尤其是汉代铜镜背后的铭文，相当丰富，从一个侧面反映了汉代的文化，成为了解汉代文化的一个窗口。

铜镜的铭文本是制镜者表达对佩用铜镜者的祝福、庆祷、期盼，有的也反映了制镜者与佩用者的特殊关系，从中可见制镜者的内心愿望，使得铜镜的使用价值增加了意义。当然，随着经济的发展和制作铜镜的商业化，从前制镜者的特殊愿望就可能变为适用众多买者的套话式的吉语。但无论是制镜或买镜，送人或自用，铭文上的吉语无疑都反映了当时社会流行的价值观念。就是说，铭文表达的这些价值不仅仅是使用铜镜的社会阶层的价值，因为有很多价值是不同阶层的人所共享的。故应该说这些铭文更多反映的是社会的“一般价值”（common values）。所谓一般价值，是指这些铭文中表达的价值观主体，不一定是文化中最崇高的部分，也不是最低俗的部分，而是属于社会一般流行的、各阶层都接受的观念。这对了解一个时代的社会流行观念，具有相当的价值。

汉代铜镜的铭文，包含多种文化元素，表达为多样的形式。比如有的铭文就有东王公、西王母的神话记载，反映了这些神话在汉代生活中的影响。又如汉代铜镜铭文多七言形式，对研究七言诗的出现有价值，故受到一些学者的重视。相比较而言，我更重视的是铭文所表现的价值观对了解汉代社会价值观的意义。

汉镜铭文体现的价值观大体可分为几方面。

首先，向往世俗幸福的内容在汉镜铭文中十分突出。其中可分为三类：一是长寿，如“延寿万年”“延年益寿”“服者老寿”，这不仅反映了人们追求长寿的愿望，也应与汉代流行神仙观念有关；二是贵富，如“君宜高官，位至三公”“常富贵，乐未央”“大乐贵富毋极”，这些应当主要反映了当时官僚阶层对贵富的企盼；三是长乐，铭文中多见将长寿、贵富加以结合，而同时祝祷长乐，如“与天相寿、与地相长，富贵无极，长乐未央”“常富贵，乐未央”。以上三类，属于汉代人追求世俗幸福的价值观的体现，其中把快乐作为幸福的要素，是值得关注的。

在追求世俗幸福的铭文之外，有更多的铭文是把对世俗幸福的追求和家庭伦理结合在一起表达的，体现出家庭伦理观念是汉代人的深切关怀。如铭文中有大量表达“保二亲”“宜子孙”“宜兄弟”的语句：“利二亲，宜弟兄，寿万年，长相保，宜子孙”“长保二亲乐富昌”“长保父母利弟兄”“长保二亲及妻子”“夫妻相喜，日益亲善”“延年益寿，宜子宜孙”“长保二亲得天力，传之后世乐毋已”“天地和合子孙成，长保夫妇乐长生”。这表示，在汉代人心目中，对幸福的追求，不是仅仅追求个人的幸福，而是关切家庭幸福，关切父母、兄弟、妻子、子孙的幸福。值得特别提出的是相思镜铭文，如“长相思，毋相忘”“愿长相思，长毋相忘”，这一类情感相思铭文在汉镜中甚多，多属夫妇、男女之间真挚情感的表达，反映了当时社会男女离别之多，也是汉镜铭文给人印象最深的部分。

除以上两方面外，还有表达道德追求和家国情怀的铭文，体现了更崇高的价值观。如“可以取诚”“可以取信”“贤者戒己仁为右，怠忘毋以象君子”，这些都是个人立身的道德；“有君子之方，视父如帝，视母如王，爱其弟，敬其兄，忠信以为高”，这些是家庭和社会伦理观念；“居必忠必信，久而必亲；不信不忠，久而自穷”，是以德治家、以德治国的训言。这些都说明铜镜铭文也有道德警戒的功能，虽然这类铭文不多，但反映出儒家伦理道德观念对汉代社会的深入影响。更值得注意的是下面这则铭文："王氏作镜四夷服，多贺新家人民息，胡虏殄灭天下复，风雨时节五谷熟，百姓宽喜得佳德，长保二亲受大福，传告后世子孙力，千秋万年乐毋亟。"此外，有的铭文还期待"家给人足天下平""中国大宁"，这些铭文都充分表达了对四夷服、人民息、天下复、五谷熟、百姓宽，亦即对太平、繁荣、富足、和谐的世界的企盼。

清华校友王纲怀先生是著名收藏家，2011年曾向母校捐赠200面古代铜镜，近来又再次捐赠130余面铜镜，对母校的文物收藏贡献甚大。今其新作《清华镜文化研究》即将由清华大学出版社出版，纲怀先生要我写几句话，感其厚意，特将我个人读汉镜铭文的一点体会述之如上。

（作者为清华大学国学院教授）

依法治国与历史经验

丁国强

《依法治国是历史的经验总结》一书收录了中国社会科学院法学研究所研究员刘海年先生1978年至2012年间的法学文章。从如此大的时间跨度的法学思考中，我们深切感受到依法治国的艰难历程。法治发展从来都是历史的、具体的，是在人类历史中不断展开的，任何国家的法治都受到历史、文化和传统的影响和限制。将深厚的历史积淀转化为法治发展的动力，是法治中国建设面临的深层次问题。

历史塑造法治的形态

历史塑造着法治的形态，也决定着法治道路的多样性。在人类法治文明的演进过程中，中华法治文明是不可忽略的重要组成部分。置身中华文明的历史长河，中国法治的道路自信、制度自信不言而喻。习近平总书记在《关于〈中共中央关于全面推进依法治国若干重大问题的决定〉的说明》中指出："中国特色社会主义法治道路，是社会主义法治建设成就和经验的集中体现，是建设社会主义法治国家的唯一正确道路。"

法治是一个价值系统，也是一种实践性知识，法治经验经历一代代人的认同过程，既是价值的张扬，也是知识的拓展。法治经验不但可以帮助人们治理社会、处理纠纷，而且也强化了人们对法治的信赖和信仰。从某种意义上说，法治精神是一种历史精神，法治智慧是一种历史智慧。只有从历史中探求法治发展变化的源流，才能够厘清法治的内在逻辑。

法治经验既是本土的，也是开放的；既是凝结的，也是流动的。全面推进依法治国，建设法治中国，必须认真对待法治经验。法治的逻辑与历史的逻辑具有一致性。刘海年说：“只要我们认真考察历史就会发现，法治与社会经济发展也是密切相关的。实行法治或法治状况好，社会就稳定，经济就发展。否则，社会就紊乱，经济就停滞，甚至遭破坏。”

法治不是臆想的结果，而是历史发展的产物，也是经济社会发展的产物。研究法治问题，须臾离不开对法治的历史背景和社会背景的考察和关注。书中收录的刘海年《中国古代的城市演进与法制》一文，用大量史料论证出这样一个结论：中国历代统治者重视以法律治理国家、管理城市，从而给那些妄言中国古代没有城市法治的学者补了一堂历史课。中国的法文化传统不仅仅存在于典籍之中，更重要的是存在于丰富的民族生活中。法治是社会政治活动的集中表现，法治规律与历史规律、社会规律在很大程度上是交叉重合的。法治不是外在于历史和社会的，而是推动历史和社会发展的内生力量。只有把法治放在经济社会发展的历程中来分析和阐释，才能认识法治和把握法治的本质。

法治史也是观念史

观念是思想和社会行动的结合点。法治史也是观念史，推进法治的过程也是观念更新和演变的过程。中国特色社会主义法治观的形成与发展，伴随着党的历代领导集体对如何建立新政权、如何巩固政权、如何治理国家等重大问题的思考。

十一届三中全会前后，理论界、学术界开始反思破坏法治的历史教训。刘海年、陈春龙陆续在党报党刊发表文章呼吁加强社会主义民主和社会主义法制，真实地表达了恢复法制的迫切心情，读来心潮澎湃，让人充分感受到真理的力量。如“国家没有法律不行”“不能以长官意志取代国家法律”“群众运动也要遵守社会主义法制”“谁要是认为履行必要的法律程序‘麻烦’，我们倒认为这样的

‘麻烦’很好”等。这些观点发表于1978年底至1979年初，是突破思想禁区的大胆探索。

有学者指出：“十一届三中全会以来，我国法学界在所进行的一系列重大法学理论研讨中，还没有一个议题像‘法治’这个课题分量那么重，这是治国方略与目标问题，非同小可；研讨持续时间那么长，新时期以来一直在进行，还将进行下去；参与面那么广，不仅法学界、法律界，其他公民包括党和国家最高领导人和基层社会成员也都参与了。”在这一讨论中，“公民在法律面前一律平等”“罪犯也是公民”等常识性质的观念，在争论和辨析中逐渐被学界和社会所认同和接受。刘海年、陈春龙在1979年7月25日《长江日报》发表《公民在法律面前一律平等》一文，文章花了很大功夫论证“公民在法律面前一律平等”不是“资产阶级的东西”。今天看来，这种论证似乎有些浅显，但是，在当时的思想条件下却具有不可低估的突破意义。

法治传统是把双刃剑

中国的法治传统、法治经验和法治模式是在中国社会历史条件下长期孕育、演进形成的，既是对社会生活的适应，也是价值选择的结果。古代中国长期处于宗法专制主义的思想控制之下，虽然有“以法治国”“垂法而治”“缘法而治”“法不阿贵”的主张，但与现代法治要求相去甚远。

刘海年1978年前后发表的系列文章就对封建专制思想给法治带来的负面影响进行了深刻反思：“我国历史上是一个封建专制主义统治了两千多年而没有民主传统的国家，虽然在新民主主义革命过程中和新中国成立以来，毛泽东同志为首的党中央为争取和保卫人民民主权利进行了坚持不懈的斗争，并取得了很大成绩，然而事实证明，旧传统的影响是根深蒂固的。”

历史既是过去一切的总和，也是人们对以往发生事情的反思、反省、选择和批判的结果。邓小平在反思中国法制传统时说：“旧中国留给我们的，封建专制传统比较多，民主法制传统比较少。新中国成立以后，我们也没有自觉地、系统地建立保障人民民主权利的各项制度，法制不完备，也很不受重视。”

传统是把双刃剑，对于法治尤为如此。法治共识是治理经验的积累，也是对治理教训进行反思的结果。习近平总书记指出："人类社会发展的事实证明：依法治理是最可靠、最稳定的治理。"任何规则和制度都需要经过时间的冲洗和检验，经历从不完善到完善的过程，从而更加适合人的本性和现实需要。理解法治首先要理清历史脉络、发现历史逻辑。

新中国成立以来，法治建设的推进与我们党和国家对执政经验教训的总结紧密关联。我们实现了从"法治只能作为办事的参考"到依法执政是中国共产党执政方式的历史性变革。针对以前错误理解列宁关于"无产阶级专政是不受任何法律约束的政权"，无视法律，"和尚打伞，无发（法）无天"，人治与法治大讨论促进了"要法治，不要人治"的共识的形成，在新中国法治史上具有举足轻重的意义。

法治中国建设的重要任务就是建立推进国家治理体系和治理能力现代化的法治架构，将法治理念、法治原则、法治精神渗透到国家和社会生活的方方面面，全面实现国家治理的法治化。这不仅需要自上而下的强力推动，也需要社会观念、公民素质和权力自律能力的整体提升。从历史之维理解法治，关键还在于从对历史流变的考察中找到解决现实问题的钥匙。

（作者系西南政法大学特聘教授）

“沦陷区研究的问题是刻不容缓的了”
——读《日本帝国主义在中国沦陷区》

张冠生

中国抗战进入相持阶段时，延安成立过一个“时事问题研究会”，主要研究四个问题：日本问题、沦陷区问题、国际问题、抗战中的中国问题。配合研究工作的进度，该会还着手编辑“时事问题丛书”。

该丛书的第一集是《战争中的日本帝国主义》，由解放社于1939年7月出版。当年10月1日，毛泽东为第二集《日本帝国主义在中国沦陷区》的出版写了序言，序言题为“研究沦陷区”，文中称这个书系“仅仅是材料书”。他把书名简称为“日本在沦陷区”，并以简称题写了书名。

该书开篇一则材料就让人触目惊心：“二十年前，日本寺内正毅内阁的藏相胜田，在他所著的《西原借款真相》一书中，即已提出……日本国民经济的基础，不能不专求诸东亚，而东亚之中，尤以求诸面积广大、物资丰富之中国更为必要……掌握中国经济之支配权，从帝国独立上观之，亦最为紧要。”

二十年后，到毛泽东为该书写序时，中国已有大片国土沦陷于日寇铁蹄。对当时的中国，日本的侵略方式已经从正面军事进攻、大规模战略进攻转到政治进攻与经济进攻。其中，经济进攻中竟然已有“重要产业统制法”“满洲经济建设纲要”以及所谓的“五年计划”，等等。这类混账玩意儿背后，自然是对沦陷区自然资源和劳动力的疯狂榨取，以图扩充侵略后劲，彻底侵占整个中国。

因此，毛泽东这篇序言第一句就是：“中国沦陷区问题，是日本帝国主义的生死问题。”它要确保沦陷区进而灭亡全中国，我们则要确保未失地并收复沦陷区。在此情况下，毛泽东提示道：“沦陷区研究的问题是刻不容缓的了。”一方面，要研究我们如何支持游击战争，为收复失地做准备，另一方面，要研究日寇在沦陷区都干了点什么，还将怎么干。对后一个问题，“抗战干部中没有研究或没有系统研究的，乃是十人而九”。

敌方在沦陷区的勾当，毛泽东在1938年演讲《论持久战》已有如下描述：“大体上，敌人是将东三省的老办法移植于内地。在物质上，掠夺普通人民的衣食，使广大人民啼饥号寒；掠夺生产工具，使中国民族工业归于毁灭和奴役化。在精神上，摧残中国人民的民族意识。”这样的描述，在《日本帝国主义在中国沦陷区》一书中得到了事实和数据的大量证明。

还有一个绝对不能漏掉的话题，是日本帝国主义对中国人民在肉体上灭绝人性的凌辱、令人发指的摧残和丧心病狂的屠杀。

2009年春，在云南腾冲的国殇墓园，面对日寇暴行图片，又一次经历灵魂深处的极度痛楚。此前，在北京卢沟桥，在南京大屠杀纪念碑，在记不清名字的多种书中，在永不会忘记名字的电影《黑太阳731》里，见证过日寇无数的滔天罪恶。但是，在国殇墓园，第一次见到日本兵用刀把我同胞从上到下正面竖直劈开的照片，还是悲愤到内心岩浆要喷发的程度。

（作者为民盟中央委员）

当事人的回忆录就要这样写

沈志华　李丹慧

当事人的回忆录无疑是历史研究必不可少的主要史料来源之一。齐世荣先生曾在《谈回忆录类私人文件的史料价值》一文中专门讨论个人回忆录（含自传、自述、自订年谱等）的直接史料价值及其缺陷和局限性，分析得非常到位。个人回忆录所提供的史料价值大小，在很大程度上取决于当事人写作时是否能够尽量克服由记忆误差、个人情感、现实感受、政治倾向所带来的种种缺陷和局限。在这方面，人民出版社推出的《阎明复回忆录》是近年来少有的优秀作品。

这部回忆录令人感兴趣的细节比比皆是

洋洋90万字的《阎明复回忆录》，读起来轻松愉快，收获颇多。我们作为专门研究中苏关系的历史学者，特别关注该回忆录究竟提供了哪些过去未曾披露或语焉不详的史料。通读下来发现，阎老这部回忆录的价值的确不菲，其中令人感兴趣的细节比比皆是。

回忆录记载，1948年冬天，苏联在哈尔滨帮助东北民主政府建立了一个亚麻厂，派来13名专家。同时，为了帮助中共建立空军，苏联派来两个航空师，以培养和训练中国的飞行员。

战后斯大林关注东北问题，并在撤军前后极力支持中共占据东北，但为避免引起外交纠纷，苏联多是通过贸易方式或转手朝鲜向中共提供各种援助。这种看法在学界大体取得共识，不过，阎老提及的事情却未曾听闻。援建工厂和派遣两个航空师，苏联采取如此大的动作，若作者记忆不错，那么对于我们所作斯大林在1948年底开始根本转变对华政策的结论，又增加了两个典型案例。

回忆录记载：1957年11月莫斯科会议期间，苏方对中国代表团特别是毛泽东本人的礼遇在苏联历史上是空前的。毛主席每次从住的那个沙皇的寝宫到乔治大厅开会，赫鲁晓夫都到寝宫门口去迎接，然后他总是让主席走在前面。每次开会时，毛主席和赫鲁晓夫大约提前一分钟，差不多同时进入会场。当毛主席在会议大厅一出现，全体都起立鼓掌。会议开始前，毛主席第一个就座，其他人随其后就座，会议结束时，毛主席第一个起座，其他人跟着起立，所有领导人都站在原地，等毛主席和赫鲁晓夫先从大厅走出去。

这些细节进一步反映出这样一个事实，即到1957年底，中共与苏共在社会主义阵营的地位已经是平起平坐，而毛泽东本人的威望和影响已经超过了赫鲁晓夫。

回忆录记载，1958年5月中共召开八大二次会议，正式通过了“鼓足干劲，力争上游，多快好省地建设社会主义”的总路线。中央很重视关于这次会议文件的对外宣传工作，委托对外联络部部长王稼祥过问此事。王稼祥指定由中办翻译组和新华社对外部的郑葵等人，一起把党的八大二次会议文件译成俄文，由姜椿芳和我（阎明复）定稿。5月23日，王稼祥打电话，要翻译组和郑葵到他办公室，他还把正在参加会议的师哲也请了来，共同研究会议文件俄文译文中的疑难问题。在谈到关于“КультЛичности”一词如何翻译的问题时，师哲说，1956年苏共二十大后，他请示过刘少奇，刘少奇说，“КультЛичности”是贬义词，应该翻译成“个人迷信”。后来又请示毛主席，毛主席说，只能译成“个人崇拜”，不能译成“个人迷信”。但也有一些翻译仍把这个词译成“个人迷信”，这样，就形成了“个人崇拜”与“个人迷信”两种译法并存的局面。师哲还提醒我们，两个月前，毛主席在成都会议上说，个人崇拜有两种：一种是正确的。我们不是崇拜马克思、恩格斯、列宁吗？对斯大林正确的东西还要崇拜。对于他们，我们必须崇拜，永远崇拜，不崇拜不得了。另一种是不正确的，不加分析，盲目服从，这就不对了。因此，你们在翻译正式文件时，必须译成“个人崇拜”。

阎老曾作为翻译人员三赴莫斯科，参加了1960年9月的中苏两党会谈、10月的26国共产党和工人党文件起草委员会会议、11月的81国共产党和工人党代表会议。在这部回忆录中，作者根据中国的档案材料，详细披露了1960年9月中苏两党会谈的过程及内容。

这些材料，中国外交部档案馆尚未解密，中国当时领导人的年谱、传记等文献中引述不详，在我们所搜集到的俄国解密档案文献中也告阙如；只有一份来自德意志民主共和国统一社会党档案馆的材料，简要记录了9月17日、19日和20日三次会谈的内容。可以说，这部回忆录是对中苏两党此次会谈情况的首次完整披露，具有重要的参考价值。

作为历史见证人的回忆，这部回忆录至少有三个特点

第一，以交代历史事件的来龙去脉、叙述历史事件的发展过程为主，很少作评论。这样做，就抓住了回忆录最本质的功能。读者，尤其是作为研究者的读者，最想知道的就是当事人所经历的事情及其当时的感受，而作者事后（写作时）对这些事件的评论往往是多余的、不必要的。

第二，以本人直接参与和经历的事件为主，较少讲述自己未曾在场的事件或做冗长的背景描述。即使为了说明情况而少量引用相关人员的回忆，也都明确指出自己不在场或听说的。这样就给读者留下了一种强烈的现场感，读来可信。

第三，作者是许多重大事件的参与者或旁观者，而对于这些事件的回忆，作者大多参阅了相关的档案文献（其中有些就是他本人记录或起草的），从而避免了由于个人记忆误差而造成的舛误。这一点尤为重要，凡有条件这样做的当事人写回忆录或自传，均应如此。

当事人通过其个人感受对当时的场地、语境和景况的描述，可以使呆板的档案文献所描述的历史场面鲜活起来

在中苏关系的历史研究中，这种私人文件式的回忆史料显得尤为重要。其主要原因在于档案文献不足。因此，口述或回忆史料的功能首先是可以弥补档案文献之缺乏，同时，与档案文献相比，当事人通过其个人感受对当时的场地、语境和景况的描述，一方面可以帮助研究者对档案文献进行解读，另一方面也可以使呆板的档案文献所描述的历史场面鲜活起来。在研究中，经学者的考辨，把档案文献与口述史料结合起来，就会使二者相互印证，相映生辉。

读过《阎明复回忆录》，我们感到，当事人的回忆录就要这样写，出版社也应该多出版这样的回忆录。当然，在研究中如何使用这些史料，如何参照档案文献和其他史料进行考证、对比，那是史学工作者的责任。何兆武先生讲过，“回忆录不是学术著作，也不可以以学术著作视之”“学术著作要有严格的客观根据，绝不能只根据作者个人的主观印象。而个人的回忆录恰恰相反，它所依据的全然是个人主观印象和感受，否则就不成其为个人的回忆录了”。我们对此颇有认同，因为了解到个人回忆录的这一特征，不仅不会妨碍学者使用回忆录，反而有助于学者正确地使用回忆录。

（作者分别为华东师范大学国际冷战史研究中心主任、研究员）

中国抗战“维护了亚洲的集体安全”

——读英美两位学者研究中国抗战的新著

刘本森

近年来，随着对中国抗日战争史研究的推进，西方学者越来越深刻地认识到中国抗战对世界反法西斯战争的贡献。正如英国牛津大学的历史学者米德教授在其新著《中国的抗日战争：为生存而战（1937—1945）》一书中所说：“中国是第一个对抗轴心国的国家，她在1937年就开始了，比英国和法国早两年，比美国早四年……中国是整个反法西斯同盟战略中的重要组成部分”。不仅如此，有些学者还从更深刻层面认识到中国抗战的国际意义。美国学者弗兰克便是其中的代表。他在《帝国在华南的冲突：同盟国代理人与日本的战争（1935—1941）》一书中，充分肯定中国抗战的国际价值，并把中国抗战置于全球战略下，肯定其“维护了亚洲的集体安全”。

创造一个同盟国在亚洲对抗轴心国的环境

在整个世界反法西斯战争中，中国的抗战开始最早。弗兰克认为：在中国和日本长达数年的紧张和冲突中，直到1937年夏，中国大多数抗击日本的行动都是零星的，并且收效甚微。1937年卢沟桥事变后，中日战争全面爆发。起初，很多国际观察家认为：日本军力强大，战争将会很快结束。日本人也这样想。然而，出乎所有人意料的是，这成了一场旷日持久的全面战争。作者认为：“长达三个月的淞沪会战，虽然以中国的失败而告终，但是淞沪会战向世界表明：尽管中国仍存在很多政治和经济问题，但中国人民有能力继续战斗和抵抗侵略，中国是东亚最强大的国家。”

在随后数年直至战争结束前，中国人民为抵抗日本法西斯付出了沉重的代价。随着淞沪会战中中国军队的精锐被日军摧毁，以及中国海军、空军等军事力量的不足，中国虽然仍保留着数量庞大的陆军，但是军队战斗力低下，加之装备不足，不能有效地组织积极而持续的抗战，只能在大多数战役中采取防御姿态。中国独力苦撑，困难重重。不过，这一时期直至1938年春，中国抗战得到了德国的支援。德国向中国派驻军事顾问团，为中国提供军火和援助，帮助中国划分了有效的战区。德国军事顾问还参与指挥了淞沪会战。随着德日同盟建立，德国的支援撤离。

在弗兰克看来，如果战争没有在世界其他地区爆发，中国的抗战仍会是一个区域性问题。但是随着世界秩序的瓦解，中日战争成为一场影响越来越大的地缘政治较量。苏美英等国家意识到，中国抗战的持续是限制日本侵占别处的有效途径，能保障列强在中国的集体利益，同时也能创造一个同盟国在亚洲对抗轴心国的环境。正因如此，列强对中国进行积极援助，因为让日军陷在中国战场是列强的共同目标。所以，在德国支援撤离之后，苏联很快接过了接力棒：鉴于日本在本土和满洲国囤积重兵，希望向南或向北扩张势力或占据更多地区，苏联担心日本入侵西伯利亚，对苏联东部造成威胁。为了维护其在亚洲的安全，苏联开始源源不断地对中国进行军事援助，直至战争结束。大批苏联顾问和飞行员到达中国，很大程度上增强了中国的战斗力和空军力量。不仅苏联有维护其亚洲利益的想法，英美两国也是如此。为限制日本过早侵入东南亚和太平洋地区，英美两国对中国战场提供了巨大的支援。弗兰克指出：“所有的外国军事援助，都是希望将日本继续困在中国战场。”中国的抗战，担负着牵制日军兵力、维护世界各国在亚洲的利益的重任。

西方人眼中的“代理人战争”

随着战争的推进，中国华北大部被日军占领，中日战争的战场集中在长江流域以南。弗兰克指出，中国在华南的抗战成功地抵御了日军的快速扩张，这与列强在华南的国际利益以及华南的国际影响密切相关。列强在华南抗战中的参与，比在其他地方要大得多。

显然，西方国家对中国抗战的参与和支持，是为了将日本困在中国战场，让中国军队替他们阻挡日军的侵略。因此，作者弗兰克将1941年太平洋战场开辟之前中国在南方对日本的抵抗称作“代理人战争”。代理人战争，意即中国在抗战中扮演的是同盟国代理人的角色，帮助同盟国在南方拖住日军，使其无暇北侵苏联和南下到达英属东南亚和印度。作为“代理人”的中国，得到了同盟国（尤其是苏联和英国）的大力支持。

抗战进入相持阶段之后，中日双方争夺的焦点是铁路交通线。因此，弗兰克称，“在中国的战争是一场控制交通线的战争”。1939年9月起，日军组织发起长沙会战。当时，湖南到广东的粤汉铁路是中国军队控制下的唯一一条重要的对外交通要道。“很多抵达中国的重要军事物资，通过这条铁路线运往在湖南的第九战区。这条铁路向西南延伸至广西，与滇缅公路连接”。这条铁路最重要的意义在于，“它将湖南和香港连接在一起”。

香港是长沙会战中国军第九战区接受外援的关键据点，因为它有通往长沙的铁路。在这个意义上，“香港是战争的一个基础组成部分，从整体上看，香港和中国南方必须放在一起看，是一个重要军事区域。从另一个角度看，香港是战时中国的一个重要城市，它并不是英帝国的一个安静的前哨基地”。所以，作者强调，不能把战时的香港孤立地看成是英国的殖民地，而应该把它和中国南方看成一个统一的战区，因为它是该战区的后勤基地。在这一过程中，香港是支持中国持续抵抗日本的关键因素。当苏联在西方面临军事挫败时，这一情况显得更为重要。随着军事援助源源不断地运往中国，香港作为国际冲突在亚洲连接点的地位越来越稳固。

整体视野下的亚洲集体安全

因为香港的重要性，英国更深地卷入到战争中。中日战争逐步升级为国际冲突的一个重要原因在于，日本无力阻止从南方涌入中国的军事支援。因为英国从香港支援中国的政策，英日矛盾迅速激化。日本希望打破中国南方的同盟，削弱中国军队的后勤补给。因此，日军开展军事行动，袭击或占领了诸如广西和云南境内的中国交通线。但是因为香港仍在英国手里，英国驻港海军部队挫败了日本的行动。这也使香港英军进入了日本军方的视野。随后，香港出现了一次规模不大的冲突，战争延续到中国南方，香港成为一个危险的火药桶，成为点燃英日战争的威胁。

从1937到1941年，中国南方成为一个战事升级、促使太平洋战争爆发的区域。这是因为列强发现冲突可以强有力地影响日本的政策。当时，中国可以从英属缅甸的仰光、法属越南的海防市以及英国殖民地香港得到后勤保障。美国援助的军需品从这里进口到中国，提供给美国和苏联的关键战略物资也大多从这里出口。正因如此，日本与西方的关系迅速恶化。1941年底，日本同时攻击了美国和英国的军事基地，就此开启了太平洋战争。

随着战争的扩大，全球性的冲突达到了空前规模，最终形成了反法西斯联盟。从这时起，中国的抗战变成盟军宏大战略规划中的重要部分。弗兰克称："从历史上看，中国还从未得到足够的关注，作为一个国际性舞台，中国在更大的冲突中贡献力量""而这一次，中国将与诸强联手，并将在亚洲发挥主导作用，发挥中国抗战的全球价值"。

（作者单位为山东师范大学历史与社会发展学院）

亚洲智者留下的政治遗言
——《李光耀观天下》中的大智慧

袁　明

2011年，我读到了李光耀的一本书：*LeeKuanYew——Hard Truthsto Keep Singapore Going*，英文版，400多页。2014年，我读到了《李光耀观天下》繁体字版，两本书都是由新加坡海峡时报出版社出版。2015年，北京大学出版社出版了《李光耀观天下》的简体字版，值得庆贺。我不知道，这三本书加在一起，将来会有多少读者，几百万？上千万？新加坡海峡时报出版社和北京大学出版社做出了杰出的贡献，他们传播了一位了不起的当代政治家的真知灼见。

我在想，人，和智慧在一起，是多么美好和美妙的事情。

不久前，新加坡总统陈庆炎博士应习近平主席的邀请来中国访问。我在电视新闻中看到这位新加坡友人，想起第一次见到他时的情景。那是1999年初在瑞士达沃斯的“世界经济论坛”上。我和陈庆炎博士一起参加一场关于亚太地区形势的专题讨论会，听众大多是欧美人士，我们的发言互相呼应补充。讨论结束后我好奇地问他，为什么他做了教育部长、大学校长，后来又做国防部长？他说，这些职务都一样重要。我问，这是否反映了李光耀先生的治国理念呢？他笑了。

新加坡以智慧治国。这种智慧合乎常理，但是又超出常人。我又想起十几年前和中国国务院副总理钱其琛先生的谈话，钱副总理当时兼任着北大国际关系学院院长。我告诉他，人们在筹划一个东亚的国际研究思想库网络。钱副总理说，

“东亚的国际研究思想库？国际战略思想？新加坡应该有一点”。我体会钱副总理提到新加坡，其实就是指李光耀先生的一些大考虑，应该受到重视。

李光耀先生的确有着不同凡响的大视野。他做到了以民为本，又靠精英布局。对他的外交方面，我有着特别的体会。20世纪90年代中期，我在华盛顿做研究工作，当时美国人圈子里传出话来：“陈庆珠要来美国当大使了，华盛顿的外交圈会遭到颠覆，这可是李光耀的决定！”陈庆珠女士是一位学者出身的外交家。后来事实证明，美国人的说法虽然夸张，但是陈庆珠大使也确实不负使命。她在新加坡驻华盛顿大使任上做了16年。2006年秋天美国中期选举结束，民主党大胜。当时我正好在华盛顿访问，而且很巧，大选结果出来的时候我正好去陈庆珠大使官邸用晚餐。记得马凯硕大使（新加坡前驻联合国大使、现任新加坡李光耀政府管理学院院长）也在座。我们三个人晚餐后驱车在华盛顿西北区行驶，看到每一个外国使馆都是一片灯火通明，每一个使馆都在给国内写报告。我不由得感叹说：“能这么折腾世界的，也就是美国！”陈庆珠与马凯硕这两位新加坡资深外交官都深以为然，我记得马凯硕大使又补充了一句：“这也是对各国外交质量的考验。新加坡是小国，更得讲究质量。我们靠质量取胜。”

那么质量从何而来呢？《李光耀观天下》告诉我们，全局性的判断与把握十分重要，准确判断世界大势、准确定位自己，而且，要给自己扩展出足够的活动空间。《李光耀观天下》是这位亚洲的智者留下的政治遗言。

《李光耀观天下》开篇就说中国和中国的快速发展。后面的章节，虽然论及美国、欧洲、日本、印度、东南亚和中东，但是几乎每一章都有内容涉及与中国的关系。这个大判断和定位，有眼光，见格局，也费了心思。

这种对质量的追求还有一个特点，就是在关键之处不绕圈子，把话说透。陈庆珠大使离任前夕，美国一家偏保守的媒体采访她，谈及美国的亚洲政策，她很直率地说：“我想如果美国重返亚洲遏制中国，那是行不通的。亚洲国家不会在这方面达成统一。我们不想再经历一次冷战。”这个信号，十分清楚。《李光耀观天下》一书里，这样的警句也很多。

自处以及处理与他人的关系，是需要智慧的。世界需要大聪明，智慧常用常新。

（作者为北京大学国际关系学院副院长，国际关系研究所所长、教授）

五年规划是国家治理的重要手段
——关于《“十三五”大战略》

胡鞍钢

2015年，既是“十二五”规划的收官之年，又是“十三五”规划的编制之年。《“十三五”大战略》一书的主要任务就是前瞻研究、科学谋划“十三五”时期我国经济社会发展，较全面系统地分析当前及今后一个时期我国经济社会发展新阶段性特征，特别是中国经济发展“新常态”特征；根据党中央提出的“四个全面”战略布局，根据党的十八大报告科学确定2020年发展目标，研究我国发展战略机遇期，分析和应对国际国内各种挑战与风险，把握“十三五”规划的主题和主线，确保全面建成小康社会的实现。在此基础上，本研究前瞻性地展望2030年中国发展的大趋势、大变迁。

五年规划是中国经济社会发展的独特经验，并已成为中国发展的制度优势。随着经济社会的转型，中国的五年规划基本定位是为宏观经济活动提供框架性指导，为政府履行公共服务职责提供依据。五年规划已经成为中国国家治理的重要手段，也是评价国家治理绩效的重要依据。

在社会主义市场经济背景下，五年规划性质和内容早已不同于传统社会主义计划经济体制时代的“五年计划”。国家“十一五”规划纲要首次明确提出五年规划的性质和作用：主要阐明国家战略意图，明确政府工作重点，引导市场主体行为，是未来五年我国经济社会发展的宏伟蓝图，是全国各族人民共同的行动纲领，是政府履行经济调节、市场监管、社会管理和社会公共服务职责的重要依据。

五年规划的最重要作用，就是按照党中央的战略布局，确立“五位一体”的社会主义现代化建设总体布局，健全涵盖关键领域、突出重点、相互衔接、导向明确的宏观调控指标体系，特别是区分并制定预期性指标和约束性指标。前者是为市场主体提供国家期望的发展目标，主要依靠市场主体的自主行为来实现；后者是中央政府及其有关部门和地方政府提出的工作要求，具有法律效力，政府要通过合理配置公共资源和有效运用行政力量确保其实现。

五年规划是国家宏观调控的重要手段，旨在增强其前瞻性、针对性、协同性。党的十八届三中全会通过的《中共中央关于全面深化改革若干重大问题的决定》明确提出：一是以国家发展战略和规划为导向；二是以财政政策和货币政策为主要手段。由两者构成宏观调控体系，前者通常是针对五年发展目标、主要任务和政策措施，在人民生活水平、生产力发展、经济实力、综合国力等方面再上一个新台阶；后者是针对当年宏观经济调控目标、完善宏观政策和工具组合，综合运用各种调控手段，保持宏观经济稳定。

总体上看，五年规划具有三个特性：一是宏观性，即规划布局国家发展的整体是什么；二是战略性，即所规划的发展时期具有短期、中期和长期；三是政策性，即规划内容具有针对性，对于主要依靠市场调节的领域，政府要创造良好的发展环境，使市场主体的行为发展方向尽可能与国家期望的方向一致。五年规划是一个虚实结合的规划，通过充分把握中国不同发展阶段的重大关系、重要矛盾与主次矛盾，从政策制定者和执行者的角度战略性地提出适合中国国情和新时期、新发展、新阶段的目标。

五年规划逐渐从单一的经济计划转向全面的发展规划，从微观领域转向宏观领域，从经济指标为主转向公共服务指标为主，从少数人决策到集体决策，反映了政府职能的重心从经济领域逐步转向公共服务领域，政府的有形之手在微观经济领域被削弱的同时，在公共服务领域得到加强。五年规划是中国特色社会主义现代化建设的重要手段，而新时期的发展规划更是政府提供公共服务，加强公共治理的重要手段。

总之，实行五年规划，使我们找到了“过河”的“桥”和“船”，也找到了正确处理好政府与市场关系的方法和途径，既能够使市场在资源配置中起决定性作用，又能够使政府发挥更好的作用。政府与市场是中国经济的“两只手”，“两只手都要硬”，是硬而不僵，更加尊重市场作用，更加发挥政府作用；“两只手都要活”，是活而不乱，充分发挥“两只手”各自的优势，有相互结合、相互补充、相互促进的作用，同时避免或减少各自的劣势，也有相互制衡、相互对冲、相互抵消的作用。

本书汇集了关于“十三五”时期及2030年远景研究的重要成果，根据国内外形势及中国经济社会发展特点，结合发展社会主义市场经济和现代化建设的要求，全面分析国家经济社会发展的各个领域。

（作者为清华大学国情研究院院长、教授）

书出得好，反对的声音自然就压下去了

钟叔河

1979年我到了出版社，1984年到岳麓书社当了四年总编辑，所做的事值得回忆一下的，其中之一便是力争将新编《曾国藩全集》列入国家出版规划，并组织实施。

新编《曾国藩全集》如何被列入规划

新中国成立前，我看过曾国藩的家书，也看过他的文章。我并不认为曾国藩能够解决今日中国的问题，因为他属于过去了的时代。但他是旧文化的最后一个集大成者，他的个人能力是出色的，在决策方面、组织协调方面，以及学术文化方面，他都是第一流的人才。他做实际工作时间不长，却做出了这么大的成绩，是很了不起的一个人物。研究人才学，他是一个标本。另外，他在培养教育人、发现人才方面有独到之处。他的文笔也好，可读。

曾国藩不单纯是一个军事政治人物，他还是一个学者，有很高的文化。他深入研究了中国的传统文化，而且做了大量的编辑整理工作。中国的旧体制在当时走到了穷途末路，面对“三千年未有之变局”，要么赶快实现现代化，跟上世界潮流，要么就是被世界潮流抛弃。在这个关键的时候，曾国藩作为传统文化的总代表，是值得深入研究的。把曾国藩的书列为禁书，是没有一点道理的。就是要批判曾国藩，也得研究他的书，研究他的全部著作。而且，越是研究曾国藩，就越是可以发觉，连曾国藩这样有作为、有能力的人物，都无法挽救旧体制的崩溃，那只能说，这个旧体制的确到了不能不崩溃的时候，这能够更深刻地说明旧中国必须改变。

1983年，李一氓因为《走向世界丛书》的缘故，让我去北京开会（国家古籍出版规划会议）。在京西宾馆的会上，我做了发言。《走向世界丛书》这时无须讲了，我就讲曾国藩的全集必须要新编出版。国家规划原来只允许影印刻本《曾文正公全集》，我说那不行，原来删掉和漏掉了大量的书信和批牍，还有不少其他集外文，都必须收集编印，将曾国藩的所有资料编成一部“大全集”。我跑到北京图书馆去，把旧的刻本和新发现的材料同时搬到会场上，一篇一篇、一条一条指出旧版本为什么不完善，不能简单地影印。就这样，新编《曾国藩全集》才列入了规划。

出版《曾国藩全集》承受了怎样的压力

1984年，我被动员到岳麓书社当了总编辑。此时，书社已经将《曾国藩全集》列入了选题，我决定由邓云生（即唐浩明）来当责任编辑。邓学过工程，我觉得这正好是他的一个优点，因为学工的人经过科学技术训练，工作方法比较周密。我对他说，你搞《曾国藩全集》正好，学过工科是你的优势，何况你后来还是文科研究生呢。

为了出《曾国藩全集》，书社和我承受了很大压力。唐浩明后来因为写小说《曾国藩》出名了，但当时还没有出名。我却已经搞了《走向世界丛书》，在全国有了一点影响。书社的总编辑又是我，所以这个压力主要由我来承受。

《曾国藩全集》付印的头一本《家书》出版后，《湖南日报》发了一篇大文章《如此家书有何益》，反对出这个书。还有人向省委告状。我对社里同志们说，沉住气，我们不必和个人去争论，这种争论一开展起来，就会没完没了。只要快出书，出好书，在国际上，至少在全国范围内造成了正面的影响，只要大家觉得这个书出得好，反对的声音自然就压下去了。

为什么说中国有力量追求进步

很快，报纸发表了评论，把湖南新编《曾国藩全集》比成“爆炸了一颗文化上的原子弹”，都说出版曾国藩的书是大好事。省里面的人和负责审读的人就不多说多管了。

有人后来说：“策划新编曾国藩的书没什么值得提的，《曾文正公全集》光绪年间就刻印了，民国时期到处印，列入规划算什么呀！”现在来看，印曾国藩的书当然不算什么，但上世纪80年代初的情况又是怎样的呢，讨论出版规划的会，说这话的人也没有去呀！我也并不认为提议、策划出一部书有什么“值得提的”。做这件事情，开始是出于我的本心，后来是我当总编辑的责任；选派适当的人当责编，也是我分内应该做的。如果这部书还有缺点，作为总编辑，首先也是我的责任。

我从来不认为别人发表文章批评反对是什么了不起的事情。今天还有人不赞成出曾国藩的书，也没有关系。提倡自由，不能只意味着我要自由，别人也要自由，也有他说话的自由。我认为，评价曾国藩是一回事，提供完整的资料又是一回事。我一般不去读评论曾国藩的文章，更不去参加争论，那样反而会妨碍书的编辑出版。我总是站在提供资料的立场，这样就立于不败之地了。我只说，要肯定他，要批评他，都得看他的书；不看他的书，讲的很多话就没有常识。这样立论最站得住脚。

我认为，在出版方面，如果觉得这个人“倾向好”，他的东西就发表，就尽量多出他的书；那个人的“倾向不好”，就不准出他的书，有价值的东西也不出，这本身便是一种反文化的态度。

一种文化，绝不能靠排斥其他文化而得到真正的发展。有没有容纳外来成分的气魄，能不能吸收和消化新的分子而又不机械搬运、盲目崇洋，正是衡量一种文化有没有生命力的一个标志。但中国有力量追求进步，现在认知世界的科技手段日新，世界都在一张网上。中国将从这个变化中受益，在文明进步上更加快速地发展。为了这个远大的目标，个人承担点风险，付出点代价，我以为是值得的。

（作者为原岳麓书社总编辑。本文为《大托铺的笑话》一书的附记《我编书，我写书》的部分内容，标题为编者所加）

鲁迅的第一“粉丝”

游宇明

任何时代，拥有挚爱自己的读者（今日称之为“粉丝”）都是一个作家的幸运。鲁迅一生创作了大批杰出的小说、散文、杂文、诗歌，读者多如山里的树叶、岸边的碎石。其中，有一位读者为鲁迅作品的传播作出的贡献可谓举世无双，他就是著名教育家、传记文学作家许寿裳。

许寿裳与鲁迅同是绍兴人，清光绪二十八年（1902年）官费赴日留学。在弘文学院补习日文时，与鲁迅相识。许寿裳对鲁迅的宣传不遗余力。鲁迅逝世不久，许寿裳即开始征集、保护故友的文稿与其他遗物，积极筹备出版《鲁迅全集》；同时组建“鲁迅先生纪念委员会”，开展对鲁迅的纪念、宣传活动。他主持台湾省编译馆时，虽然事务繁忙，但是依然挤时间写出了《亡友鲁迅印象记》《鲁迅的人格与思想》等回忆文字。除了写文章，许寿裳还通过其他一些活动向台湾民众“推销”鲁迅。在他的协助下，1946年11月出版的《台湾文化》第1卷第2期，推出了“鲁迅逝世十周年特辑”，该特辑除了刊登许寿裳的《鲁迅的精神》外，还发表了高歌翻译的《斯莱特莱记鲁迅》、田汉的《漫忆鲁迅先生》等文章，以及鲁迅手迹、遗影。除此，许寿裳又利用自己的学者身份，在省立师范学院（今台湾师范大学）、外勤记者进修会等地，作有关鲁迅的学术讲座。

许寿裳与鲁迅的私交非同一般。在东京时，许寿裳不喜欢留辫子，鲁迅也剪掉自己的辫子相应和。许寿裳主编《浙江潮》，鲁迅为之写《斯巴达之魂》《哀尘》《中国地址略论》等文章。1927年1月，鲁迅到中山大学任教，马上劝说校方聘请许寿裳为教授。许寿裳也处处关照鲁迅，他留学回国出任杭州两级师范学校教务长，立即介绍鲁迅到该校任教；受人之邀进入民国教育部，第一时间将鲁迅也推荐了进去，“昼则同桌办公，夜则联床共话”；出任北京女高师校长，马上聘请鲁迅到校兼课；入大学院为官，则推荐鲁迅为特约撰述员，月薪三百大洋。

许、鲁在事业上相帮相扶，在生活上也相知相惜。许寿裳女儿患病赴上海求医，当时已定居上海的鲁迅为之四处联系医院。鲁迅的老母在北京，许寿裳常去嘘寒问暖。许寿裳曾在日记中这样讲述两人的友谊：“其（鲁迅）学问文章，气节德行，吾无间然。其知我之深，爱我之切，并世亦无第二人。”鲁迅日记里也有大量与“季茀”来往的记录，季茀即许寿裳的字。许寿裳知道鲁迅受过太多的伤害，有时容易敏感；明白鲁迅腹背受敌，说话难免尖刻；清楚鲁迅虽然常发悲观之论，其心却是火热的，真心希望这个民族变好。

许寿裳是一个品格高尚的学人，深怀“知识报国”的抱负。他赴台之后发现：台湾经历了50年的“日据”，没有经受过提倡民主与科学的五四运动的洗礼，日本人向台湾民众灌输的都是如何忠诚天皇、怎样服从殖民者这一套。许寿裳在台湾“推广”鲁迅，其实也是希望用鲁迅的思想去影响长期与祖国分离的台湾人，让他们懂得人格独立的意义，学会做一个大写的国民。换句话说，就是要为台湾的民族文化与民众心理重建尽一份心力。

（作者为湖南科技大学人文学院副教授）

探求国家兴衰的深层原因

——评新制度经济学的“包容性制度”与“汲取性制度”假说

吴敬琏

D.Acemoglu（德隆·阿西莫格鲁）和J.Robinson（詹姆斯·罗宾逊）两位美国作家合著的*Why Nations Fail*（《国家为什么会失败》）出版后，在政治社会学、经济学、历史学界引起热烈讨论，好评如潮。

地理、文化、掌权者的相关知识水平等都不足以作为国家成功或失败的深层原因，制度才是决定性因素

D.Acemoglu可谓是经济学的奇才，近年来转向研究政治经济学和经济历史，他研究的主题是一个长期发展的问题，研究长期经济增长问题有各种各样的模型，但是从传统增长模型到后来的新古典增长模型，再到最近的新经济增长模型，就是所谓的内生增长模式，它们讨论的都是经济增长成功和失败的直接原因。所有这些研究，对于我们理解经济发展、理解长期增长有很大的启发，可是D.Acemoglu和J.Robinson认为，这些分析只是触及浅表的原因，其背后还有更深层的原因。所以他们研究新制度经济学，特别是Douglass C.North（道格拉斯·C·诺斯）研究的路径，从而得出一个结论：制度是决定性的，经济制度和政治制度决定了一个国家是走向繁荣还是趋于衰败。他们由此提出了一个分析框架，用以解

释：为什么有些国家走向繁荣，有些国家却转向衰败；有些国家成功了，有些国家却失败了？这些有趣的分析值得借鉴，我们可以运用这种方法来观察世界，并分析我们自己的问题。

对于国家成功和失败的深层原因的分析，过去有地理、文化、无知等多种假说。《国家为什么会失败》用生动的事例，逐一批评了这几种前人的假说。这本书一开始，就讲述了一个小镇诺加利斯的故事。诺加利斯地跨两个国家，被一道栅栏隔开，北边属于美国的亚利桑那州，南边属于墨西哥。虽然边界线两边的人、地理、文化背景都一样，但是经过最近两三百年的发展，几英尺之遥的邻居，情况却全然不同。一个很繁荣，一个却还是处在贫困之中。所以，作者认为地理、文化、掌权者的相关知识水平等都不足以作为国家成功或失败的深层原因，制度才是决定性因素。

通过对包容性制度和汲取性制度的划分，分析了不同国家在这个理论框架下的成功或失败的历史过程

D.Acemoglu和J.Robinson提出的假说把制度分为两大类型，一是包容性制度，一是汲取性制度。包容性经济制度能够吸引、包容所有的人来参与经济的发展，这套制度的要点就是保护产权，能够创造平等竞争的环境，鼓励对知识、对技术的投资，也就是我们经济学上的人力资本的投资，而且能够让所有人共享经济增长的成功。跟它相伴随的包容性政治制度的特点，就是把政治权力普遍分配给社会成员，从而使大众对掌权者有所约束、有所监督。汲取性经济制度的特点，则是把从多数人那里取得的资源输送给少数人。汲取性政治制度的特点是少数人掌握不受约束的权力，他们利用权力来谋取某个社群的利益，而不惜损害大众的利益。

《国家为什么会失败》通过对这两类制度的划分，分析了不同国家在这个理论框架下的成功或失败的历史过程。这本书更强调政治制度对于经济制度的影响，当然经济制度也会对政治制度发生影响，但是政治制度有决定性，因为掌权者的利益选择，使得经济制度的选择倾向于对掌权者有利。

把很多的复杂因素说得如此简单，作者的这种分析方法受到了不少批评。但在我看来，他这种方法倒是跟马克思在《政治经济学批判》导言里讲的办法是一样的，就是先从现象入手，然后抽丝剥茧，看到最本质、最抽象的概念，然后回过头来，再从最抽象的概念一层层地对其他因素进行讨论。当然这本书有些地方确实还存在一些问题，譬如此前讲到的文化、历史等条件其实对于经济增长是有一定影响的，譬如作者对新古典增长模式的批判好像过于严苛了。当然，需要注意的是，20世纪早期的新古典经济学对我们的影响确实比较深，因此使我们往往忽视了制度的作用。《国家为什么会失败》用了很多篇幅讲述制度是怎么演变的。早期的制度多数都是汲取性的经济制度和政治制度，到15世纪以后渐渐分化，但是演变过程中有很多曲折，会产生一些新的因素。往往在一些关键时刻，有些因素就起了很大的作用，可能会引起巨大的、转折性的变化。比如，15世纪曾经非常繁荣的威尼斯，从包容性制度转向汲取性制度后，逐渐走向衰落，变成了一个博物馆。

有意思的是，在汲取性制度下也有不少国家经济实现高速增长的案例，比如战前时期的苏联，为什么会这样呢？因为在汲取性制度背后往往有很强势的政府，这种政府往往采取“威权主义”的发展模式，充分运用了政府在动员资源和支配资源投向方面的强大力量来实现经济高速增长，因为汲取性政治制度的掌权者也希望经济高速增长，所以在一段时间里实现高速增长是可能的，但是不可持续，为什么不可持续呢？因为经济要进一步发展就一定要有创造性破坏，新的技术、新的生产方式会使一些人富裕起来，而这对于原有的既得利益者可能是很大的打击。所以这种在汲取性制度下运用强政府的作用来实现的高速增长，因为害怕创造性破坏会动摇自己的既得利益，就会压制技术的发展和进步，所以是不可持续的。

书中讲的是别人的故事，但读书的时候想到的还是我们自己

书中举了很多例子，有的地方涉及到中国。比如说，中国1949年建立的经济体制和政治体制，采取的是“威权主义”的发展模式，有人把它称为东亚模式。

邓小平改革的意义，就是在“威权主义”模式还存在的情况下打开缺口，建立了一个新的局面，特别是为包容性的经济体制提供了一个空间，因为有了这个空间，所以中国改革开放以后实现了高速发展。但是作者也警告我们，“威权主义”发展模式有走“回头路”的可能。

总体而言，这本书基本上讲的是别人的故事，不是我们的故事，但是读书的时候想到的还是我们自己。十八大召开后，我在一个论坛上讲到，重启改革的第一步顶层设计，已经迈出去了。后来，很多人批评我太过乐观，但是我仍然这样认为。十八大的重大意义，就是肯定了十一届三中全会的正确道路，而且要求以更大的政治勇气来推进经济改革、政治改革。经济改革的方向也很明确，就是社会主义市场经济这条道路，而不是强政府、大国企、海量投资这条道路。然而，这仅仅是第一步，后面的任务更为艰巨。第二步是制定改革的方案设计和总体规划。第三步就是执行，打破阻力把各项改革落到实处，这要有很大的政治勇气和决心。

“行百里者半九十”，如今离九十还远呢，需要我们大家共同努力。

（作者为国务院发展研究中心研究员。本文有删节）

闲话《闲话藏书》

王学泰

我爱好旧书，很有些时日了。从1954年考上北京师大附中算起50多年了。那时每天路过琉璃厂，有事没事都爱到旧书铺转一转。当时松筠阁、来薰阁、富晋书社还都在，老板、伙计对待来客不论长幼也都和气。像我这样的半大小子，在那里靠着书架子看上半天书，也不会有被轰之虞。富晋书社以卖解放前平装书和解放前后旧杂志为主，我去得最多。在那里我买过五角钱一本的上世纪30年代龙榆生编的《词学季刊》和五分钱一本北大学生1957年上半年编的杂志《红楼》（1—7期）（右派学生的作品大多发在这个刊物上）。有一次我和张炯同志说起该刊有他那时写的小说《千树万树梨花开》，他问我还保留否？我说送了同学。他很遗憾地说："留到现在成了文物了。"

陆昕兄的《闲话藏书》不仅说"藏书"，而且用很大的篇幅说买旧书，而旧书的事大多发生在琉璃厂，读起来非常亲切，使我有再度重游之感。

《闲话藏书》有两个很鲜明的特点，一是行文通俗，一是叙述亲切。

讲版本目录的书多是老辈人写的，行文多是文言或半文言，并大量征引过去版本目录学家文字，自己只是加上些言简意赅的按语，所谓"编新不如述旧，刻古终胜雕今"，保持孔夫子"述而不作"的学风。在认定版本年代上，老辈人多爱讲个人感受，仿佛向陌生人介绍在万里之外的朋友。介绍者熟稔于心，滔滔不绝；而听者懵懵懂懂，如坠五里雾中。所以一些爱好文史的年轻人视版本目录的著作如天书，不敢问津。而本书把既往的版本目录学家的研究都化作自己的理解，用很通俗的语言表达出来，并分成两人对谈，有问有答，化解了初学者的许多疑问。这种写作方式是便于初学的。

在线装书流行于坊间还是许多人的阅读对象的时候，有些概念并不是版本学家要解释的问题。现在线装书几乎都成了“文物”，连读文史的研究生都很少接触线装书的情况下，一些通常的词汇也成问题了。如“版心”“象鼻”“鱼尾”“黑口”“白口”“白麻纸”“黄麻纸”“写刻本”“软体字”等，过去讲版本的书一般不会解释，因为凡是读书者都懂。现在年轻的读者遇到这些会似懂非懂的，因此作者或借助图板，或借助文字加以解说，既通俗，又细致。

叙述亲切是指书中多结合自己的购书故事来叙述，使人有临场之感。我已经近20年不像过去那样去旧书店淘书了，读了《闲话藏书》使我回到30年前。作者所写在淘到管庭芬手校手抄本时的心情我是完全理解的。那种初得怕假、确定是真以后，又因为没有交钱而怕失去的情景我也完全经历过（1974年一部《景德传灯录》我已经交了钱，被某老店员看到还要收回呢）。这类亲切有趣的故事充斥于书中，不仅增加了阅读的趣味，而且增长了许多与书有关的知识。

《闲话藏书》中涉及的当今的故事，有以讹传讹之处，如书中谈及“书的命运”，引孙楷第先生事，有些与事实不太相符。孙先生是文学所古代室的研究员，专攻通俗小说。“文化大革命”当中，文学所没有抄他的书。执行林彪一号命令时必须下干校，孙先生有书一万余册，所里答应给他一间小房储存书。不料家人把这一万多册书卖给了中国书店，书店给了数百元，但并未向孙先生说。1974年孙先生返城，所里研究工作有所松动，孙先生这时知道书被卖了，很着急，因为他的一些想法写在书上。向中国书店商量把书赎回，中国书店要价巨大，孙先生没有钱，就给周总理写了一封信。总理办公厅有所批示，表示关注，希望能从中国书店把孙先生的书赎回。书店得知此事，赶紧把孙先生的书拆散卖了。解放军政治部的某位爱书的领导买到一些，看有孙先生的藏书印，找到孙先生请他题签。孙先生得知书已散，从此一病不起。上世纪80年代中去世时，当时的所长刘再复去看他，他已经不能言，唯在手心写“书”字，抱恨而逝。这件事情，所内老人尽知。杨镰兄后来帮助整理孙楷第先生遗稿，知之尤详。随笔附记于此，以正外界听闻。对于本书来说这是瑕不掩瑜的。

（作者为中国社科院文学所研究员）

基辛格看世界秩序面临的挑战

孙丽萍

2014年9月，美国前国务卿亨利·基辛格以耄耋之年推出了他的最新力作《世界秩序》（*World Order*）。此书出版后赢得了西方知识界和舆论界的广泛关注和好评，《纽约时报》《华盛顿邮报》等主流媒体均发表文章力荐此书，希拉里·克林顿也曾发文评论此书，而中信出版社2015年推出该书的中译本，以满足中国读者的需求。

《世界秩序》顾名思义，是一本观察和思考世界秩序走向的书，但基辛格是以历史为起点展示国际秩序观的多样性，即从历史的角度分别加以论述，并在此基础上转向当代秩序问题研究，其中许多深刻分析和卓越见解，给人以启发。

基辛格之所以强调国际秩序观的多样性，其用意在于提醒西方世界，世界广大地区从未完全赞同西方秩序观

基辛格开宗明义，在序言中明确提出，从来不存在一个真正全球性的世界秩序，在世界历史的大部分时间内，各个区域和文明中心都曾有过自己的世界秩序。《世界秩序》列举了欧洲、伊斯兰、伊朗、俄罗斯、印度、中国以及美国本身等各种区域性秩序观的历史演进的过程，并在此基础上提出了修正现存国际秩

序的观点和选择。基辛格指出，欧洲国际秩序源于中世纪末期教权和皇权的斗争，而威斯特伐利亚和会确立了以主权国家为单位的现代国际关系的基本原则，均势成为欧洲秩序的核心。伊斯兰教把世界秩序划分为伊斯兰教的和平世界和异教徒所在的征伐世界。中国则形成了以自我为中心的朝贡体系，印度则长期处于不同世界秩序的交叉处，形成了以印度教的宇宙观为核心的世界秩序理念。随着欧洲国家的扩张，威斯特伐利亚这个基于国家之上的国际秩序框架延伸至全世界，涵盖了不同的文明和地区，但是，其他文明和地区的传统世界秩序观在当代世界依然具有现实意义。

基辛格之所以强调国际秩序观的多样性，其用意在于提醒西方世界，西方国家和非西方国家心中的秩序方式截然不同，世界广大地区从未完全赞同西方秩序观。在当代其他文明和地区，人们对世界秩序的理解可能是以与西方截然不同的心理、哲学或宗教信仰来确定的，必须学会以一种多元视角来考察后冷战时代的国际秩序。

基辛格认为由西方一手建立并声称全球适用的秩序面临着前所未有的危机

当今时代能建立世界秩序吗？这是基辛格老先生在书中提出的问题。在他看来，由西方一手建立并声称全球适用的秩序面临着前所未有的危机。

一是主权国家形态面临着重重压力。在中东，教派和族裔对主权国家的合法性提出了挑战；东亚在相对成功仿效欧洲主权国家形态后陷入到安全困境中；而欧洲率先走出主权国家的藩篱后也面临着仅仅依靠软实力和价值观是否能维持世界秩序的困惑。二是世界的政治组织和经济组织不同步，即经济全球化与依然以国家为基础的现实政治产生了矛盾。三是后冷战时代，主要大国之间没有建立起在重大问题上进行磋商与合作的有效机制。四是美国的领导地位始终不可或缺，但美国扮演领导角色时有时会犹豫再三。

那么，应如何建立世界新秩序？基辛格并没有给出直接的答案，但是，他明确提出任何国家都不可以凭一己之力打造世界秩序，美国需要接受其他地区的历史和文化现实。

当今世界正在经历一种历史性变化，某种意义上，包括中国在内的非西方国家的发展变化正在影响当代国际关系的体系和面貌

基辛格在书中关于亚洲秩序与中国问题的分析让人深思。他将亚洲秩序的历史概括为多样性，而将当前亚洲秩序的核心问题归结为对抗还是伙伴关系。其中，他对印度、日本、中国历史与外交战略的分析值得细细品味。基辛格在书中对中美两国的世界秩序观进行了比较。在他看来，美国和中国都是世界秩序不可或缺的支柱，但中国缺乏作为一个重要国家在21世纪秩序中发挥作用的经验，而美国也对这样一个与自己迥然不同的大国保持互动经验不足，中美两国在文化、政治背景、思维方式等方面存在着重大差异。对于中美两国之间是否会重蹈20世纪初英德关系的覆辙，基辛格指出，中美承诺建立新型大国关系是避免重蹈昔日历史悲剧覆辙的唯一出路。

当今世界正在经历一种历史性变化，某种意义上，包括中国在内的非西方国家的发展变化正在影响当代国际关系的体系和面貌。基辛格所作的《世界秩序》一书是对这一历史性变化做出的解读，是其一家之言，我们期待中国学者能对这一问题做出回应，期待听到中国学界的声音。

（作者为吉林大学公共外交学院副教授）

国史研究要遵从真善美的统一

——《信史立国》读后

陈　前　曹冬梅　吴敏先

《信史立国》一书，是程中原研究员所著的关于中华人民共和国历史研究（简称“国史研究”）理论、实践与方法的专题文集，是一部党性、科学性和创新性兼备，具有重要学术价值和社会价值的国史研究力作。

以“信史立国”作为根本立意彰显出强烈的学术使命意识

国史研究是一项具有很强理论性和政治性的史学工作。由于国史研究在内容上的高度现实性，因此不能简单地等同于一般性的历史研究。国史研究不但要遵从“求真”这一历史学研究的基本原则，同时又需要在求“真”的基础上追求“善”和“美”，这种“善”和“美”从根本上讲就是要努力维护国家和人民的根本利益。如果在研究过程中只片面强调学术性而忽略政治性，将求“真”的学术原则与求“善”和“美”的政治价值目标割裂和对立起来，必然既不利于党和国家的事业，又会从根本上损害国史研究的学术事业。

在国史研究和编撰工作中是否坚持正确的政治取向和以学术服务党和国家事业的使命意识，既关系到国史研究的性质和前途，也关系着党和国家的根本尊严和利益。在此方面，作者始终保持着高度的学术自觉和政治清醒，努力追求党性和科学性的有机统一，以“信史立国”作为书名，实际上就是标明了全书的根本旨意和鲜明立场。

针对国内外一些人把中华人民共和国的历史说成是不断犯错误的历史，是失败的历史等现象，作者指出，这些言论目的是损害中华人民共和国的利益，诋毁中华人民共和国的荣誉，丑化、妖魔化中华人民共和国和中国人民。对于一切贬损、歪曲、造谣、污蔑中华人民共和国历史的言论和行动，一定要用历史的事实，科学的分析，理直气壮地予以坚决的驳斥。

着眼于国史学科建设来阐明国史研究和编撰基本原则

应该说，国史实际上还是一门新兴的学科，亟待加强研究和建设。本书作者高度关注国史学科建设，始终注意把对国史重要问题的研究与学科建设基本问题结合起来，对国史学科的特点、方法和关键性问题进行了深入探讨。

在书中，作者不但对国史研究的重要意义和指导思想，国史的主题、主线和主流，国史和党史的联系与区别，国史的分期问题，国史中重大疑难问题的考证和口述史的原则与方法等基本理论问题进行了深入探讨，而且对国史研究和学科发展的历史，对国史研究中两项国家级重大工程的经验进行了深入总结，提出了诸多富有新意的见解，比如“国史的主题就是中国共产党领导中国人民为建设现代化社会主义强国而奋斗”“中国特色社会主义的奠基、开创和发展，构成中华人民共和国历史的主线”“国史的主旋律是肯定成绩，是充分叙述党领导人民进行的奋斗和创造，取得的胜利、成就和经验”等。

关于国史的主要功能和国史写作的基本原则，作者在书中明确提出：一是维护中华人民共和国的利益和荣誉；二是资政、育人、护国；三是为党和国家的大局服务。作者指出：在国史研究和编撰中，要遵循《历史决议》与中央文献，要用中国特色社会主义理论体系作指导，写出一部中国人民的奋斗史、创业史。此外，作者还结合参与组织和撰写《中华人民共和国史稿》的经历，谈了关于国史编写的九点体会，如要十分重视档案资料的查阅、收集和整理，重视口述史料的采访、收集和整理；心里要挂着问题，时时处处留心，同国史编研联系起来；要不屈不挠，自强不息。这些个人体会，具有一定的科学性、可操作性和现实指导性。

重视对历史关节点和重大事件的历史考辨和理论阐释

本书第三编篇幅不大，却集中讨论了国史中的一些重要关节点、难点和疑点。

——在谈及“文化大革命”评价问题时，作者指出：在研究和叙述1966至1976年这十年共和国历史的时候，应该把“文化大革命”和“文化大革命时期”加以区别，不能把两者混为一谈。如果不加以区别，就很难全面地反映“文化大革命”时期中华人民共和国的历史面貌。“文化大革命”的发展趋向也不是单一的，事实上存在两种趋向、两种历史。十年“文化大革命”的历史，不仅是一场内乱的历史，而且是一部人民不断纠正错误的斗争的历史。讲“文化大革命”的历史，只讲内乱、破坏，不讲建设，是不全面的。在“文化大革命”十年中，正确的和比较正确的探索趋向并未完全中断。

——在分析1975年整顿中断的原因时，作者认为：1975年邓小平主持的整顿导致“批邓、反击右倾翻案风”是必然的，因为邓小平和毛泽东在三个层面上存在明显的分歧。第一，在实践层面上，是肯定“文化大革命”，还是否定“文化大革命”？第二，在路线层面上，是以阶级斗争为纲，还是以经济建设为中心？第三，在理论层面上，对什么是社会主义，认识不一样。

——针对国内外关于“文化大革命”结束时国民经济“几乎到了崩溃的边缘”的流行说法，作者明确指出：经过1975年整顿，我国完成了“四五”计划。这一重要经济成效，同经济“到了崩溃的边缘”，无论如何是说不到一起去的。至于扩大开去，用“崩溃边缘”来评价整个“文化大革命”十年的国民经济，更是经不起事实的检验的。“文化大革命”给经济建设带来了巨大损失，但应看到，“文化大革命”时期十年，经济建设没有停顿，国民经济建设还是向前发展的。这是全国人民共同奋斗的成果。

——在论述华国锋是否曾经阻挠邓小平复出这个问题上，作者指出：在邓小平复出的问题上，华国锋的方针是让邓小平恢复工作，但要等待时机成熟，所谓“瓜熟蒂落，水到渠成”。这没有什么不对。粉碎“四人帮”后不能“马上”出来，要晚一点，是稳妥的。对“尽快”的要求，华国锋采取“拖”的办法，跟当时的党心民意，有不一致的地方，甚至说有违党心民意，也不为过。不过，这也不是华国锋个人的专断，都是当时中央领导集体决定的。

这些分析和判断视角新颖、析理精当、言必有据、实事求是，充分体现了作者在分析和评价国史重点难点问题上的专业能力和理论素养。

（作者分别为东北师范大学政法学院教授、吉林大学马克思主义学院副教授、东北师范大学政法学院教授）

“五四”：砥砺思想与学问的“磨刀石”

陈平原

中国人说“传统”，往往指的是遥远的过去，比如辛亥革命以前的中国文化，尤其是孔子为代表的儒家；其实，晚清以降的中国文化、思想、学术，早就构成了一个新的传统。可以这么说，以孔夫子为代表的中国文化，是一个伟大的传统；以蔡元培、陈独秀、李大钊、胡适、鲁迅为代表的“五四”新文化，也是一个伟大的传统。某种意义上，对于后一个传统的接纳、反思、批评、拓展，更是当务之急，因其更为切近当下中国人的日常生活，与之血肉相连，更有可能影响其安身立命。

人类文明史上，有时星光，有时月亮，有时萤火虫更吸引人。改革开放30多年来，“五四”的命运如坐过山车。20世纪80年代，“五四”作为学习榜样及精神源泉，深深介入了那时的思想解放运动；20世纪90年代，“五四”作为学术课题，在大学及研究所得到深入的探究，但逐渐失去影响社会进程的能力；进入新世纪后，随着“传统”“国学”“儒家”地位的不断攀升，“五四”话题变得有些尴尬，在某些学术领域甚至成了主要批判对象。而在日常生活中，你常能听到好像“很有文化”的官员、商人、记者乃至大学校长，将今日中国所有道德困境，一股脑推给了“五四”的“反孔”。言下之意，假如没有“五四”的捣蛋，中国不仅经济上迅速崛起，道德及文化更是独步天下。此类“宏论”之所以有市场，除了大的政治局势与文化潮流，也与研究现代中国的学者们大都埋头书斋，忙着撰写高头讲章，而不屑于“争论”有关。

我并不否认“五四”新文化人的偏激、天真乃至浅薄，但那是一批识大体、做大事的人物，比起今天很多在书斋里条分缕析、口沫横飞的批评家，要高明得多。去年“五四”，我是这样答记者问的：1919年的中国，各种思潮风起云涌，诸多力量逐鹿中原，热血青年只在救国救民、寻求变革这一点上有共识，至于旗帜、立场、理论、路径等，完全可能南辕北辙。日后有的成功了，有的失败了，有的走向了反面，今人只能感叹唏嘘，不要轻易否定。经由一代代人的钩稽与阐释，那些长期被压抑的声音，正逐渐浮出水面；而那些阳光下的阴影，也日渐为后人所关注。如何看待林纾的捍卫古文、怎么论述《学衡》之对抗《新青年》，以及火烧赵家楼之功过得失、学潮为何成为一种重要的政治力量、“五四”到底是新文化运动的推进还是挫折等，所有这些，不仅涉及具体人物评价，更牵涉大的历史观。这个时候，既不能抹杀已获得的新视野与新证据，也不应该轻易否定前人的研究成果。通达的历史学家，会认真倾听并妥善处理“众声喧哗”中不同声部的意义，而不至于像翻烙饼一样，今天翻过来，明天翻过去。在我看来，“五四”可爱的地方，正在于其不纯粹，五彩斑斓，充满动态感与复杂性。

我的基本立场是：尊重古典中国的精神遗产，但更迷恋复杂、喧嚣却生气淋漓的“五四”新文化。我曾说过：“就像法国人不断跟1789年的法国大革命对话、跟1968年的‘五月风暴’对话，中国人也需要不断地跟‘五四’等‘关键时刻’对话。这个过程，可以训练思想，积聚力量，培养历史感，以更加开阔的视野，来面对日益纷纭复杂的世界。”在这个意义上，对于今日的中国人来说，“五四”既非榜样，也非毒药，而更像是用来砥砺思想与学问的“磨刀石”。

今年各地学人几乎不约而同地纪念“五四”新文化运动，在我看来，这既是大好事，也不无隐忧。因为，任何一个偶然因素，都可能使这“热潮”戛然而止。能否坚持正常的学术论争，包括与新儒家或国学家之间，改“隔山打牛”为“打开天窗说亮话”，有担当而又不越界，是此次大规模纪念活动能否持续且深入展开的关键。以纪念《新青年》诞辰百年为开端，重新唤起民众对于“五四”的记忆，接下来的几年，只要不因触碰红线而引起激烈反弹，有国内外众多学者的积极参与，不仅可以直接影响大众舆论及某些具体专业（如中国现代文学史、思想史、文化史等）的发展，更可能重塑当代中国的精神氛围及知识版图。基于此判断，如何兼及自信与自省、书斋与社会、思想与学术、批判与建设，将是我们必须直面的难题。

这是一个难得的历史机遇，除了坚守自家学术立场，不随风摆动外，还得有进取心，直接回应各种敏感话题（包括狙击打着国学旗号的“沉渣泛起”）。某种意义上，这是对此前30年“五四话题”升降起伏的一个反省：或许，谈“五四”本就不该局限于书斋，解时代之惑乃题中应有之义。

（作者为北京大学教授）

合理确定有效的“政府管理半径”

谢庆奎

政府决策活动，是任何时代、任何社会最为广泛的决策活动。现代社会的运转活动中，从经济决策、社会服务到国家外交和安全战略、外层空间的竞争，政府都要以主体姿态介入，承担着责无旁贷的决策职能。即使社会治理时代，政府在某些领域的管理职能弱化了，但社会治理的主体永远离不开政府。因此，任何意义上的公共管理理论与实践的创新，必须把握主体脉搏，否则，就会本末倒置。既然政府是现代公共管理实践的重要主体，就必须深入研究政府成本问题。何翔舟教授撰写的《政府成本论——政府成本管控的策略与路径》从理论上对政府成本及其管控与路径进行了解析，为治理政府成本提供了理论依据。

把握公共管理主体脉搏必须重视政府成本研究

《政府成本管控的策略与路径》一书告诉人们，政府成本控制效果，是影响社会经济发展、政治文明建设最为重要的因素。从政府作为公共管理主导性主体角度来讲，这是非常正确的。政府不但与其他任何组织一样有成本，而且政府成本对社会的负面作用更大。社会治理首先要控制政府成本，任何社会制度下，政府是社会治理的主导性主体。在如何具体把握主体脉搏上，作者从政府对社会治理的基本职能入手，把政府职能活动看成是产生公共产品。同时，把政府生产的公共产品进一步解剖为有形公共产品与无形公共产品，这就为分析控制政府成本找到了支点。分析认为，有形公共产品是政府会计成本的载体，无形公共产品是政府决策的机会成本、滋生隐形成本的载体。这种对公共产品的分类，不仅为研究控制政府成本的策略与路径奠定了基础前提，更是公共管理理论的创新。

管控政府成本是体现社会治理战略的基本切入点

如何管控政府成本，从根本上讲是政府管理业务流程问题。应用什么策略，探索什么路径来管控政府成本，既是体现公共治理长远战略的基本切入点，也是重塑政府管理业务流程，创新政府管理机制的基本途径。现代公共治理的基本特征是治理主体的多元化、治理活动的全员化，以及治理理念的社会化。而实现治理目标的关键永远离不开政府，政府需要引领社会，一方面要协同全社会共谋发展，另一方面要通过不断创新治理体制与市场体系，以求得稀缺公共资源的优化配置。政府在公共治理中的这种特殊职能，决定了政府组织的重要性，而政府成本的控制就成了体现公共治理战略的基本切入点。按照何翔舟教授对政府成本概念的界定，政府的一切行为活动中都产生效应。其正能量是政府绩效，是政府组织正确决策并控制管理的结果；其负能量是政府成本，可能是政府决策不当，或者是政府治理职能活动中管控不到位、没有找到科学的路径。由于政府在社会治理活动中始终处于强势主体的地位，也由于政府成本本身是一个公共性非常强的问题，其他社会主体既缺乏约束政府行为的能力，也缺乏约束的积极性。由此，政府既是制造成本的主体，又是控制成本的主要主体。如何探求政府组织本身管控成本的策略与路径，才是控制政府成本的根本出路。

国家的快速崛起与发展，实际上是社会治理高效的具体体现。而社会治理的效率程度，受制于政府成本高低程度。例如，贪污腐败是政府成本的一个方面，不仅影响着社会治理效果，也影响着多数群体的福祉提升，更影响着国家的决策与快速发展。因此，从这一推理来判断，管控政府成本是体现社会治理战略的基本切入点。该书从多维度提出了思路，即通过“政府管理半径”规范政府活动领域或范围，推演理论模型以界定政府会计成本标准，改善国民经济分配结构以注重社会公平，建立企业家政府以硬性约束政府部门与公务员行为。这样，寓社会治理战略于管控政府成本之中，不仅为社会治理找到了支点，而且为管控政府成本找到了策略与路径。

公共管理科学研究必须重视理念与方法的创新

政府成本问题说到底是公共管理研究的核心问题之一，而随着社会治理的发展，其越来越成为公众关注的焦点。控制政府成本，必须从政府管理业务流程入手，在理论上求得创新。总览该书，可以看出以下几个方面的创新：

一是在政府管理活动中，把政府成本分解为政府管理活动中的风险成本、政府决策的机会成本，以及政府预算行政成本，这种细化分析研究是对政府成本理论与实践研究的升华。同时，把现实的政府活动分解为生产有形公共产品与无形公共产品，能够切中政府成本要害并找到管控命脉，对于创新政府管理制度很有启示，为现代公共管理背景下优化公共资源配置提供了全新的思路和方法。

二是提出政府管理半径与政府管理密度理论，从理论与实践上彻底挑战了传统的无限政府行为。政府在什么样的半径范围内活动，既不能管得过于宽泛，又不能“占座”不作为；既不能在公共产品领域全面垄断，更不能在市场失灵面前束手无策。对于十八大以来的政府职能改革，法制社会建设，把资源配置的权力交给市场等举措在理论上是很好的诠释。

三是通过对现实的政府成本的管控策略与路径研究，对未来社会治理理念下的中国政府成本控制有一个前瞻性、战略性方案，有助于中央和地方各级政府制定公共管理决策方案，重塑政府管理业务流程，并从管理战略的视角把握社会治理发展的动态趋势，提高政府管理对社会公共资源配置的预见性和主动性。

（作者为北京大学政府管理学院教授）

混得好、合得来是需要规则的

赵　晓

十八届三中全会，释放了很多积极的全面深化改革信号。其中的国有企业改革，把混合所有制作为改革的重点和突破口，是很有新意，也很受关注的一个亮点。

混合所有制需要的逻辑，必须以公平正义为起点

我对混合所有制的关注和研究比较早，2004年初，我就发表了《走向“混合所有制经济”时代》一文，其中重点阐述了我对混合所有制经济的一些看法。当时在上海、浙江等地，混合所有制经济表现出了很好的发展势头，根据当时的实际，同时结合我的研究，我认为混合所有制经济成为主流的所有制形式将是历史的必然。

遗憾的是，同样在2004年，“郎顾之争”发生了，由这起争论所引发的社会舆论发酵，事实上却使国企改革就此陷入停滞。

“郎顾之争”导致的国企改革止步的局面，一直持续到10年后。今天重启国企改革，发展混合所有制经济，首先要做的，应该是重新审视和评价“郎顾之争”。现在看来，“郎顾之争”反映的是制度规范和法治缺失给国企改革带来的

尴尬。在国企改革缺乏制度规范和法治之下，只要进行改革，下一个“顾雏军”就一定还会出现。为此，我注意到，2012年在亚布力论坛上，相当一部分民营企业家都在表达他们的担忧和恐惧，而往年，他们关注的是市场机会在哪里，新的增长点在哪里，他们关注的是市场和财富。

今天，国有企业进行混合所有制改革，向民营资本敞开大门，必须以公平正义为出发点，用法律、制度来做保障，并且用事实在民营企业中重树公信。从这个意义上讲，十八届三中全会提出改革要注重公平正义，承诺完善法制，转变政府职能，是走对了第一步。

没有民营企业的积极参与，混合所有制改革就没有办法推进。但混合所有制改革不是“一混就灵”，国有企业应明确自身存在的问题，以及解决问题的路径、方法，并主动进行变革。

首先，政企不分是国企问题的根本。当前，混合所有制作为国企改革的突破口，意味着国资委职能必须尽快转变。国资委不能直接干预企业的运营。同时还应通过顶层设计，完善国有企业的财务管理和年终审计制度，通过建立现代企业制度，实现企业监督和管理的去行政化。总之，必须把国有企业的行政化和市场化身份一分为二，剥离国有企业的特权身份，才能使政府真正作为市场竞争的维护者，维护市场经济的正常运行秩序，使国企真正参与到市场竞争中，实现市场对资源的有效配置。

其次，应正确认识、积极防范国企改革中出现的国资流失现象。以往的国企改革，监管缺失、产权不明等一系列不足，给企业改制留下了暗箱操作的空间，造成了国有资产的流失，这在新一轮改革中是需要严加防范的。防范国资流失，最根本的是从完善制度入手，使改革的流程规范化、可视化，增强改革细节的可控性。

同时，必须认识到，绝对完美的、理想化的改革是不存在的。当前进行混合所有制改革，需要更多的权衡和变通来适应现实。在改革思路上，目前比较可行的，应该是效率优先，兼顾公平，两者之间应该存在一个最佳的平衡。这样的思路，更能满足改革成果最大化的要求，但同时也要求学术界和社会拿出对改革应有的理性和宽容。

《混合所有制的逻辑》填补了空白

以上，就是我认为混合所有制应有的逻辑。现在我谈谈《混合所有制的逻辑》这本书。就我的了解，这本书可能是国内关于混合所有制改革的第一部专著，十八届三中全会提出混合所有制改革以来，关注和议论不少，对它的深入和全面的研究却不多，《混合所有制的逻辑》填补了这个空白。

这本书的一个特点，在于很好地兼顾了专业性和普及性。一方面，它涉及了国企改革的历史，涉及了当前改革的背景，也涉及了民营企业对改革的欢喜和担忧等内容，这些内容的设置，可以使没有相关基础的读者以最快的速度弥补知识的空缺；另一方面，这本书又有着很好的专业性，在理论建构和操作方法上，有不少独到的观点，体现了作者在混合所有制研究上的深入度，这些内容，是专业研究人员从事相关研究的帮手，是企业家实战的参谋。

（作者为北京科技大学教授。
本文为《混合所有制的逻辑》一书序言，有删节，标题为编者所加）

明了民族生命精神之所寄

——读钱穆《国史大纲》

郭齐勇

《国史大纲》是一部简要的中国通史，用大学教科书的体例写成。内容包括自上古三代以迄20世纪中叶之中国历史的演变发展，尤其是经济与社会、政治制度、学术思想的状况及其相互影响，全书力求通贯，便于读者明了治乱盛衰的原因和国家民族生命精神之所寄。

本书成于艰苦的抗战年代，作者的忧患之情跃然纸上。是书于1940年6月由商务印书馆出版，一时洛阳纸贵，成为各大学的历史教科书，风行全国，对学生积极抗战，增强民族凝聚力起了积极作用。

钱穆指出，研究中国历史的第一个任务，在于能在国家民族内部自身求得其独特精神之所在

《国史大纲》的《引论》甚为重要，表达了著者的文化观、历史观与方法论。他指出，研究历史，撰写中国通史的目的在于：第一，能将我国民族以往文化演进的真相明白示人，为一般有志认识中国以往政治社会文化思想种种演变的人们提供所必要的知识。第二，应能在旧史统贯中映照出现今中国种种复杂难解的问题，为一般有志革新现实的人所必备参考。前者在于积极地求出国家民族永

久生命的源泉，为全部历史所由推动之精神所寄；后者在于消极地指出民族最近病痛的征候，为改进当前方案所本。这是钱穆撰写此书的主旨。

钱穆指出，研究中国历史的第一个任务，在于能在国家民族内部自身求得其独特精神之所在。中国历史的演进，其基本精神表现在学术思想文化演进上是和平与大同，协调与融化，这与其他民族是不同的。钱穆痛切警告：国人懒于探寻国史真谛，而勇于依据他人之说，因而肆意破坏，轻言改革，则自食其恶果。他反复强调中西文化演进不同，不能简单地用西方历史来套用中国历史，必须肯定不同国家民族之间文化的特殊性、差异性，以及文化价值的相对性。

钱穆认为，中国历史虽长期经历战乱，但其背后尚有一种精神文化力量依然使中国再度走向光明

著者扬弃了近代史学研究中的传统记诵派、革新宣传派和科学考订派，分析了其利弊得失。著者认为，史学不等于技术，不等于历史知识与历史材料，不能纯为一书本文字之学；史学是“人”的史学，不能做号称“客观”的无“人”的历史研究；史学一定要与当身现实相关，但又不能急于联系现实，不是宣传口号与改革现实之工具。他强调对于本民族历史文化认同的重要性，如果一个民族对其以往历史无所了解，缺乏起码的尊重，此必成为无文化的民族，无历史意识与智慧的民族。他主张努力开掘国家民族内部自身独特的历史文化资源和内在的生机、动力。如果不深切理解国家民族背后的文化精神，则国家可以消失，民族可以离散。

近代史学诸流派在政治制度、学术思想和社会经济三方面研究的结论大体上是：在政治上，秦以来的历史是专制黑暗的历史；在文化上，秦汉以后两千年，文化思想停滞不前，没有进步，或把当前的病态归罪于孔子、老子；在社会经济上，中国秦汉以后的社会经济是落后的。

钱穆的通史研究在立论的标准上反对以一知半解的西方史知识为依据，主张深入理解本民族文化历史发展的个性与特性。他又以整体与动态的方法，把国史看作是一不断变动的历程。他认为，几千年来的中国社会经济、政治制度、学术思想是发展变化着的，而不是一成不变的。

就政治制度而言，综观国史，政治演进经历了三个阶段，由封建（分封）统一到郡县的统一（这在秦汉完成），由宗室外戚等人组成的政府演变为士人政府（这自西汉中叶以后到东汉完成），由士族门第再度变为科举竞选（这在隋唐两代完成），考试和选举成为维持中国历代政府纲纪的两大骨干。钱穆十分注意中国行政官吏选拔制度、士在文治政府中的地位、政治权力与四民社会的关系。就学术思想而言，秦以后学术，不仅从宗教势力下脱离，也从政治势力下独立，渊源于晚周先秦，递衍至秦汉隋唐，一脉相承，历久不衰。北宋学术的兴起，实际上是先秦以后第二次平民社会学术思想自由发展的新气象。就经济而言，秦汉以后的进步表现在经济地域的逐渐扩大，而经济发展与文化传播、政治建设逐渐平等相伴而行，尽管在历史上快慢不同，但大趋势是在和平中向前发展。

钱穆认为，中国古代社会的政治、经济运作的背后有一个思想观念存在。在学术思想指导下，秦以后的政治社会朝着一个合理的方向进行。如铨选与考试是《礼运》所谓“天下为公，选贤与能”宗旨所致。在全国民众中施以一种合理的教育，在这个教育下选拔人才，以服务于国家，有成绩者可以升迁。这正是晚周诸子士人政治思想的体现。秦汉以后的政治大体按照这一方向演进。汉武帝按董仲舒的提议，罢黜百家，专门设立五经博士，博士弟子成为入仕唯一正途。此后，学术地位超然于政治势力之外，也常尽其指导政治的责任。三国两晋时期统一的政府灭亡，然而东晋南北朝政府规模以及立国的理论仍然延续两汉。隋唐统一政府的建立，其精神渊源则是孔子、董仲舒一脉相承的文治思想。隋唐统一无异证明，中国历史虽然经历了几百年的长期战乱，其背后尚有一种精神力量依然使中国再度走向光明之路。钱穆所讲的这种精神力量是以儒家为主的优秀文化传统，它才是民族文化推进的原动力，即“生力”。

钱穆分析了阻碍中国历史发展的“病态”，挽救这些病态则需要一种“更生”

钱穆也分析了阻碍中国历史发展的“病态”。如中唐以后的社会是一个平铺散漫的社会，政治仍为一种和平大一统的政治，王室高高在上，社会与政府之间相隔太远，容易招致王室与政府的骄纵与专擅。又如社会无豪强巨富，虽日趋于平等，然而贫无赈，弱无保，其事不能全部依赖于政府，而民间又苦于不能自振。再如政府与民间沟通在于科举，科举为官后出现腐败等。这都是中唐以后的病态。宋儒讲学主要是针对这种种病态而发。然而宋以后不能自救，中国政治进一步遭到损害。明代废除宰相，尊君权，以及清朝统治，皆背离了传统士人政治、文治政府的精神。这些都是中国历史中的病态。

挽救这些病态则需要一种“更生”。这种更生是国家民族内部自身一种新生命力的发舒与成长。钱穆认为，我民族数百世血液浇灌、精肉培壅的民族文化精神具有顽强的生命力，充满了生机，不仅能挽救自身病态，而且能回应西方文化挑战，争取光辉的前途。

最后我们不能不指出，由于特殊的抗战背景，本书在布局上详于汉唐而略于辽金元清，详于中原而略于周边兄弟民族，在取材上详于制度而略于人事，详于文化而略于战争，在词句上不用太平天国而用“洪杨之乱”。体察著者的初衷，大约他内在的情结是：如果治乱不分，内外不辨，日本侵略中国岂不是可以根据辽金元清的故事，名正言顺地拥有与统治我广土众民吗？尽管我们能同情地理解著者的苦心，然而今天读这部书，我们不能不跳出汉族中心主义、华夏中心主义和正统史观的立场，肯定周边兄弟民族入主中原，与汉民族一道治理国家，给中国历史文化注入了活力，在中华民族发展的历史上起了积极的作用。中华民族的历史，是由中华各民族共同创造的。

钱穆的这部著作代表了他的通史研究，这与他有关部门史（如政治史、学术史、文化史）及历史人物、历史地理的研究相得益彰，与他有关史学研究的方法论、中国历史研究方法的探讨，亦相互发明。通过本书，我们可以了解钱穆先生所提倡的史心与史识、智慧与功力之互动。

（作者为武汉大学国学院院长）

历史趋势反转的迹象愈来愈明显

朱云汉

当前，人类社会正处于一个数百年难遇的历史分水岭。我在多年前的一次演讲中把这个重要历史关头称为“巨变时代”，这是我们熟悉的历史坐标迅速消失的时代，也是我们视为当然的历史趋势出现转折的时代。

在历史分水岭上，我们能够观察到四重历史趋势的反转，其或多或少都跟中国有关

站在这个历史分水岭上，我们同时观察到历史趋势的四重反转，这四重历史趋势的出现与存续时间差别很大，而且彼此之间未必形成有机的联系，但这四重历史趋势之所以在今日同步式微与反转，或多或少都跟中国兴起有关。

第一重趋势反转是以美国为核心的单极体系式微。这个历史结构形成于后冷战时期开端，到目前为止不过20余年，所以是一个很短暂的历史周期。20世纪90年代海湾战争后，美国为世界公认的唯一超级强权，它一手主导苏联瓦解后的新国际秩序。但是这个单极体系不到20年就出现根基动摇，所以严格说来并不是一个历史趋势，而更像是一个特殊历史空隙中出现的“例外”。我把它视为一个历史趋势，是因为这个单极体系曾经被认为是结构牢固、无可逆转的。

第二重趋势反转是“第三波民主”的退潮。第三波民主的起点是20世纪70年代中期，高潮是20世纪90年代初期。大家都还记得当年弗朗西斯·福山的盖棺论定论述，断言人类已经走到文明演变的终点站，没有其他体制可以超越西方的自由民主体制。这样一种志得意满的情绪，今天来看是明显过头了，这个历史趋势只维持了将近40年就出现退潮。上个世纪的最后20年是民主体制扩散的黄金年代，但进入新世纪以后民主化浪潮的动力已经明显衰竭，民主崩解的案例陆续增加；许多新兴民主国家尽管还勉强维持民主的门面，但民主的内涵很大程度上已经被腐蚀，人民只能忍受各种形态的劣质民主与反复出现的治理危机。美国民主体制也一步一步走向衰败，不但不能作为新兴民主国家的榜样，反而成为散播劣质民主的最大感染源。

第三重趋势反转是资本主义全球化陷入困境，也可以理解为国际经济秩序自由化的危机浮现。就像第三波民主化一样，这不是一个新的历史周期，而是资本主义发展过程中多次出现的历史周期。第二次世界大战结束后，由美国所主导的国际经济秩序重建，为新阶段的资本主义全球扩张打下了基础，这个国际经济秩序自由化的趋势，更在社会主义阵营瓦解后，发展到前所未见的高峰，地球上几乎所有国家都被吸纳进这个全球经济体系，所有国家的政治与社会秩序都被全球资本主义的逻辑所宰制。但是随着“华盛顿共识”破灭，美国金融泡沫破裂，西方社会经济增长引擎熄火，以及愈来愈令人发指的贫富悬殊出现，许多国家和地区已经出现激进的变革呼声，甚至濒临动乱的引爆点，这个推进了将近60年的历史趋势，正面临前所未见的危机。

第四重趋势反转是西方中心世界的没落，也可以说是非西方世界的全面崛起，这是一体的两面。这是四重历史趋势反转中最根本层次的结构变化，也是一个300年长期历史大趋势的反转。在18世纪初期，中国、印度与伊斯兰教世界仍与西方分享世界舞台，但是随着工业革命以及殖民主义的扩张，非西方世界一一落入西方的宰制，西方国家主导人类历史长达300年。然而，正如新加坡马凯硕教授在其著作《新亚洲半球》中所言，进入21世纪后，世界权力的重心明显向亚洲移动，亚洲将成为人类历史舞台上的要角。“新亚洲半球”的崛起，可以跟20世纪崛起的西半球一样，撑起半边天；世界舞台上西方国家独占鳌头的时代，已经告一段落。

欧美社会的有识之士均不约而同地提出警世之论：西方国家所熟悉的世界已经一去不返

最近几年，这四重历史趋势出现反转的迹象愈来愈明显，也难怪许多欧美社会的有识之士均不约而同地提出警世之论：西方国家所熟悉的世界已经一去不返。从《新闻周刊》前总编辑法里德·扎卡利亚所宣称的——我们正进入“后美国世界”以及正面临人类近代史中“第三次重大的权力移转”，到加州大学伯克利分校国际研究中心主任韦伯与另外两位年轻同事所描绘的“没有西方的世界”，到美国外交关系协会会长哈斯所宣称的“美国主导的单极世界已经结束，21世纪将是一个无极世界”，他们的共同语言没有别的，就是西方国家要准备迎接一个崭新的全球权力结构。

过去世人为美国无与伦比的超强国力所震慑时，无法看清这个单极体系的结构也有脆弱的一面。当选举式民主被树立为唯一具有正当性的政治模式时，大多数人就选择性地忽视“民主门面”背后的权力腐化、寡头垄断与民意操弄，同时世人也就轻易接受西方媒体对“非民主体制”近乎妖魔化的描绘。过去“西方中心主义”长期支配解释非西方世界现代化经验的话语权，非西方世界多样的现代化经验经常被削足来适履，硬被塞入“一元现代性”分析架构，不同文化传承下的现代化路径与形貌的重要差异被刻意忽略或排斥。现在回头来看，其实“多元现代性”才是一个更贴近20世纪历史事实的概念架构，从日本、韩国、新加坡、土耳其到卡塔尔都是如此。

人类社会将同时面临两种可能的历史发展情境

这四重历史趋势同时出现反转，对人类社会发展的意义是十分深远的。这意味着“一元现代性”的历史框架松动了，取而代之的是“多元现代性”的格局。过去在一元现代性框架下，衡量“进步”与“落后”的坐标是明确的，现在这个我们熟悉的历史坐标开始受到质疑。这也意味着，非西方社会在面对社会制度与价值体系之选择时，享有更大的思维想象空间。与西方文明接轨未必是“进步”，与自身文化传承重新接轨未必是“落后”；非西方世界更有条件开展费孝通所提倡的“文化自觉”，因为西方世界加诸非西方世界的外部制约条件将愈来愈松弛。

非西方世界知识分子也意识到，他们的发展道路不能重蹈西方物质文明的覆辙，因为地球无法承担；广大的非西方世界必须另辟蹊径发展。中国与印度的知识精英更是责无旁贷，因为人口和经济规模庞大，两国的经济崛起对地球生态平衡的潜在冲击，将远大于西方先进工业化国家遗留的历史包袱。

这跟冷战结束后的头十年完全不同，当时所有非西方社会都面临“选项压缩”的困境，选举式民主与美国式资本主义似乎是唯一的道路。这也意味着，人类社会将同时面临两种可能的历史发展情境：一方面，全球秩序可能进入一个较长的崩解与重组时期，在这期间一定程度的失序与混乱很难避免，许多全球层次的公共治理议题可能出现巨大的真空；另一方面，我们也可能迎接一个更公正的全球秩序之来临——一个更符合对等与互惠原则的国际经济交换模式，一个更尊重文化与宗教多元性的全球公共论述领域，一个更能统筹兼顾地球上绝大多数群体的可持续发展需要，以及更能体现“休戚与共”及“和而不同”理念的全球秩序。

（作者为复旦大学社科高等研究院学术委员、台湾大学政治学系教授。本文为作者所著《高思在云》一书的序言，有删节）

司法公信力呈现“四个交织”

郝铁川

过去一个历史时期内，“依法治国”曾被视为“以法抗党”的一个反动口号，许多主张依法治国、发展社会主义民主和加强社会主义法制的有识之人在1957年的“反右”运动中被错划为右派分子。党的创始人之一董必武同志，因为坚持法治主张，曾四次遭到批判，最后在“文化大革命”期间连续四次给别人书写了“群言堂”之后抑郁而终。这种现象直到改革开放后才得到拨乱反正。其实，在社会主义中国，法律是党的意志和人民意志相结合的产物，是党领导人民制定的，服从法律和坚持党的领导本质上是一致的。

转眼间，党和国家提出依法治国的方略已经20多年了，一方面人们感到我国的依法治国确实取得了巨大成就，但另一方面又对现状感到很不满足。原因何在？我认为，根本原因就在于我国现在还处于并将长期处于社会主义初级阶段。经过改革开放30多年的努力，一方面中国特色社会主义法律体系已基本形成，国家经济建设、政治建设、文化建设、社会建设以及生态文明建设等方面都实现了有法可依，中国法治建设的主要矛盾已经从有法可依转向有法必依；另一方面，我国执法和司法工作有了巨大发展，不仅建立起完善的执法和司法体制，而且建立起一支具有专业素质的执法和司法队伍。但是，与人民群众对严格执法和公正司法的渴求相比还有较大差距，特别是执法不严、司法不公、司法腐败问题还很突出。例如，根据江西省高级法院课题组发表的一项专题研究，人民法院司法公信力问题就呈现“四个交织”。

其一，案件质效不断趋好与司法公信力不断趋弱的现象交织。

随着近年来法官的综合素养不断提升，司法行为更加规范透明，审判管理日益加强，人民法院案件质量、效率和效果取得了实实在在的发展进步，近年来的司法统计数字为此提供了强有力的论据。但人民法院司法公信力并未随着案件质效的不断提高而相应提升，在很多表征上还呈下降态势，如司法的权威不够理想，人民群众不信任司法的情绪有所蔓延，社会舆论质疑司法的声音还很多。这种现象在官方常被表述为“人民法院的自我评价与社会评价之间存在差距”。

其二，当事人维权意识增强与权利滥用现象交织。

在当事人利用司法审判维护权益的意识不断增强，法院受理案件数屡创新高的同时，虚假诉讼，不服从裁判、不履行裁判，规避执行、暴力抗法，信访不信法、以信访谋取不当利益的现象比较突出。也就是说，权利意识、法律观念的增强并没有有效转化为尊法守法的自觉行动，当事人对司法的利用存在很强的功利主义色彩，对司法的评价因为掺杂着客观利益因素而存在一定的偏见。实践中死刑案件闹访现象突出就是典型例证。

其三，社会公众对司法的客观评价与主观臆断交织。

社会公众对司法的不满情绪并非空穴来风，无中生有，司法本身客观上存在的种种不足与问题，在信息化时代得以充分暴露，而这种负能量在很大程度上影响甚至主导民意对司法的评判，导致司法的社会评价不高。但有必要注意到，社会公众在认知司法时获得的基础信息在一定程度上与司法的真实状况并不完全对称。譬如，通过法律程序固定下来的定案证据与公众对案件事实的当然判断之间，法官的法律思维、职业判断与公众的道德思维、常理判断之间常常存在一些偏差。在这种信息不对称的情形下，社会公众对司法的认知及其对司法的质疑也因此可能会带有一定的偏见或主观臆断。再如，在很多热点案件中，由于这些案件本身包含着公权力滥用、公民维权难等因素，人们往往不容易站在客观、公正、中立的立场，更容易随从沸腾的民意，选择性地摘取信息、摘取事实，把破碎化的信息强行拼凑，而不考虑其客观与否；选择性地以社会道德、公众伦理而不是法律来作为评判是与非的标准，并以此质疑司法活动与司法裁判。

其四，司法公信力不足与法官对司法的自信不强交织。

前述分析显示，法官对司法的自信也未随着案件质效的不断提高而相应增强。相反，在当前社会诚信整体不足、外界对司法信任感不强的背景下，在办案的各种压力下，法官对司法的自信也屡屡受挫。有的法官不仅不太信任一些“同道中人”的职业能力乃至职业操守，而且也怀疑起自身职业使命的尊荣与神圣。当法院和法官缺乏司法自信时，在案件的裁判上难免会出现犹豫、迟疑、遮掩、妥协等倾向，这会极大地劣化司法的品质，严重地破坏公平、正义，最终影响司法公信力的提升。

之所以出现上述现象，是因为社会生产力的迅猛发展与经济基础的急剧变化，往往会引起上层建筑、价值观念领域的不适应现象，这在社会转型时期难以避免。那么，如何认识中国依法治国的难点、重点和特点？这是我在《论法治》一书中着力探讨和回答的问题。一言以蔽之，中国依法治国的实践，必须从坚持社会主义初级阶段基本理论出发，坚持党的领导、人民当家做主和依法治国的统一，迈上“秩序”“渐进”与“综治”之路。

（作者为上海文史馆馆长）

与古圣先贤神交的一个窗口

郭齐勇

国学大师钱穆先生曾说："今人率言'革新'，然革新固当知旧。"对现代人尤其是青年一代来说，缺乏的也许不是所谓的"革新力量"，而是"知旧"，也即对传统的了解。

中国文化传统的源头，都在中国古代经典当中。从先秦的《诗经》《易经》，晚周诸子，前四史与《资治通鉴》，骚体诗、汉乐府和辞赋，六朝骈文，直到唐诗、宋词、元曲和明清小说，在传统经典这条源远流长的巨川大河中，流淌着多少滋养着我们精神的养分和元气！

《说文解字》上说"经"是一种有条不紊的编织排列，《广韵》上说"典"是一种法、一种规则。经与典交织运作，演绎中国文化的风貌，制约着我们的日常行为规范、生活秩序。中国文化的基调，总体上是倾向于人间的，是关心人生、参与人生、反映人生的，当然也是指导人生的。无论是春秋战国的诸子哲学，汉魏各家的传经事业，韩柳欧苏的道德文章，程朱陆王的心性义理；还是先民传唱的诗歌，屈原的忧患行吟，都洋溢着强烈的平民性格、人伦大爱、家国情怀、理想境界。尤其是四书五经，更是中国人的常经、常道。这些对当下中国人治国理政，建构健康人格，铸造民族精魂都具有重要意义。经典是当代人增长生命智慧的源头活水！

长江文艺出版社历来重视中华民族优秀传统文化的传播及普及，近年来更在阐释传统经典、传承核心文化价值，建构文化认同的大纛下努力向中国古典文化的宝库掘进。他们推出《国学经典丛书》，殊为可喜。

怎么样推广这些传统文化经典呢？

古代经典和现代读者的阅读习惯及趣味本来有一定差距，如果再板起面孔、高高在上，只会让现代读者望而生畏。当然，经典也不是任人打扮的小姑娘，一味将它鸡汤化、庸俗化、功利化，也会让它变味。最好的办法就是，既忠实于经典的原汁原味，又方便读者读懂经典，易于接受。在这个原则的指导下，《国学经典丛书》首先是以原典为主，尊重原典，呈现原典。同时又照顾现实需要，为现代读者阅读经典扫除障碍，对经典作必要的字词义的疏通。这些必要精到的疏通，给了现代读者一把迈入经典大门的钥匙，开启了现代读者与古圣先贤神交的窗口。

（作者为武汉大学国学院院长。
本文系作者为《国学经典丛书》所写的总序，有删节）

还“西方文明”一个真实的面貌

钱乘旦

《西方那一块土》这本书，是我近年开设的“西方文化通论”课程讲稿结集。主题集中在“西方文化”的特点是什么、精髓何在，“西方文化”建立在什么样的人生哲学和宇宙观念之上，它会怎样观察和处理问题，如今表现为何种形态、为什么是这种形态？诸如此类。深层的问题更重要，如果我们只了解一些表面现象，而不明白“西方文化”的观念与指向，也就是价值基础和思想方法，我们仍然弄不懂“西方文化”究竟是什么。

对“西方文化通论”中“文化”内涵的界定

首先，我要说说“文化”是什么。我们这里所说的“文化”是一个大文化概念。“文化”这个词至少有三种理解，最基础的理解是“读书写字”。20世纪中叶新中国刚成立的时候，人们看见不少小青年身穿“毛装”，上衣口袋里插着一支老式钢笔，你就会说这个小伙子有“文化”，那个意思是：他能够“读书写字”；至于文化程度呢？可能只是初小毕业，就是现在的小学四年级毕业，他在小学读了四年书。那个时候，有这样的“文化”已经很了不起了，因为整个社会的文化程度很低，大部分人是文盲，既不会读书，更不会写字，在小学读了四年书，就可以到乡政府做文书，或者在军队做文化干事、文工团助理等，这就叫有“文化”。第二种理解是指文学、艺术、小说、戏剧，还有唱歌、跳舞等，粗略地等同于现在人们所说的“文学艺术活动”。有时人们说需要有一点“文化生活”，指的就是这个“文化”；文化部管的也是这个“文化”。近来人们经常使用一个词，叫“文化产业”，也是在这个意义上理解“文化”。

但是我这门课所说的“文化”，既不是“读书写字”，也不是“唱歌跳舞”，这两种意义的“文化”是初等层级的，用哲学语言来说就是“形而下”；我说的“文化”属于“形而上”，和“文明”的含义差不多。

“文化”和“文明”有什么区别？区别还是有的，但我这里不打算说太多；我这里只说：“西方文化通论”中所指的“文化”，是指社会的整体存在方式，它包括社会的制度设计、生活状态、价值取向、思维方式、物质创造、精神导向，等等，这就是对“文化”的第三种理解。显然，前两种理解包含在第三种理解中，第三种理解是一个更宽、更高层次上的理解。“西方文化通论”就是在这个意义上介绍“西方文化”，介绍西方社会在各个历史阶段上呈现的特点、各种因素、各种制度等。我们在这个意义上讨论“西方文化”，看西方文化如何发展到现在。“文化”是一种积淀，没有历史过程也就没有“文化”的厚度。

不仅讲述和西方文明相关的知识，
也提出分析和观察西方文明的方法

我这门“西方文化通论”课不仅讲述和西方文明相关的知识，也提出分析和观察西方文明的方法。任何文明都有自己的长处，也都有自己的短处，西方文明并不例外。但是很长一段时间以来，有些西方人却把自己的文明说成完美无缺，而其他文明则一无是处。在他们眼里，西方文明从一开始就是对的，指引着正确的方向；其他文明则从一开始就错了，隐含着天生的“劣根性”。这种说法尽管荒唐，而且越来越不能拿出来登大雅之堂，但它却流传广泛，很容易让一些人信以为真。我在讲课中是要破除这种迷信的，西方文明的确有许多长处，值得他人学习，但也有不少短处，须被他人引以为戒。

纵观书店中陈列的多数关于西方文明的著述，要么只介绍基本知识，要么只说其长处而不说其短处，这就很容易造成误导。西方人只喜欢讲自己之长而不喜欢讲自己之短，这应该是人之常情，大抵天底下的人都喜欢只说自己好；可是作为中国学者，大可不必像西方人那样只说它的好，我们观察西方文明的最大优势，就在于我们不在“那山”中，可以看得更清楚。过去五百年是西方占据世界优势的时代，西方文明的长处得到充分发挥，但它的短处也充分暴露了。最近几十年世界格局开始扭转，原先被欺压的其他文明正在缓慢、但异常坚实地回到近代以前那种彼此不分高低的状态，而一旦世界上所有的文明都相互平等了，这个世界也就会平安得多。所以，我们对西方文明的期待，如同对其他文明的期待一样，希望彼此互相学习、取长补短，为人类共同的福祉创造条件——如果“全球化”确实有某种积极的含义，就应该形成这种局面。

西方文明来自西方本土，而不来自西方的上天；西方文明是土生土长的西方本土文明，有许多现象是它所特有的，并非所谓的“普世价值”。《西方那一块土》，说的就是这个意思。西方文明有它的源，也有它的流，我这门课试图把西方文明的源流讲清楚，同时也把我自己的评判穿插其中。在短短15次讲课中要想完成这些任务，无疑是一件艰难的事，不过讲解西方文明，确实不能只介绍知识，需要有自己的思考。

（作者为北京大学教授）

秘藏文献读之不忍释卷

张燕婴

继2014年《中国近现代稀见史料丛刊》（第一辑）出版后，凤凰出版社2015年又推出《中国近现代稀见史料丛刊》（第二辑），共13种14册。

此辑所收之书，《翁同爵家书系年考》中的书信为国家图书馆藏品（且翁同爵其人是翁氏家族成员中以往被关注较少者），《张佩纶日记》《爱日精庐文稿》均系上海图书馆藏品，《赵元成日记（外一种）》底本藏复旦大学图书馆，《吴兔床日记》底本分藏国家图书馆和上海图书馆，《翁斌孙日记》之底本八册，分存美国翁氏后人手与常熟市图书馆，《潘德舆家书与日记（外四种）》收录的七种文献均以稿本、抄本形态存藏，《张祥河奏折》所录文献更是分藏北京第一历史档案馆、台北“故宫”和美国国会图书馆，《十八国游历日记》《十五国审判监狱调查记》底本虽为民国间石印本，然其中资料亦有专门从事清末以来中国监狱史研究的学者所未见者，可知流布甚稀。整理者们将这些秘藏、分藏的文献钩稽出来，关联起来，可谓用力。

这些日记、家书提供一些能够瞥见个体生命的细节与深度的史料，补充了我们对历史细部的认知

这套丛书以私人化、生活化的日记、书信为主要选材，共收有七部日记、两种家书。这样的选材本身是在尝试着于宏大的历史叙事之外，提供一些能够瞥见个体生命的细节与深度的史料，以丰富我们对于构成历史的每一个当事人的认知，了解他独有的生平事迹、亲属状况、人际关系和社会地位，以及他的观念、爱好、愿望与眷恋等；同时，这些个体（也正是构成历史的主体）的记忆，恰好补充了我们对历史细部的认知。

比如读潘德舆的《养一斋日记》，其中记录了道光元年（1821年）潘氏参加乡试的情形，七月十一日记曰："与胡舍南书，议省试买卷事……与梁生法书，议省试寓伴"；十二日记曰："与苏生浩书，议省试伴……邵立三、刘汇三来，议省试行期"；十三日记曰："李为车桥应试者卜……予卜入省安否"；十六日记曰："揲蓍问南行安否"；二十日记曰："王生景洛札来，问省试行期……胡舍南覆书至，谓买试卷已托丁粹孙"；二十一日记曰："至刘汇三宅，谈省试诸作伴者分合事"；八月初七日记曰："摒挡入闱考具，琐琐不堪其烦"——将应试前的种种绸缪计划、焦虑忐忑如实记录在案，想来诸位参加过各种考试的看客，读之都会会心一笑。而潘德舆八月初八日至十五日间的日记，更让人对乡试三场对考生的"摧残折磨"有了形象而具体的认识。如八月九日记曰："午后，日光烁面，热不可当，头风大发，至四鼓未得合眼，不能作一字，不待言矣。是夜痛楚不堪，深悔恋此名场，自诒伊戚，无可奈何，只索安坐待之"；十四日记曰："号中某生吐泻不止，监临遣医来针之，僵卧号舍中，不肯纳卷出。省下此症极多，二场某生以此死号中"。从前只说是八股取士，灭杀人性，殊不知甚者灭杀人命也！与此类似的还有《翁斌孙日记》中收录的光绪二十年（1894年）"甲午恩科春闱小记"，只不过翁氏的身份是考官，而非考生；考试也升级为礼部试。相比之下，翁斌孙日记中呈现的多是监试期间的应酬与百无聊赖。在这些日记中，气氛肃杀、程式繁多的科举考试，变身为潘氏、翁氏血肉丰满的人生经

历，读之让人不忍释卷。

日记记录者的观察与思考，能使以往的研究有向纵深推进的空间

同时，日记并不只是记录者日常的衣食住行或生活琐事的罗列，也常常记录着他们深入的观察与深刻的思考。如金绍城《十八国游历日记》宣统二年（1910年）五月二十五日记其在山海关所见，“城中市面甚萧索，而日人营业者甚多，甚至肩挑贸易遍地皆是，于我国商务前途亦大有影响”；二十六日记：“关外日人杂居营业者较山海关尤多，据黄君言，注册者共五千人，而往来无常者三倍之。由此间至长春八百余里，日本之屯耕者处处是民，即处处是兵，不可究诘。沈阳为陪都重地，而强邻实逼处此，令人触目惊心。”对于清末（日俄战争结束后）日本人在东北的布局与经营，表示出深深的担忧。

其他如《吴兔床日记》中记载了吴骞中年至晚年的藏书经历、读书心得、与书友间的交往等情况，是考察这位乾嘉时期著名的学者型藏家书事活动最直接的史料；《张佩纶日记》中多记其校阅《管子》一书的活动（从光绪六年到光绪十九年间都有），可作为了解其著《管子学》一书进程的佐证材料。若能充分利用日记中的此类内容，相信也会使以往的研究有向纵深推进的空间。

从刊重点收录的日记或书信资料，则因为文献的私密性最高，往往更加真实可信

本丛刊重点收录的日记或书信资料，则因为文献的私密性最高，往往更加真实可信。如赵元成的《辛亥日记》，记述1911年山西起义甚详。从10月29日起义爆发，到12月29日赵氏逃离并城，在这两个月的恐慌与动荡中，作者以平民的视角呈现了义军入城、火烧两署，清军入晋、激战乏驴岭等的历史场面，以及兵匪共事劫掠、贫民惨遭杀害，农辍于野、货滞于市，物价腾昂、金融失序的民生惨状。这些历史图景，都是此前的史料或史书中所缺乏的。故赵氏日记，诚如整理

者所言："既是一个平民眼中的'辛亥史'，也是一个文人经历的'辛劳史'，更是一个国家乃至一个民族的'辛酸史'。"

将个人的生活记录不断挖掘出来，与宏大的历史叙事构成互补，形成互动，以各式各样的线索、手段来帮助人们获得对过去的知识，逐渐交织出一幅色彩更丰富、纹样更细致的历史锦绣。这是此丛书编选者最重要的心思所在。

（作者为国家图书馆《文献》杂志编审）

“凡一国之进步，必以学术思想为之母”
——梁启超之思想力量观

章继光

作为近代思想史开风气的人物，梁启超关于思想启蒙、思想解放的言论成为治疗国民思想疾病的良药，在当时受到人们的广泛关注，产生了振聋发聩的作用和影响。郭沫若评价说：“在他那新兴气锐的言论之前，差不多所有的旧思想、旧风气，都好像狂风中的败叶，完全失去了它的精彩。”当时的“青少年——无论是赞成或反对，可以说没有一个没受过他的思想或文字的洗礼的”。

梁启超高度重视思想的力量，他指出：“思想者，事实之母也。欲建造何等之事实，必先养成何等之思想。”（《国家思想变迁异同论》，《饮冰室合集》文集之六，第12页。中华书局1989年）“凡一国之进步，必以学术思想为之母”（《新民说》，《饮冰室合集》专集之四，第59页）“思想自由之门开，而新天地始出现矣”（《新民说》第41页）。梁启超将思想视为孕育、开创工作新局面，推动社会发展与国家进步的原动力（母体），对思想的价值予以极高的评价。既然思想如此重要，那么让人们的思想摆脱各种束缚与干扰，保持开放与充满生机的状态，在变革社会的实践中充分发挥它的动力机的作用，就是题中应有之义了。如何才能打开思想之门？梁启超强调了以下几点。

第一，不让古人、前人牵着鼻子走。

梁启超告诫人们，“勿为古人之奴隶”（《新民说》第46页）。就是不要迷信古人、前人。他说："非古人之法言不敢道，非古人之法行不敢行，此奴隶根性之言也，夫古人自古人，我自我……以古人之脑筋为脑筋，不过一有机无灵之土木偶。"（《国民十大元气论》，文集之三，第63页）梁启超指出，历史上的任何贤能大哲，他们的眼光、决策都受到当时条件的制约，历史时空的局限，只能"匡一时之弊，规当世之利，而决不足以范围千百万年之后之人也"（《新民说》第47页）。他举例说，孔子教人择善而从，如果不经过一番"择"，如何知道他是善？"只这个择字，便是思想解放的关目"（《欧游心影录》，《饮冰室合集》专集之二十三，第25页）。他告诫人们，对前人的著作、言论要审慎分辨、选择，敢于发表批评意见，不要让各种陈旧的观念与说法束缚了自己的思想，放不开脚步。

第二，不要被世俗牵着鼻子走。

梁启超认为，中国人在封建专制下形成的国民性长期以来受到历史世俗的无数束缚，"非悉数解放，不能树立。祖宗的遗传，社会的环境，都是莫大的力量，压得人们不能动弹"（《欧游心影录》，《饮冰室合集》专集之二十三，第25页）。因此他告诫人们，"勿为世俗之奴隶"（《新民说》第48页），盲目跟风，人云亦云，恪守陈旧的观念，都是为世俗束缚的表现。他指出，古代俗谚所谓"城中好高髻，四方高一尺；城中好广袖，四方全幅帛"就是对盲目仿效和无知者的一种讽刺；至于"一犬吠形，百犬吠声"则是堕入到更为可悲可叹的地步了。梁启超根据人们的思想层次，将面对旧风气的人分为三种情况：第一种，困缚于风气之中者；第二种，跳出风气之中者；第三种，跳出旧风气，而后能造成新风气者。他最为赞赏的是第三种，说："夫世界之所以长此不灭而进化者，赖有造新风气之人而已。"（《国民十大元气论》，文集之三，第63页）他指出，凡有志于创造新时代、新风气的志士面对世俗浊流应该具有"狂澜滔滔，一柱屹立"（《国民十大元气论》，文集之三，第63页）的气概。

第三，不要被困境所屈服。

梁启超告诫人们："勿为境遇之奴隶"（《新民说》第48页）。他所谓"境遇"，主要指的是逆境、困境。凡有志于革新之士，常常会遇到困难与挫折，他勉励人们，不要被眼前的困境所难倒，直面困难要拿出披荆斩棘的勇气和毅力，"凿榛莽以辟之，烈山泽而焚之"（《新民说》第48页），开出新的道路。梁启超对社会历史发展的前途充满乐观和信心，他说："天下进化之理，未有穷者"（《自由书·论成败》，专集之二第1页），历史的发展"日迈月征，进进不已"（《中国专制之进化论》，文集之九第59页）。对于那种因一时的困境、挫折而潦倒，将志气消磨尽净，看不见光明前途的人，他表示遗憾和痛心。他用宋人的两句诗"卷舒一代兴亡手，出入千重云水身"（《新民说》第48页），鼓励人们做叱咤风云的斗士，勇敢地挑起民族和国家的重担，投身于社会变革的战场。

以上几点，不迷信古人，不追随时俗，均是强调发挥自我的能力；不屈于困境，则是强调一往无前的进取精神。只有敢于打破各种束缚自己的条条框框，冲出世俗的困扰，又具有坚韧不拔的斗志，人们的主观能动性才能得到充分发挥，思想才会得到彻底解放。梁启超认为，要做到这几方面，关键在于保持精神思想上的独立与自由。他说："自由者，天下之公理，人生之要具。"（《新民说》第40页）"独立者何？不借他人之扶助，而屹然自立于世界也者，人而不能独立，时为奴隶。""故独立性，孕育世界之原料也。"（《国民十大元气论》，文集之三，第63页）他指出，只有把前人、世俗、境遇对"真我"的束缚"一层一层的打扫排除"，人们才会获得精神思想上的真正独立与自由，才不会做古人、时俗、境遇的奴隶，思想解放才会彻底（《欧游心影录》，第28页）。不能否认，在梁启超对思想价值作出的判断中，有着中国古代心学和西方柏格森生命哲学的影响，但在山河呜咽、万马齐喑的近代中国，与其拒绝它们，毋宁让它们一道来振奋、刺激国人麻木、疲弱的神经。正如一位哲人所言："我们的全部尊严就在思想。"

依法治国的两个层面

丁国强

严存生的《法治的观念与体制》一书，围绕“作为观念和作为政治体制的法治”，从观念和体制两个层面展开了法治思考。

没有体制的保证，法治原则、法治精神，只能停留在观念层面、动员状态

从观念到体制是法治发展的必然过程。法治观念更多体现法治的应然，法治体制更多体现法治的实然。法治观念是历史形成的价值共识，体制是法治观念、法治状态的固化。严存生认为，“法治观念的深层本质在于法律必须表达全体社会成员的共同意志，必须是集体智慧的结晶”。法是全体社会成员的集体决定，而不是单个人的决断。民主是法治的前提，也是法律的基础。规则之治实质上是人民之治。亚里士多德之所以得出“法治优于一人之治”的结论，是因为根据人民制定的法律来治理国家，掌权者就更不容易犯错误。新西兰法学家杰里米·沃尔德伦认为，法治是一种平等的统治，“如果我受制于另一个人，那么我的处境就是任由他的冲动和激情摆布。但如果我们都受制于法律，那么个人的因素就被排除在政治之外。通过使每个人都受制于法律，从某种意义上来说，我们又使自

己处于平等地位了”。政治体制将法治从观念变成现实，体制是法治实际状况的反映，体制是常态法治的保证，否则，缘法而治就成了权宜之计。法治不仅仅是法律和秩序的同义词，更重要的是对国家权力的制约、对政府活动的驾驭。斯宾诺莎、洛克、康德等思想家都认为只有建立民主政体、共和政体，才能使权力受到限制，使权利得到保障。他们清醒地认识到，对法治的构思不能悬浮在理论之上，否则只能是一堆无用的空谈。

严存生指出：“从历史上看，仅有一套法治的观念或仅有法律制度都没有产生法治状态。”法治不能靠冥想和空谈，只有建立与法治相配套的政治体制，才能对政治行为进行有效的法律规制，将法治要求落实到具体的权力运行之中。政治是法律的基础，法律是政治的规则，法律与政治既不能混同，又不能绝对分离。法治是政治理性的重要体现，政治体制是法治运行的重要载体，也是良法之治得以实现的重要保障。没有体制的保证，法治原则、法治精神就只能停留在观念层面、动员状态。博登海默说：“如果要有一个纯正的法律体系，只是以权利的实质上平等授予人民，那还是不够的。就是政府的权力也必须有着某种制衡制度加以限制。”从某种意义上说，法治并不仅仅是一种可供选择的治理方式，而是历史的产物、历史的必然。法治的成熟与历史发展、社会变迁密不可分。法治只能在历史中展开，在历史中存在，并随着时代的发展而变化，使得维护秩序、公平、正义、平等等价值的社会根基和尊奉法治的文化越来越深厚。

法治只有与民主、道德等多种因素、手段和资源相结合，才能最大程度实现良法善治

法律并不是唯一的治理手段，严存生认为，把法治理解为一种政治体制，既坚持法律至上但又不法律唯一，这有助于克服对法治的片面理解。法治并不具有排他性，法治只有与民主、道德等多种因素、手段和资源相结合，才能最大程度实现良法善治。严存生所谓的政治体制实质上就是国家治理体系，是法与国家和权力交互作用的结果，其核心是以控权为重点的政治权力结构。任何政治体制都不可能是一劳永逸的一揽子解决方案，必须在回应现实挑战、解决矛盾问题中不

断调整和完善。

王绍光认为："从政道的视角看，不管是什么政体，它们都面临着种种挑战，其中相当多的挑战是类似的，完全可以相互借鉴治国之道，很难说这个政体优于那个政体。"王绍光所谓的政道，实质上就是政治价值与政治体制的结合。仅有法律制度并不足以构成法治，法治是建立在本土政治资源之上的政道、治道的实践形态，是工具理性与价值理性、自身传统与移植借鉴、长远发展与回应当下的结合。国家治理是一个复杂系统，缘法而治体现在国家治理各个环节，既要协调利益、化解冲突，又要有效管理公共资源、保障公民权利，这其中既要树立法律权威、尊重规则，又要动员多元治理主体，运用各种治理手段、调动多个层面治理资源进行国家和社会治理，共同实现良法善治、公平正义、保障人权等治理目标。法治并不等同于法律人之治，法治是人民的事业，而不是少数精英的圈子活动。法律人是推动人民参与法治事业的中介，而不能够包揽和替代人民参与法治，不应该仅仅是谙熟法条者，而应该是深解法理者，更应该是有高尚的社会理想和道德情操者。

法治既要规范社会行为，又要引领社会价值，这就需要从观念和体制两个层面来实现

作为政治体制的法治既是政治权力的运行体系，也是法治观念的支撑体系。法律要得到普遍遵循，必须要在全民中形成一种观念自觉、价值自觉。只有在法律的引领下，人们才能够过一种正义生活、理性生活。国家只有依照法律治理，才能合乎人的本性和国家需要。法在本质上是一种集体决定，其天性就是反对个人擅断，这不但对于塑造民主宽和的社会氛围有益，而且也有助于提升整个国家的理性和素养。正如詹姆斯·哈林顿所言，法律是一个良好国家必备的心灵素养，尊重法律权威与尊重公民权利和利益是一致的。

"律令者，政事之经，万机之纬"。法治关系国家治理体系的正当性和有效性，而国家治理体系决定着法治的系统性和稳定性。法律不仅是社会控制的工具，而且也是实现社会正义和社会理想的重要路径，既是一个规则体系，又是一

个价值体系。因此，法治既要规范社会行为，又要引领社会价值，这就需要从观念和体制两个层面实现法治的价值和目标，使法治成为适应中国国情、足以应对现代社会复杂性的有效制度形式和生活方式。

（作者为西南政法大学特聘教授）

重提张岱年的中华文化精神观

王　东

源远流长的古老中华文明，正焕发出现代化的青春气息，从理论思维的高度重塑、重振中华民族的文化精神，实现中华民族复兴，恰逢其时。张岱年先生从1930年代开始，就呼吁“中国精神”及其现代创新。20世纪80年代，张先生更深入地探讨中国文化的基本精神，他指出：“几千年来，中国文化延续发展，虽然曾经一度落后，但又能奋发图强，大步前进，这不是偶然，必有其内在的思想基础。中国文化长期延续发展，虽曾经走过曲折的道路，而仍能自我更新，继续前进。这发展更新的思想基础，就是中国文化的基本精神。”中华民族前赴后继衰而复兴的历史足迹，充分验证了这个观点。

张先生认为，中国文化基本精神的主要内涵是“刚健有为；贵和执中；崇德利用；天人协调”，用《易经》中的两句话来说就是“天行健，君子以自强不息；地势坤，君子以厚德载物”，他将其进一步概括为“自强不息，厚德载物”八个字。我认为，这八个字形象地表述了中国文化精神的精髓，并作为文化深层基因深深扎根于中国人的血液中。

中国文化精神乃是有源之水、有本之木。在张岱年先生和程宜山先生所著的《中国文化精神》一书中，他们详细剖析了中华民族精神的哲学底蕴和思想来源。“以人为本”的人本思想和以和为贵的整体和谐思想，是中国文化精神的两大哲学基石；而源起于炎黄传说、以精神文明与物质文明统一发展的“正德（提高品德）、利用（改进技术）、厚生（丰足生活）”三事并重，和“天行健，君子以自强不息；地势坤，君子以厚德载物”，无疑是中国文化精神最早的思想源头。

中华民族的精神和其他国家的民族精神相比，既有普遍共性的方面，又有个性特殊的一面。张先生从文化形态到哲学基础，生动具体阐明了这种异同，主要在于以下三点：一是“天人合一”与征服自然。中国文化比较重视人与自然的和谐，而西方文化则强调征服自然战胜自然；二是家族本位与个人本位。中国文化以家族为本位，注重个人的责任与义务，西方文化以个人为本位，注重个人自由和权利；三是“协和万邦”与征服世界。在民族关系问题上，中国理想的民族关系模式是通过道德的教化“协和万邦”。这是中华民族爱好和平的优良传统，西方文化则比较偏重于讲究竞争、讲究斗争。

中国精神与西方文化精神的不同点，表现在当代民族历史与全球历史、多元化与一体化并存的发展趋势中，则可见中华文化体现的是共同发展的宽容与和谐精神。

今天重提中国文化精神，应该特别注意张岱年先生一直强调的一个重要观点：不仅要充分肯定个人主体性、个人独立人格的必要性，而且更应强调保持中华民族主体性、保持独立国格的极端必要性。或许可以说，西方个人主体性理论，是个人本位的人权学说的哲学基础，而张岱年先生则意在探索一种超越西方的东方人权理论的哲学基础，即：把个人主体性和民族主体性有机地结合在一起。这一点无疑更有意义：既要保持自身的主体性，又要弘扬发展的开放性。保持民族精神的主体性，就是保持民族的独立地位；弘扬民族精神的开放性，就是以海纳百川、有容乃大的博大胸襟，认真学习其他民族的文明成果，特别是现代化国家创造的当代文明，推动中国的现代化发展。可以说，强调民族主体性的中华文化精神，是我们新时代的思想长城。其实，中国文化精神就是中国民族精神。它是我们民族的生存之根，是民族心理的核心观念，是民族理想的价值导向，更是民族凝聚力的思想基础。

还有一点应当指出：综合创新是张岱年先生的重要思想。张先生认为，中国文化精神也不是一成不变的，而是一个不断综合创新的过程。中国文化精神首先植根于中国母体文化，植根于其中刚健的、有生命力的成分；近代以来又吸收了西方现代化的文明成果，以及当代社会主义的新型文明。在实现中国梦的进程中，文化创新不可或缺。中国文化创新是一个复杂的系统工程，其中一个重要的方面就是中国文化精神的创新。

（作者为北京大学教授）

“市场机制”与“官僚体制”的边界

雷　颐

奥地利学派代表人物路德维希·冯·米塞斯所著的《官僚体制·反资本主义的心态》（新星出版社出版），言约旨远。他的主旨是捍卫市场经济，因此官僚体制是必须解决的真正病因。但他又并非简单地“反官僚”、完全否定官僚体制的合理性，而是冷静、客观地分析了“市场机制”与“官僚体制”各自的边界。

市场经济实行的“利润管理”，是一种经济民主体制

他指出，在人类社会框架内处理各种事务，即人们之间的和平合作，存在“官僚管理”与“利润管理”这两种方式。他承认，在某些领域官僚管理是人类行为唯一可能的方法，例如警察局，就不能实行“利润管理”而只能是不考虑利润的“官僚管理”。因此他的目的并不是要控诉或谴责官僚体制，而只是客观分析说明官僚体制意味着什么、与利润管理有何不同。对这两种体制，他明确指出：“我们既不想赞扬，也不想谴责。我们想搞清楚这两种体制的真相，它们如何运行，它们如何服务于人民的需要。”

在他的理论中，市场经济实行的是“利润管理”，在这种模式下，每个企业

家，无论是工商业人士还是农场主，其目的都是创造利润。资本家、企业家和农场主在经济活动中是辅助性的。他们是船舶的舵手，但是他们并不能随意规定船舶的航线。他们不是最高统帅，他们仅仅是舵手，必须无条件服从船长的命令，而消费者才是船长。在这种体制中，真正的老板是消费者，通过购买和拒绝购买来“投票”，每一张钞票实际就是一张“选票”。生产消费者需要的产品，厂家就赢得了消费者的“选票”，结果就能使穷人变富；如果生产的产品不对路，纵然曾经富甲一方，依然会失去消费者的“选票”，使富人变穷。因此，这是一种经济民主体制，消费者是拥有主权的人民，而“资本家、企业家和农场主是人民的仆从。如果他们不服从，如果他们不能用消费者所要求的尽可能低的成本从事生产，他们便会失去自己的地位”。所以，盈亏是消费者给一切工商业活动戴上的紧箍。而如何判断、确定“盈亏”，则要依靠价格。在市场经济中，一切设想和计划，都建立在市场价格的基础上。

某些领域的“官僚管理”，是人类行为唯一可能的方法

从其经济理论，人们很容易认定他是一位彻底的“反官僚”者。但是，他在坚定地反官僚的同时又客观地承认，经济活动毕竟不是人类生活的全部，所以在人类活动的一些领域便不存在“利润管理”的问题，只能由政府进行“官僚管理”，甚至某些领域的“官僚管理”是人类行为唯一可能的方法。在他看来，官僚体制本身无所谓好也无所谓坏，只是一种管理手段。他再三强调，无论是民主体制还是专制统治，都不能没有“官僚化管理”，他甚至将许多人相信的“官僚化管理同民主的政府管理和制度不相容”这种观点斥为“谬论”。

他对“官僚管理”的定义是：“官僚管理是一种运用于行政事务的手段，这种行政的结果，不具有市场上的现金价值。”由于生怕被误解，所以他特别提醒人们记住：“我们没有说成功的公共事务管理没有价值，而是说它没有市场价格，它的价值无法落实于市场交易之中，所以也无法用金钱来衡量。”

“官僚管理”必然比“利润管理”效率低下

企业家获得利润的多寡，是其为消费者亦即全体人民提供的服务是好是坏的体现；但政府的表现，却无法通过这种核算分出胜负。国家为了维持各种机构、支付工资和薪水、购买所有必要的设备和物资而花钱。可是它从开支中得到的成果，它所提供的服务，却不能从货币的角度进行评估，无论这种“产出”多么重要，多么有价值。对它的评估，取决于政府的自由裁量权。

他无奈地承认，我们必须忍受在追求利润的企业中行之有效的办法无法适用于警察局或税务局这一事实。“官僚管理”必然比“利润管理”效率低下，而且，由于公共行政的目标不能用金钱衡量，也不能用会计方法进行核查，政府的“成本”很难精确核定，盲目扩张，便是政府的天性。当习惯于“不计成本”、效率低下的“官僚管理”要突破自己的领域来直接经营企业、以行政手段干预经济时，必然对本应“斤斤计较”、追求效率的经济造成负面影响。

总之，他强调：“许多人视为罪恶的东西，并不是官僚体制，而是官僚管理领域的扩张。这种扩张，是日益限制公民个人自由以及今天的经济和社会政策用政府管制取代私人主动精神这一内在趋势的不可避免的结果。”他提醒说，许多人在要求价格管制的同时往往又严厉谴责官僚主义，而他们没有认识到，政府管制物价也要花费大量的人力物力，因为增设相应的机构与人员必然要增加政府的支出，政府的“成本”加大，即政府更加“昂贵”，只是由于无法对其进行“利润管理”的核算，人们不易觉察罢了。更严重的是，他们的这种强烈要求的实质就是在要求更多、更强有力的官僚体制，人们对“物价”的敏感和“官价”的麻木，是“官僚管理”极易扩张到经济领域的社会心理基础。

（作者为中国社会科学院近代史所研究员）

关于《新中国口述史（1949—1978）》

曲青山

我们党的历史，中华人民共和国的历史，是党和国家的宝贵财富，是中华民族的历史瑰宝。党的十八大以来，习近平总书记高度重视党史国史教科书、营养剂、清醒剂和最好的老师的作用，要求广大干部群众从历史中汲取智慧和力量。为庆祝新中国成立65周年，更好地发挥党史国史为党和国家工作大局服务的作用，中共中央党史研究室组织力量编辑出版了《新中国口述史（1949—1978）》一书，与广大党员干部群众一起回顾我国社会主义建设和探索的历史进程，缅怀老一辈革命家和人民群众的丰功伟绩。

党重要历史决策的见证者和重大历史事件的亲历者

《新中国口述史（1949—1978）》这部书的作者，都是我们党重要历史决策的见证者和重大历史事件的亲历者，是新中国历史的"活字典""活资料"。他们的亲历亲闻、所感所悟，既对改革开放前的历史充满深情和尊重，又对社会主义建设和探索中遭遇的挫折进行实事求是、深刻透彻的反思，体现了共产党人坚定的理想信念和对社会主义事业的深厚感情，表现了共产党人的坦荡胸怀和担当精神。他们通过思往追昔，以亲身经历、生动事例，形象阐明了历史、现实和未来是相通的，历史都是由昨天走到今天、再由今天走向明天的道理，深刻阐释了为什么改革开放前后两个历史时期不能互相否定，也无法人为割裂的真理。他们以亲身经历告诉我们：十一届三中全会以来开创的中国特色社会主义道路得来不易，值得格外珍惜、坚定继承和不断发展；党的基本理论、基本路线、基本纲领、基本经验、基本要求，是经过血与火的考验，得到实践充分证明的，我们应该有充分的道路自信、理论自信和制度自信，以自信、开放、进取的态度，将中国特色社会主义这篇大文章继续写好，写得更精彩。

口述史料以形象、生动、鲜活的特性，和文献资料互为补充、互动互证

历史是纷繁芜杂的，是绚丽多姿的。历史交给历史工作者两个重任：一个是透过现象探求本质，从错综复杂的历史中寻求历史规律，以启迪后人，鉴往知来；一个是将历史的绚丽多姿多维度呈现出来，让人有穿越时空、身临其境之感。如果历史只是冰冷抽象的条文，脱离了历史环境、历史背景，失去了历史视野、历史关怀，是难以引起共鸣的，是无法令人记忆深刻的。回忆录和口述史料正好可以弥补文献资料的不足，以其形象、生动、鲜活的特性，和文献资料互为补充、互动互证，展示历史的多样性和复杂性，让人在历史追思中感悟得失、升华经验。革命导师恩格斯为支持贝克尔撰写回忆录多次专门致信伯恩施坦等人，成为重视和珍惜口述史料的典范。恩格斯认为回忆录“对我们党成立前的历史和我们党的历史来说会是一部新的文献资料”“没有一个真正的历史学家能够忽视这部文献的”，而且也将是“出色的和生动的真正人民读物”。“如果贝克尔不做这件事，这些岁月所发生的事件就将永远被人遗忘，或者是由敌视我们的人民党的人或其他的庸俗民主派来描述这些事件，而这是不会为我们服务的。现在有一个永远不会再出现的好机会，我认为错过这个机会就是一种犯罪行为。”恩格斯三言两语凝练地概括了口述史料提供历史细节、弥补文献资料之不足，增强党史知识的丰富性和生动性、真实性和现实感、感染力和吸引力，有利于掌握话语主导权、服务大局等重要作用。

读到动情处，让人潸然泪下；读到精彩处，让人拍案叫绝；读到深刻处，让人闭目深思

中共中央党史研究室十分重视回忆录和口述史料的征集工作，始终将抢救“活资料”作为迫在眉睫、时不我待的工作来抓。经过艰辛努力和不断积累，已采访了几百位重要历史人物和重大历史事件当事人，整理了逾千万字的珍贵口述史料。《新中国口述史（1949—1978）》正是在这些工作的基础上，经过系统梳理、精心选编而成。如今，这部书的不少作者已经逝去，但他们以对历史高度负责的态度，给我们留下了宝贵的精神财富。这部书凝聚着他们的心血和智慧，是他们革命精神和崇高风范的生动体现。他们的回顾和思考真实、生动、深刻，所以读到动情处，让人潸然泪下；读到精彩处，让人拍案叫绝；读到深刻处，让人闭目深思。在此，我们对他们表达深深的敬意和衷心的感谢，也热忱欢迎、殷切期盼有更多的老同志参与到回顾总结历史、启迪襄助后人的事业中来。

习近平总书记指出：“一切向前走，都不能忘记走过的路；走得再远、走到再辉煌的未来，也不能忘记走过的过去。”我们党成立已经90多年了，新中国建立已经60多年了，改革开放已经30多年了。中国特色社会主义不是从天上掉下来的，是党和人民历尽千辛万苦、付出各种代价取得的根本成就。我们党领导的革命、建设、改革，是一脉相承、薪火相传、生生不息的壮丽事业。历史是最好的教科书，历史是最好的老师。我们要坚定党的历史自信，科学总结党的历史，自觉运用党的历史，帮助人们牢记过去、把握现在、开辟未来，更好地把中国特色社会主义推向前进，更好地肩负起实现中华民族伟大复兴中国梦的庄严历史责任。

（作者为中央党史研究室主任）

“单位研究”：既要回望，更要开新

田毅鹏

从20世纪90年代中后期开始，伴随着中国由计划经济向市场经济转型的基本完成，学术界似乎对单位研究失去了热情，将之视为一个过时的话题，虽然仍偶有研究成果问世，但已很难作为一股学术研究热潮而发挥影响力，单位研究不可避免地走向衰落。但近年来，随着改革开放进入深水区以及社会治理体制改革创新话语的不断提升，学界开始出现“重回单位研究”的呼声。

众所周知，自社会学重建以来，单位制度研究便是一个学界密切关注的、最富有中国特色的研究话题，无论是对于理解新中国成立以来的中国社会结构，还是对于认识当下中国正在发生的社会转型，都是一个极富理论潜力和实践潜力的领域。但在以经济建设为中心的话语背景下，学术界多将研究的注意力集中在由计划经济向市场经济转型和过渡这一进程上，而忽略了由“单位体制”变动而导致的社会的总体转型和变迁，没有意识到单位体制的变革实质上是一个社会总体性构造转换的过程。在这一意义上，围绕着单位制度的形成及变迁展开系统深入的研究反思，对于我们理解改革开放进程中中国社会的总体转型和深刻变化具有重要的理论意义和学术价值。

从20世纪八九十年代起，伴随着中国社会由计划经济向市场经济的转型，社会各界掀起了对计划经济的批判。当然，作为计划经济的社会体制表现形式，单位制度自然被视为一种不合时宜的、阻碍社会发展的落后体制和制度而受到批判。而在今天，当传统意义上的单位体制业已开始走向消解之时，人们方才真正体验到转型社会的多面性和复杂性。

在市场经济条件下，我们创造了举世瞩目的经济奇迹。但在经济快速发展的同时，我们却不得不面对来自“社会”的挑战：社会原子化动向与转型期社会连接的中断错乱；市场化对社会秩序的冲击；在体制转换、单位社会迅速走向终结的背景下，昔日由单位组织承载的社会公共性不可避免地发生严重的萎缩；伴随着单位社会走向终结，依托于单位社会的乌托邦精神和公共精神生活迅速消失，从而导致社会理想主义的消解，社会风气转向趋利的物质主义。

正是基于上述思考，笔者对中外学界迄今关于单位制度的研究成果展开初步的检索和整理，出版一部具有代表性的单位研究文集：《重回单位研究：中外单位研究回视与展望》，分为几个专题加以梳理。

单位的历史及起源。学界关于单位制度起源的研究，可谓众说纷纭，这恰恰反映了单位制度本身的复杂性。本书分别从根据地“小公经济”（吕晓波）、“社会思想演化”（田毅鹏、刘杰）、“单位制度与中国社会”（田中重好、徐向东）角度展开研究分析，为我们深度理解单位起源问题提供了一些新的研究思路。

单位社会的组织形态及特征。作为对1949年以来中国社会宏观结构的一种比较贴切的概括，单位社会的概念实际上是从社会体制和制度结构的宏观研究视角展开论述的。笔者曾将单位社会的总体特征概括为：特殊的“国家–单位–个人”的纵向连接控制机制，即单位成员依赖于单位组织，单位组织乃政府控制社会的组织基础；单位组织体制的高度合一性，即单位的党组织和行政管理部门不仅是生产管理机构，同时也是政治、社会管理机构，具有高度的合一性；终身固定就业与“包下来”的单位福利保障制度；基于单位组织的自我封闭性而形成的具有浓厚伦理色彩的“熟人社会”。值得特别说明的是，在上述几个特征中，“国家—单位—个人”的纵向连接控制机制最具核心意义。文集分别从社会结构、“工人运动”、家族文化、学科研究流派、城市化、单位类型视角展开研究，提出了“社会—空间单元”“单位家族主义”“非都市性城市化”“典型单位制”

等新的概念，在一定程度上深化了单位研究。

变迁中的单位体制。20世纪80年代后期以降，伴随着中国社会走向市场化的进程，单位制度不可避免地发生了剧烈的变迁。在学界对单位制度变迁的讨论中，一方面将单位制度视为一种重要的制度背景，关注此背景下的社会治理秩序与单位组织结构的改变；另一方面，沿着单位制度研究的制度主义传统，围绕“变迁”展开关于单位制度为何变迁、怎样变迁以及如何应对这些变迁所带来的困境与挑战等一系列问题的探讨，开辟了单位研究的新视域。

（作者为吉林大学哲学社会学院副院长、教授）

日记妙谈

——从《二十世纪日记知见录》说开去

徐　雁

日前邮差送来一件寄自浙江海宁的书包裹，打开一看，不觉令人分外眼亮。原来这是一册我盼望已久，却没想到已悄然问世的工具书——《二十世纪日记知见录》（国家图书馆出版社2014年版），全书44万余字，编著者为虞坤林先生。本书收录了近现代人物日记1200余种，分国内部分和国外部分，每一部分按照日记著者笔画顺序排列。本书为工具书，不论人物臧否，不加拣择，一律收采。本书所收日记，不论是单行本、合刊本、稿本、抄本或期刊内所收，或文集后附，能见者均一一著录。

凡与日记体例相同之书，虽不称“日记”，如“纪程”“游记”“琐识”等，也予以收入。凡以“日记”为名，而是小说、散文类作品，原则上不予收入，如丁玲的《护士日记》。

每个条目下，设篇目、作者、版本、日记跨度、著者简介、收藏单位等六个部分。

有关坚持写作日记的好处，前人不乏种种妙谈。但在我有限的阅读视野中，当以清华大学教授浦江清先生（1904—1957年）的吐露最为实在：“记日记丝毫无自尊的意思，也无有预备做‘自传’的虚荣心。我的目的，大约有四：练习有恒的笔墨，一也；作日后追忆过去生活之张本，二也；记银钱出入，信札往来，备一月或一年内查考，三也；记零星的感思及所见所闻有趣味的事，备以后谈话或作文的材料，四也。”（《清华园日记·西行日记》，三联书店1987年版）这段话写于1929年1月29日。

浦先生的日记原写本有十几册，限于当时的“语境”，其哲嗣浦汉昕、浦汉明两君请吕叔湘先生（1904—1998年）代为选定出版内容时，提出了“尽量保持原貌，不作整段的删节，只在必要处理改动了个别词句”（浦汉明语）的原则——确实，“日记”本来就是记主自我练笔、纪世录事、记账备忘的一种文字，并不是那种为了复制后广为流传的作品。

从小在苏州长大的吴雨苍（1916—2006年）在《蜗园忆旧》一文中说，少时曾问学于金松岑先生（1874—1947年），金先生对于学业上的要求是，除了登堂入室听讲古文外，每天须得写一篇日记和读书笔记，“每隔三四天，另出题目，各写一篇；日记和读书笔记，是每天必须交给他批阅的，这是我感到负担最重而最苦恼的事情。但是久而久之，不知不觉养成了我后来写作快、记忆强，一口气写几千字的习惯和独立思考的能力”。看来，用写日记的方式来锻炼笔头能力，在老辈学人那里已成为育人成才的基本方式，也是一种养成后生持之以恒品质的传统。

1929年出生于天津的姜德明先生，也曾在《日记杂谈》一文中回忆说：“从读小学时，老师就让我们写日记，说是可以培养写作能力……解放后，三联书店出版了由曹辛之先生设计的一种《学习日记》，装帧设计很美，勾引起我写日记的欲望，写了足有多半本。后来政治运动不断，无暇顾及，就此中断了，但那本日记仍珍藏着”，后来，自我感觉越来越不合时宜，“鉴于胡风一案的教训，留下白纸黑字，总是祸患，还是主动销毁了事。”

“日记……原本是完全私密的，不加掩饰的，也不打算公开的，因而有可能更为具体地记录当时的历史语境和文化氛围，更为真实地袒露个人的思想和情感，以及揭示两者之间复杂的互动，许许多多不为后人所知的作者的交游、活动、观点和著述，大大小小鲜活生动的历史细节和世事线索，通过日记才有可能得以一一呈现。日记是时代风云和人情冷暖的投影之所在，能够承载这种投影的文类并不多，日记恰恰是其中最具代表性的一种”，“能不能记日记，敢不敢真实地记日记，是一个时代清明与否的标志。再就是，能不能坚持记日记，是一个人有没有毅力的体现，也是一个人敢不敢坦然面对社会、面对历史的体现……”这两段话，分别是韩石山、陈子善先生为古农主编的“书脉日记文丛”（《日记漫谈》《日记闲话》《日记品读》《日记序跋》，均为人民日报出版社2012年版）所作序言中说的话，言简意赅地道出了日记文献的人文可读性价值。而这，也正是虞坤林先生编著《二十世纪日记知见录》的文献性价值之所系了。

虞先生在《二十世纪日记知见录》的后记中说：“进入20世纪以来，中国乃至世界都处在一个风云四起、社会发生巨大裂变的时代，影响中国历史进程和社会性质变化的重大史实极为频繁。而在历史进程中，作为社会的一部分，人，在干些什么，在想些什么，也许留下的日记能告诉我们……”诚然，从此往后，我们不难借助虞君在该书中的文献指引（书后附有“日记著者”“日记名称”两个索引），按图索骥地寻觅到为自己所感兴趣的人物的日记，从而能够比较近乎真实地回到历史现场，去领略、领会进而领悟过往的世况人情，从而倍加惜缘、惜福和惜时，甚至见贤思齐，拿起笔来，记录下自己所参与的这个时代的人生阅历、见闻和感想。或如韩石山先生所号召的那样——“勇敢地记日记吧，这是你对社会的信心，也是你对你自己的信心的表示”。

（作者为南京大学信息管理系教授）

从“失衡”走向“再平衡”

李　扬

2007年全球金融危机发生以来，“全球经济失衡”无疑是被各国使用最多的词汇之一。发达经济体特别是美国偏爱用之来解释此次危机的根源。将危机归为失衡，将失衡描述为“全球”的，他们便得以轻松地将危机的责任推卸到其他国家头上。可以说，“中国责任论”“中国威胁论”云云，都是从这个概念中获得其理论支持的。我们自然对此论保持了高度的戒备。但是，平心而论，一方面，除去失衡，我们似乎还很难为危机找到更合适的根源；另一方面，承认失衡是根源，绝不意味着我们接受某些国家“东引”来的“祸水”，承认失衡是我们的责任。相反，认真研究失衡问题，在国际上，我们正可据此深刻揭示某些发达国家造成失衡并引发全球危机的事实；在国内，也有助于更清楚地认识我们经济结构失调且多年难以调整的深刻原因。

在经济学中，均衡与平衡是含义完全不同的两个词

失衡与再平衡这一对概念，虽然总被西方政要挂在嘴上，但是其中“衡”的具体含义却总是语焉不详。要从理论和实践上探讨如此重大的问题，就不能不先对“衡”的含义做一番推敲。

经济学所说的均衡有两种情况：一种是瓦尔拉斯均衡。它强调的是市场供求相等，进而强调了市场出清。另一种为非瓦尔拉斯均衡。它强调价格机制并不能发挥出清市场的作用，市场均衡常常是非瓦尔拉斯式的，即供求未必相等，但却出现相对稳定的趋势。很显然，与供求相等的瓦尔拉斯均衡概念相比，非瓦尔拉斯均衡是一种广义的均衡概念，它指的是系统中的各个变量经过调整以后不再具有变动的趋势。非瓦尔拉斯均衡还可以有进一步的延伸，即当有外力使均衡状态偏离均衡点时，仍有一种内在倾向使经济回到均衡状态。这是一种稳定均衡。相反，如果说外力使均衡状态偏离均衡点时，经济不再能回到均衡状态，那就是一种不稳定均衡。

在经济学中，均衡与平衡是含义完全不同的两个词。均衡是标准的经济学术语，并始终是经济学家讨论的重要概念。平衡的内涵则相对贫乏，也缺乏非常严格的定义，在很多情况下，平衡还用来指余额，指的是供给和需求、资产和负债等在规模上完全相同的情况。

我们要讨论的全球经济失衡中的“衡”，显然出自均衡，因为我们并不特别关注各国国际收支是否存在正的或负的差额。相反，各国存在差额是一种常态，包括贸易顺差与逆差的失衡，进一步则是经常账户的失衡，再到国际收支的失衡，最后归根结底是全球储蓄与投资的失衡，即主要发达经济体储蓄不足，而一些新兴经济体储蓄“过剩”，等等。我们关注的是，这种存在差额的状态是否能够持续。

“失衡”分为“好的失衡”与“坏的失衡”两种情况

一国对外贸易或国际收支出现差额（逆差或顺差），是该国跨越国境，在全球范围内进行资源配置的结果。因此，判断失衡的经济意义，要从资源动态配置的角度进行分析。据此，我们可以将经常项目失衡区分为“好的失衡”和“坏的失衡”两种情况。

“好的失衡”是一国在一个较长时期内配置消费和投资的最优决策。例如，经常项目逆差可以是动态的前瞻性储蓄投资决策的最优化结果。这种失衡非但无害，还可以达到增加社会福利的效果。

“坏的失衡”指的是，一国在利用国内外资源过程中，难以实现长期最优配置，导致经常项目失衡持续向逆差或顺差的单方向上扩大，造成经济结构扭曲，总体风险上升。

需要指出的是，顺差并不必然意味着“好的失衡”，同样，逆差并不必然意味着“坏的失衡”。因为，顺差和逆差的出现，都意味着一国难以在本国范围内实现资源的有效配置，必须仰赖国际市场予以平衡，因而，跨境配置能力高低，是决定失衡状况好坏的决定因素。另外，失衡同时意味着资本与金融项目长期出现单方向国际资本流动，这将对国内金融体系产生持续性冲击。如果国内金融市场效率不高，这种持续性冲击将会通过汇率、利率、国际储备、信贷、债券等各类市场，对国内实体经济产生不利影响；同时，长期面对一种趋势，国内货币政策事实上处于被“绑架”的境地。若无运行良好的货币政策结构以及经验丰富的货币当局，货币政策的效力将持续降低。

“失衡”的可持续性成为一个核心问题

既然我们从均衡的概念来讨论失衡与再平衡，失衡的可持续性便是一个核心问题。事实上，“好的失衡”就是一种可持续的失衡，因为处于失衡状态的国家实体经济健康，微观主体充满活力，发展前景明朗。

在本质上，全球经济失衡是实体经济现象。然而，若无货币的介入，在“纯”实体经济体系中，任何失衡都无以产生。因为，“以物易物”的交换方式，本身就未留出发生贸易差额的任何空间。

国际货币体系因素的介入，不仅使得失衡有了可能，而且使得全球失衡问题变得高度复杂化。如果全球失衡中居于逆差地位的国家可以使用其本币进行清偿和支付，则失衡在相当程度上和在相当长时期内具有可持续性。如此，对全球失衡问题的争论，重点便不在于失衡的原因和规模等等，而在于失衡可否持续：如果世界仍然接受逆差国用其本国货币来支付逆差，则失衡便具有可持续性；反之，失衡便会引发全球经济危机。

如今，美国完全没有要为全球经济再平衡和全球经济发展承担责任的约束和压力，更遑论要为恢复全球经济再平衡付出调整成本了。我们以为，这种权利和责任的完全脱离，正构成当今国际货币制度的基本矛盾。这使得美国的货币政策可以无约束地仅仅立足于其国内目标，而全然不顾其他国家洪水滔天。也正因为存在这种基本矛盾，改革国际货币体系才成为全球经济再平衡的关键所在。

实现“再平衡”成为当今世界的头号任务

全球经济失衡是当今世界的头号难题，努力实现再平衡自然成为当今世界的头号任务。危机爆发后，全球经济呈现出两个重要的趋势性转变，这可能会使得此次危机成为一个新的全球格局的开端。

其一，发生在实体经济领域。20世纪80年代末以来，新兴经济体在全球产出中的增量贡献一直高于发达经济体。危机以后，一方面发达经济体长期低迷；另一方面新兴经济体的持续高增长，更成为不可移转的长期趋势。在这个历史过程中，新兴经济体将逐渐发挥引领全球发展的作用，完全由发达经济体主导的旧的全球化模式将被改变。

其二，发生在金融领域。资本主义式的全球经济危机总有金融危机相伴随，而历来的全球性金融危机，大都以发展中国家和新兴市场经济国家的债务危机为基本特征。因此，危机的恢复意味着全球性债务重组，而每一次重组，均使得发达经济体在国际金融领域中的霸主地位进一步巩固和强化。这一次完全不同了。如今深陷债务危机而难以自拔的，是那些掌握着国际储备货币发行权和国际规则制定权的发达经济体。他们被自己呼唤出来的恶魔缠身，非有新兴经济体的援手不能解脱，于是就有了如二十国集团之类的新的国际协调机制产生。危机的恢复，一方面将提升新兴经济体在国际金融领域中的话语权和影响力，促使国际储备货币体系向着多元化方向进一步发展；另一方面则意味着发达经济体在国际金融规则制定中的决定权被逐渐弱化。正是基于上述意义，全球经济的新格局开始酝酿。

也正是在这种趋势性转变中，重建新均衡以及中国的发展有了新的机遇。首先，当前世界经济进入了结构调整期和产业转型期，这将有利于中国培育“发展新优势”和“抢占未来发展战略制高点”。其次，全球“新兴市场国家力量步入上升期”和世界经济处于“治理机制变革期”，中国可以一方面努力发展壮大自己，另一方面努力增强全球治理的参与能力。

如果说全球产业转型、结构调整甚至治理变革已经成为世界经济周期性变化的一个常态，那么新兴经济体能够真正在经济总量上赶超发达经济体，却是自工业革命以来的新变化和新机遇。不过，能否抓住这样的机遇，从而在全球达成新均衡的过程中确立自身的位置，却要看我们的发展方式能否成功地实现转型，要看我们的经济结构能否得到有效调整，要看我们的经济效率能否持续提升，要看我们的质量能否有效提高。这是我们面临的真正挑战。

（作者为中国社会科学院原副院长、学部委员）

一篇文章与一个王朝

——重读《异哉所谓国体问题者》

喻 中

1915年，梁启超《异哉所谓国体问题者》一文在《京报》刊出。有论者评价曰：此文“对筹安会和袁称帝的打击，不下于蔡锷领导的护国之役”。

在中国历史上发生过以一篇文章“闹垮”一个王朝的稀奇事。这篇文章就是梁启超的《异哉所谓国体问题者》（以下简称《异哉》），那个被闹垮的王朝就是袁世凯的洪宪王朝。

“一篇文章闹垮了一个洪宪王朝”这个说法是怎么来的

宣称洪宪王朝是由梁启超的这篇文章闹垮的，出自唐德刚的一种说法。唐德刚写道：梁启超的这篇宏文于1915年“在北京的《京报》汉文版刊出之后，北京《国民公报》随即全文转载，全国各报闻风响应。星星之火，可以燎原，一下就烧遍全国。国人对帝制的嬉笑怒骂，随之而来。不特杨度一下便被摔入谷底，袁世凯本人也灰溜溜的，无面目见人”。就这样，梁启超“以一篇文章闹垮了一个洪宪王朝”。

这当然是一种夸张的说法，可以理解为史家的一种修辞。仅凭一篇文章，实在不足以闹垮一个王朝。但是，从另一个层面来看，梁启超的这篇文章对于洪宪王朝的覆灭确实起到了相当重要的作用。中国学术界也有类似的评论。

譬如，有论者认为，“《异哉》一文的要害是反对变更国体，即反对在共和制下改行帝制，是一篇反对袁世凯帝制自为的檄文，揭开了护国战争的序幕”。也有论者认为，《异哉》就是“反对帝制的一面旗帜”。蔡锷对《异哉》做出了积极的评价。他说：在这篇文章中，梁启超所言乃全国人民所欲言，全国人民所不敢言，“抑非先生言之，固不足以动天下也”。蔡锷的意思是说，如果没有这篇文章，护国战争是很难发动起来的。

在评价《异哉》的问题上存在不同声音

但是，在如何评价《异哉》的问题上，学界还存在与上述评价完全不同的声音。

譬如，有论者认为，《异哉》表明梁启超“比任何人都更痛心中国君主政体的覆灭，比任何人都更想在中国恢复君主政体，也比任何人都热望今大总统袁世凯黄袍加身，登基称帝。同时，他还为袁世凯设计了一条最理想的帝制之路。只要袁世凯按照梁启超设计的方案去做，不久的将来，全国亿兆子民就会把皇冠奉送到他的面前。他劝袁世凯不必着急，创造条件，稳扎稳打地迎接这个良辰佳节的到来”。因此，梁启超“不是什么反帝制派，而是货真价实的帝制派，他不是主张清室复辟的旧帝制派，而是倡导袁世凯称帝的新帝制派”。

还有论者认为，在筹安会成立之后，“蔡锷几次由北京到天津与梁启超密商。二人分析局势，一致认为袁世凯在此时称帝会使革命党人得逞，颇属危险。于是由梁启超发表《异哉所谓国体问题者》，劝袁缓称帝。有人说梁的这篇文章举起了反对帝制的旗子。文章根本没有反对帝制，通篇所谈都是现在变更国体不合时宜。作者并不隐讳自己对共和制的痛恨和对君主制的留恋”，概而言之，“这篇劝袁缓称帝的宣言，代表了梁、蔡的共同政治主张”。

以上两种观点，虽然略有不同（前者把《异哉》视为“新帝制派”的宣言，后者把《异哉》作为劝袁暂缓称帝的宣言），但都认为《异哉》不反帝制，而是一篇拥护帝制的文献。

此外，还有一种观点认为，《异哉》存在着很多“歪理”与“谬论”，不过，“《异哉》一文虽然‘歪理’很多，‘谬论’丛生，然而整个文章的立脚点绝不是鼓吹帝制，而是反对变更国体、反对复辟帝制。有趣的是这些‘歪理’和‘谬论’也都是为了阐明这个立脚点的。就‘歪理’而论，很多是应该加以批判的”。譬如，《异哉》“把革命家与阴谋家相提并论，当然是不正确的”，就是一种“歪理”与“谬论”。

还有论者认为，“梁启超确确实实在反对袁世凯，确确实实在反击猖獗一时的复辟封建帝制逆流，不过这种反对和反击有着自己的逻辑，而非其他各派反袁势力的逻辑……至于引起人们议论纷纷的那段劝袁励精图治之后再称帝的话，与其说表现了梁启超反袁的不彻底，倒不如说是对袁的一种虚与委蛇”。按照这种评论，《异哉》一方面在反对帝制，另一方面似乎又在跟袁世凯欲拒还迎。

《异哉》具有深远的思想意义、理论意义

以上几种不同的评论，几乎都出自历史学界，几乎都是关于《异哉》的史学评论，讨论的焦点都在于：《异哉》是否反对帝制，梁启超是否反对袁世凯。这些论述当然具有史学价值。但是，《异哉》不仅仅是一篇历史学方面的文献，同时也是一篇法学文献，尤其是一篇宪法学文献。因为，《异哉》的主题是国体问题，它是一篇论述中国国体问题的重要文献。而且，《异哉》还不是一般地、抽象地论述国体，不是关于国体的空泛之论，而是旨在解释中国语境下的国体，尤其是解释1915年那个特定的时间节点上的中国国体。按照美国学者阿克曼关于“宪法时刻”的说法，1915年可谓严格意义上的“宪法时刻”，甚至堪称中国历史上最紧张的宪法出场的时刻。考诸近现代中国历史，无论是此前还是此后，宪法以如此戏剧性的场景登临中国政治舞台，都是空前绝后的。

也许有人认为，1915年的洪宪帝制不过是一场“闹剧”。确实，袁世凯的洪宪帝制只存在了83天，没有取得“成功”。但是，即使是一场“闹剧”，在“闹剧”的背后，也有值得索解的思想存焉。梁启超的《异哉》，就是对这场“闹剧”的严肃解说、现场解说、法理解说。由于梁启超的解说体现了孔子所说的

“见之于行事”的风格与旨趣，是典型的“理论与实践相结合”，深刻地反映了1915年中国宪法的现实焦虑，有效地影响了中国政体和中国宪法的走向，这就使得《异哉》不仅具有实践意义、时代意义，同时也具有深远的思想意义、理论意义。

（作者为首都经济贸易大学法学院教授）

把北京建成全球的书香之都

柳斌杰

我国每年举行的盛典“不少”，大到国家、小到单位都在办。但北京举办的“第五届书香中国·北京阅读季”的“阅读盛典”还是别开生面，给人以强大的文化力量，所以我特别来为之加油助威。因为北京市十多年来大力推动全民阅读、书香建设，由读书日、读书周、读书月发展到了读书季。今年北京阅读季开展了半年，16个区县都开展了丰富多彩的读书活动，形成了全社会参与的六大平台、3000多场专题活动，吸引了1200万人参与，这是多么宏大的工程啊！怎么培育社会主义核心价值观？读书是最根本的途径。这次颁奖的三个系列的书香故事、书香之家、书香之团队代表了北京全民读书的精神风貌，十分打动人，实际上又是一个新读书季的动员，引领全市深化书香活动。

“万般皆下品，唯有读书高”，除去封建科举制度下“读书做官”的目标外，还是说出了一个真理，人怎么提高自己的品位和价值？在文明社会就是靠读书。一个小孩子从能认字开始到大学毕业，家长为什么倾家荡产要让其读20多年书？就是因为读书能让孩子长成为有智慧、有能力的有用之才，传家继业，奉献社会。考大学之前，家长一般都不让孩子上网、看电视，而是要求孩子——书是天天要读、月月要读、年年要读的。这说明每个家长都认识到了这个人生成长必经之路。人的精神发育靠读书，知识能力靠读书，求职就业靠读书，文化素养靠读书，全面发展靠读书，可以说读书与个人长成、前途命运、家庭幸福、社会文明、国家富强、人类进步都有密切关系。在人间，读书确实是一本万利、受益终身的“第一等好事”，我体会古人说得千真万确。

我一生是靠读书成长起来的，视书如命，读书如痴，天天如此，受用大半生。我深切体会到了读书不但能改变个人命运、丰富人生、创造幸福生活，也能改变整个家庭、社会、国家的命运，提高整个国民的素质，带来巨大的精神创造和物质力量，从而推动民族振兴、国家强盛。所以，从十多年前起，我就倡导和推动了全民阅读、书香中国的重大文化建设工程，得到了党和政府的支持和关心，已经列入国家议程，在全国各地深入开展，各个环节（写书、编书、出书、读书、评书）上都有良好的态势，北京、上海、江苏、深圳等都出现了前所未有的好局面。

‘世界读书之都”是联合国教科文组织在全球开展的文化最高命名活动，旨在传承文化、推动读书，促进人类文明进步。两年前我国深圳市被联合国授予“全球全民阅读典范城市”称号，也是我国唯一获得读书殊荣的城市。我认为北京市历史悠久，文化底蕴深厚，文明程度很高，各类藏书居全国之首，读书传统优良，特别是近十年来，市委市政府组织推动了“书香北京”全民阅读的群众性活动，取得巨大成就。读书活动深入到基层家庭，读书风尚正在城乡形成，读书条件变得越来越好，读书推动平台越来越多，完全有条件成为全球的读书引领者。所以，我建议北京市突出特色、发挥优势，从条件和引导两个方面加强工作，在普及和提高两方面多下功夫，一定能获得国内和国际的认可，早日把北京建成我国和全球的“书香之都”。

北京市全民阅读、书香中国活动，已经形成了很多优势。我建议把已经定型的六大平台建设的经验提升运用好。一是区县、城乡联动，形成大格局；二是以读书季为载体，搭建全民阅读大平台；三是书香之家命名，培育阅读带头人；四是书香社区评选，巩固基层读书热潮；五是发现和支持读书推广人，调动民间力量推动阅读；六是抓好读书名人讲师团，树立示范典型。另外，把组织作家深入读者群，发挥名人引领效应和与出版社、书店、网络、市场、读者联动两件事认真抓好，让出好书、卖好书、读好书成为社会风尚和主流导向。我相信，只要大家齐心，建设书香北京、书香中国的目标一定能实现，民族复兴的大业一定能成功。

（作者为全国人大教科文卫委员会主任委员）

古代民众对待“父母官”：期望、失望、再期望

柏 桦

在中国传统政治中，直接治民而将朝廷政策落实到基层的是州县官员，有如“民之父母”，被称为“父母官”。在中国古代官僚群体中，“父母官”这个群体的政治地位虽然不高，但却身兼行政、财政、司法、教化等多重职任，把国家的统治直接施加在民众身上，其所作所为直接关系到所管辖地区百姓的生死荣辱。那么，中国古代民众是如何看待“父母官”的呢？他们又期待什么样的官吏呢？对于这些问题，我结合本人撰写《父母官：明清州县官群像》一书的所感所思，略作回答。

在中国古代社会中，“父母官”与民众的关系实质是统治与被统治的主从关系

在中国古代君主专制社会里，民众没有权力，他们把自己的寄托交给为民做主的清官；清官俨然是庶民利益的代表。记得多年前有一部《七品芝麻官》历史戏剧，是以明代有名的清官徐九经的事迹为素材改编而成的，其中有句台词云：“当官不为民做主，不如回家卖红薯”，这在当时曾轰动一时。有学者评价说，这种清官戏“分明透露出在专制政治面前的奴性心理。正是这种心理，构成了专

制政治得以存在的重要的观念基础”。在中国古代君主专制政体下，官的主人地位是毋庸置疑的，民众无权选择，统治者为民众设定的乃是“父母”——“为民做主，愚者觉之，弱者扶之，屈者伸之，危者援者，阙者完者，隐然一地方保障”。

按中国古代传统道德，父尽其慈，子全其孝，总的要求是子服从于父；但也有小杖则受，大杖则走的父不慈子不孝的辩解。因此，在制度设计上要求“父母官”不仅应当“爱民”，而且要“教民”“化民”，必须要顺应民情，导民为善，其根本在于“亲民”。这一个“亲”字，包罗万象，不但要求“父母官”尽到“父母”的职责，而且要求“父母官”能够尽心尽力地为民做些实事，真正与民众打成一片，民众也会爱之如“父母”，反之则会被人民视为仇雠。但是，在中国古代社会，“父母官”虽号称“父母”，但却强调是“官”，而且明确他们的主人地位，这样便与民众构成了治人和被治人的政治关系。在这种情况下，“父母官”与民众，既不可能是父子这种家庭伦理关系，又不可能是教师与学生的师生关系，而是一种官尊民卑，地位极为不平等的，统治与被统治的主从关系。

中国古代民众将辛苦所得当作租税交给官府，养活一大批官吏，本来应该是这些官吏的“衣食父母”，但现实关系却掉了过来。于是，官吏对民众的役使、管制、惩罚和督催，成为理所当然而天经地义之事；民众对官吏政令的不满、指摘、反对和抗争，则成为有悖天理而不守本分的事。在这种情况下的“父母官”与人民的关系，则与现在所讲的公仆与主人的关系有本质上的区别。

古代民众没权利选择“父母官”，只能寄希望“父母官”是青天大老爷

既然中国古代民众没有权利选择“父母官”，就只能够寄希望于“父母官”是能为他们做主的青天大老爷。“父母官”众多，上者为贤能，下者为贪酷，而贤与酷中间还有许多类型。在历史上有法臣、饰臣、侵臣、谄臣、愚臣、乱臣、奸臣、态臣、篡臣、贼臣、功臣、顺臣、忠臣、谏臣、辅臣、贤臣、圣臣等区

分，还有循吏、贤吏、能吏、良吏、贪吏、酷吏、佞吏、倖吏、奸吏、昏吏、庸吏等区别。这些类型的官员，仅要求君主在选用时予以注意，民众无法选择，只能够期待加于自己头上的“父母官”不是剥削他们的贪官污吏。

古代民众在不能够选择的情况下，便期望有“贤能”和“循良”的“父母官”降临。历代论述贤能的“父母官”应该具有奉公守法，不避权贵，呵护子民，清廉自持，善理繁剧，明于公断，招抚垦殖，捕盗招亡，设学施教，歼寇全城，息讼止争等诸多要素；循良的“父母官”应该把握上顺公法、下顺人情的根本，对上恭敬有礼，对下力行教化，以爱民为己任，以持家为立身之基。清廉爱民，是在奉公守法的基础上形成的，这也是贤能“父母官”的基本特征之一。循吏应该是合贤能为一的理想官吏；良吏持身清白而有能力，较能吏多些廉洁，较贤吏多些强劲，较循吏多些变通。循良贤能有明确的标准，也有明显的差别。标准则带有许多理想上的成分，差别则在于不同的人采取不同的治理方法，还要看他们治理的方针是否有利于民众，最终的评价则在于是否顺应社会的发展。

在不能够奢求贤能循良“父母官”的情况下，古代民众则希望有庸碌无为的“父母官”

历史上，民众最不希望贪墨残酷的“父母官”降临本地，贪官酷吏是“父母官”中的败类。贪官的主要特征是一味贪墨营私，酷吏的主要特征是以严刑峻法立威。一般来说，贪和酷都是与民为敌，是“贪酷皆民害，而酷为甚”。在一般情况下，朝廷多是以惩贪为首，酷往往在其次。贪官事情暴露，查有实据，处理起来往往有根有据；酷吏多以观望上司意图而行事，且多能舞文弄法，既有上司的纵容或庇护，又有朝纲礼法为凭据，更何况有些还打着为朝廷除祸患的旗号。

在古代社会，现实当中民众所期待的贤能循良“父母官”确实是凤毛麟角，而贪官酷吏却车载斗量，在不能够奢求的情况下，则希望有庸碌无为的“父母官”，因为他们不求有功，但求无过，虽不会造福于地方，但也不会给地方带来灾难。庸碌无为的“父母官”所求的是仕途平稳，想贪却不敢过分，要酷则不敢逼民反，凡事得过且过，也容易满足。在历史上，曾经有许多“父母官”在离任及被惩处的时候，民众上下奔走，请求留任与免罪，最终得到批准，在史籍中将他们称为良吏，但真正的民众心理，史籍却很难披露。明清小说中曾经描写民众请求将“父母官”留任的心理，是他们已经将这些官员喂饱了，如果离任了，朝廷再换一个饿的“父母官”来，他们还要重新喂，如果走马灯似地换官，百姓的骨血都会被吞噬，亦可见在统治与被统治的关系下，“父母官”很难成为民之“父母”。

古代民众所期待的“父母官”，是能够为民谋福的“父母官”

总的来看，中国古代民众所期待的“父母官”，是以不扰民、不害民为上，若是能够为地方造福，或者能够办些实事，则是民众之福。“牧宰以造福存心，必能洁己爱民，有其实矣。以惠为政，是能力行善事，有其施矣”。造福就是洁己爱民，施惠就是能够办些实事，而实事就是能够使本地人们过上平安富足的生活。明代天顺时期的河南许州知州陈纪，发现本州百姓除了务农之外，没有别的谋生之道，而农业总有农闲之时，民闲则赌博斗殴，甚至结伙为盗，于是便开发市场，由官府筹集丝纱，并且给予灯油，让百姓纺绩，使他们忙于生计，使“乡市之民无游惰者”。这样的“父母官”以民生为念，在帮助百姓致富的同时，也起到了稳定社会的作用。

从这一点来看，中国古代民众所期待的“父母官”，不是什么“贤能”和“循良”者，也不是不骚扰百姓的庸碌无为者，而是真正能够为民谋福者。为民谋福，不是那些功利可见、既能得益于当时又能流芳百世的事，诸如修学、建庙、造桥、筑堤等政绩工程，而是能够充分发挥民众的主观能动性，挖掘他们的潜力。古人云：“遗子黄金满嬴，不如一经。”也就是说，留给孩子万千财富，不如教授他一种谋生本领。三百六十行，都可以谋生，能够使三百六十行齐头并进，并使之能够各显其能的“父母官”，应该是中国古代民众所期待的。

（作者为南开大学法学院及周恩来政府学院双聘教授）

“无直接利益冲突”机理剖析

韩庆祥

《“无直接利益冲突”生成逻辑及社会治理》（谢海军著，社会科学文献出版社出版）一书，是目前第一部研究“无直接利益冲突”群体性事件的专著，剖析了“无直接利益冲突”生成机制，提出了有针对性的治理对策，对于政府深入理解“无直接利益冲突”的来龙去脉、维护社会稳定、有效渡过矛盾凸显期，有所裨益。

该书系统地研究了“无直接利益冲突”群体性事件，从事件静态特征与动态特征两个维度，较为全面地阐述“无直接利益冲突”的总体特征。“无直接利益冲突”是一种生成机理较为特殊的群体性事件，该书初步揭示了其生成动因及其逻辑关系。“无直接利益冲突”的主要参与主体是无直接利益相关者的介入，分析“无直接利益冲突”生成的机理主要是揭示无直接利益相关者介入的动因。无直接利益相关者现场介入动因主要是不公平感的社会心理引发的不满和怨恨心态，这种社会心理和心态显然不是群体性事件现场形成的，而是在事件发生之前就已经形成。

该书通过对“无直接利益冲突”生成环节的梳理，提出“无直接利益冲突”生成的四个环节，即矛盾产生的源头、矛盾演变的中间环节、矛盾的诱因事件、无直接利益冲突群体性事件。四个环节中“无直接利益冲突”生成的动因及逻辑关系是，无直接利益相关者日常生活中利益受损的源头性动因，经过利益表达受阻的中间变量，形成不公平感的社会心理，这种隐性社会心理遇到诱因事件，在“无直接利益冲突”群体性事件现场以发泄不满的形式表现出来。

该书通过观察分析“无直接利益冲突”凸显的现象，揭示中国社会矛盾呈现新的阶段性特征。“无直接利益冲突”参与主体增多与暴力手段的使用，反映出中国社会局部矛盾的对抗性增强；它发生的环节与动因增多，反映出人民内部矛盾的复杂化。“无直接利益冲突”群体性事件现场演变过程呈现出突发性、非线性等现代风险社会的特点；它生成的直接动因，反映出中国社会部分利益型矛盾转变为社会心理冲突。

该书依据“无直接利益冲突”生成的独特机理，提出了有针对性的治理方式。从产生过程来看，其生成的独特机理主要在于事件生成动因并不是单一的利益因素，而是利益因素、利益表达、社会心理等多种因素共同作用的结果。因此，治理“无直接利益冲突”不能采取单一手段，需要采取综合性的治理措施。

“无直接利益冲突”治理需要采取复合型的对策：一是完善矛盾源头预防机制。主要内容包括矛盾顶层设计完善和公共决策科学化；基层社会矛盾预防与化解机制构建，把矛盾化解在基层，化解在萌芽状态。二是增强矛盾化解环节中利益表达的有效性，需要畅通利益表达渠道，提高利益表达减压阀效果，有效化解矛盾。三是化解不公平感的社会心理，既要解决权力异化的主导因素，又要完善社会心理疏导和社会关怀建设疏导社会不良心态，以解决由权力导致分配不公的问题作为治理的关键。四是完善中国特色危机与应急管理的体制与机制。着重在“本体”诱因事件之前进行风险评估；事中着重提高政府处置突发事件的能力；注重善后处置，从深层次铲除“无直接利益冲突”发生的土壤。五是加强党的自身建设，提高矛盾治理能力的现代化水平是贯穿“无直接利益冲突”治理的一条红线。

（作者为中央党校副教育长兼哲学教研部主任）

家礼撰作具有敦励良风美俗的价值

杨　华

2700多年前，中国人就认识到，礼具有“经国家，定社稷，序民人，利后嗣”的多重功能。就家内礼仪而言，历代士人都将其作为修身、齐家的手段，统治者则将其视为治国、平天下的基础工作，提倡家礼撰作，敦励良风美俗。

家礼是贵族社会的产物，曾经是门阀士族借以自矜的文化标志

为了实现家族内部的和谐稳定，古代中国人建立了一套家内秩序和规矩。对此，有不同的称呼；或者说，它是从不同的层次来加以维系的：首先是家训、家诫，这是一些道德准则和思想信条，如颜之推《颜氏家训》、陆游《放翁家训》；其次是家礼、家仪，即借以维持这些道德伦理的行为规范，如司马光《书仪》、朱熹《朱子家礼》；然后才是家风、家教，即通过前面内外两个维度而形成的家庭氛围和文化风尚。

“礼不下庶人”，家礼首先是贵族社会的产物。到了魏晋南北朝时期，随着贵族社会的再现，礼仪成为门阀士族借以自矜的文化标志，于是家礼的制作也成为普遍之事。陈寅恪曾指出：“所谓士族者，其初并不专用其先代之高官厚禄为其唯一的表征，而实以家学及礼法等标异于其他诸姓。”

魏晋隋唐时期贵族家礼的大量出现，也与一批研究礼学的经学世家分不开。自两汉以来，经学世家已不稀见。经学世家通过专研一经或几经，形成“门业”或“世业”，来获取政治地位。进入门阀贵族时代，这种家族经学又成为名门望族维系其显赫地位的重要方式之一。居于会稽的“江表儒宗”贺家，其远祖可溯至西汉的庆氏礼学，他们世代以礼学名世。该家族中的贺邵、贺循、贺玚、贺革、贺季、贺琛甚至到唐代的贺知章等人，都参与了当朝的国家礼典制作，而他们平时居家时“节操尚厉，童乱不群，言行举动，必以礼让”。经学家法、家礼撰作、门第维护这三者达到统一。钱穆对之概括更精确：

所希望于门第中人，上自贤父兄，下至佳子弟，不外两大要目：一则希望其能具孝友之内行，一则希望其能有经籍文史学业之修养。此两种希望，并合成为当时共同之家教。其前一项之表现，则成为家风，后一项之表现，则成为家学。

这种风气一直延续至唐代，如唐朝末年，卢弘宣“患士庶人家祭无定仪，乃合十二家法，损益其当，次以为书”。

上古和中古时期的家礼撰作是贵族社会的产物，是“礼不下庶人”的结果，对于门阀制度和士族文化起到维护作用。

家礼撰作在两宋时期出现了高峰，宋儒们主张，救治衰乱之世的人心堕落，必须从重建家礼入手

在两宋时期出现了家礼撰作的高峰。据《宋史·艺文志三》所载，当时皇家图书馆存有“仪注类”图书一百七十一部，三千四百三十八卷。其中，宋代当朝的家礼、家训类文本甚多。

为什么宋代会出现家礼撰作的高峰？明清学者认为，这是士庶礼的复兴，是对于贵族礼的反动：“汉晋以来，士礼废而不讲，至于唐宋乃有士庶通礼，虽采士冠仪文，然失之太繁。”今人谈论宋代的家礼制作时，常用“唐宋变革论”来加以解释，认为宋初庶人阶层的崛起，使得宋代统治阶层看到了民间家礼的重要性。士庶区隔在宋代不再明显，此前用于规范门阀贵族的礼仪制度，下移到基层社会，成为管理平民百姓的有力工具。

宋儒们主张，救治衰乱之世的人心堕落，必须从重建家礼入手。欧阳修认为：家人之道，不可不正也。夫礼者，所以别嫌而明微也。甚矣，五代之际！君君、臣臣、父父、子子之道乖，而宗庙、朝廷、人鬼皆失其序，斯可谓乱世者欤！自古未之有也。

宋儒重建家礼的目的，还在于纠正当时流行的种种“恶俗陋习”。由于古礼废止，宋代民间出现大量违背儒家传统礼制的行为。一是社会身份等级观念松弛，在服饰、车舆、宅第等方面僭礼逾制；二是冠、婚、丧、祭诸礼不按儒家旧礼实行，如婚配弃媒妁之言，丧礼竟举乐，弃土葬而用火葬，等等。司马光指出，当时丧礼坏废，居丧期间食肉酗酒、娶亲纳妇，人皆不怪。当时知识精英对此类风俗都有所挞伐。

中国文化历来认为，当礼与俗产生矛盾冲突时，应当由礼来“教训正俗”、导化世风，而不是相反：“道德仁义，非礼不成。教训正俗，非礼不备。”宋儒继承了先秦以来儒家入世救世的文化秉性，承担起教训正俗的历史使命。例如，以“尊礼贵德，乐天安命”为学问主旨的理学家张载，在地方为吏时“政事以敦本善俗为先”，他每月都在县庭具酒食以行养老之礼，其目的之一在于切问民间疾苦，然而更重要的却是要“训戒子弟”，他知道“知礼成性”必然会“变化气质”，所以要通过重建古礼来改变社会风气。他在自己的家礼中，“婚丧葬祭，率用先王之意，而傅以今礼”，并撰有《横渠张氏祭仪》一卷，把齐家与治国、平天下同步进行。

重新解读家礼撰作的历史脉络，为传统家礼、家教正名，正确认识其现实意义，发挥其正能量

进入新世纪以来，随着中国国力的迅速增长，中国人开始进入“文化自觉”和“文化自信”的时代。今天，经过了近百年的文化中断后，国人意识到，由于传统家庭教育的缺失，数代人失去了传统文化的滋养。今天社会中出现的种种既无理、又无礼的现象，如不讲诚信、不讲公德、无所敬畏、贪污腐化、拜金炫富、浮华浪费，等等，多多少少与家礼、家教的缺失有关。为此，必须重新解读

家礼撰作的历史脉络，从理论上和内心深处为传统家礼、家教正名，正确认识其现实意义，发挥其正能量。

第一，儒家所讲的修、齐、治、平，是由近及远、由内及外、由小到大的渐进过程，不论就个人的成长经历而言，还是就安邦定国的顺序而言，家庭教育都是重要一环，不可或缺，这一点千古不移。以社会学视角来看，家庭是社会的最小单元，家庭教育直接塑造个人的道德操守和处事能力，要培养君子人格必须从家内秩序着手，诚如汉代荀悦所说，“天下之本在家”。今天，虽然学校教育承担了更多树人功能，但仍然无法替代家庭环境的人格塑造作用，良好的家教十分必要。这与家庭规模之大小无关，独生子女家庭更应当重视家教。

第二，家礼撰作既是贵族文化的一部分（上古、中古时期），也是平民文化的一部分（宋代以后）。为了维持家道绵长和家族兴盛，历代都十分重视撰作家礼，谨遵祖训，在这一点上并无贵贱等级之别。今天亦然，无论家庭出身之好坏、受教育程度之高低，接受传统的家礼、家训教育均有利而无害；换言之，那些已接受过高层次教育的人，并不能说明他们具有良好的家教，同样需要补课。

第三，传统家礼、家训中蕴含有诸多优秀价值理念，例如，仁爱、宽厚、勤劳、节俭、守法、奉公、敬业、尊老、慈幼、敬学等内容，是中国传统文化中超越时代、超越地域的有益资源，与现代化事业不相冲突。可以说今天的社会主义核心价值观的凝练和概括是离不开传统优秀价值理念的。

（作者为武汉大学历史学院、中国传统文化研究中心教授，博士生导师）

“去漫画化”的“蒋介石真相”

雷　颐

在风起云涌的中国现代史上，蒋介石无疑是最为重要、复杂的“风云人物”之一，如果对蒋介石没有深入研究，对中国现代史的理解也就不会十分深刻。但长期以来，由于种种原因，蒋氏始终是一个被“漫画化”的政治符号，而缺乏客观、深入的研究。现在，那一段政治风云已经淡去，对他进行“去漫画化”的学术研究，已成深化中国现代史研究的重要课题，杨天石所著《蒋氏秘档与蒋介石真相》，便是这方面最重要的研究成果。

在这部近50万字的著作中，杨天石以大量未刊日记和难得一见的原始档案为基础，对蒋的方方面面都做了令人耳目一新的研究。如“中山舰事件”的真相，蒋介石与胡汉民的关系，奉蒋谈判与奉系出关，抗日战争时期对日谋略，和李宗仁的矛盾……但我最感兴趣的，却不是这些重大政治事件，而是他的早年日记所反映出的内心世界“天理”与“人欲”的激烈交战、煎熬，最终“理”战胜“欲”的痛苦；是他在左右之间的踯躅徘徊、反复思量权衡，最终选择反俄反共道路的复杂过程。

所谓“早年”，是指从1919年到1926年，蒋氏33岁到40岁之间。正是在这期间，他从在政治上开始崭露头角但仍不脱上海滩“小混混”色彩，日渐成为政坛举足轻重的人物。或许开始并未想到自己有朝一日会成为权倾一时的“党国要人”，所以此时的日记格外真实，从1919年到20世纪20年代初，日记中充满了荒唐放荡与自责克制的矛盾。如1919年10月初他下决心：“以后禁入花街为狎邪之行。其能乎，请试之！”“色即是空，空即是色，世人可以醒悟矣！”但10月15日又记道：“下午，出外冶游数次，甚矣，恶习之难改也。”其后几个月，日记中充满自责，也确无“不良记录”。但1920年初，他又无法控制自己的欲念，1月15日、18日分别记有：“晚，外出游荡，身分不知堕落于何地！”这年夏天，他遇到旧友，言谈中感到别人对自己的不屑，痛感自己为人所鄙，在8月7日的日记中云：“世间最下流而耻垢者，惟好色一事。如何能打破此关，则茫茫尘海中，无若我之高尚人格者，尚何为众所鄙之虞！”以后的日记仍有大量的“理”“欲”交战的记录，但此时已基本是只有“邪念”而无“邪行”了。他写道：“我之好名贪色，以一澹字药之。”“见姝心动，这种心理可丑。此时若不立志奋强，窒息一切欲念，将何以自拔哉！”……可以说，在“戒色”方面他已取得成功。

在日记中，“人欲”与“天理”的冲突，表现得淋漓尽致，而重要的政治人物这方面的“真面目”更是至为难得，甚至可说绝无仅有。倘有意深究者，大可从“心理分析”的角度作另一种研究。

蒋氏“戒欲”的成功，当然是由于自己的毅力与决心，但与外在环境的变化似也不无关系，即随着政治地位的提高和自己所起作用越来越重要，政治自然渐渐成为他关注的焦点。

日记表明，他在五四以后把“研究新思潮”作为自己的学课，从1919年到1926年，他最常看的杂志是《新青年》，其次是《新潮》，而其他期刊则很少提及。同时，他对社会主义学说也表现出浓厚的兴趣。1923年后，他对了解马克思主义投入了相当的精力，日记总有“看马克思经济学说”“看马克思学说”“看《马克思学说概要》”“看《共产党宣言》”……这类记载。看完《马克思学说概要》后他的感受是：“颇觉有味。上半部看不懂，厌弃而去者再。看至下半部，则多玄悟，手不忍释矣。”又一则记道：“看马克思学说。下午，复看之。久久领略真味，不忍掩卷。”不久，他对俄苏革命的兴趣大增，曾一度自学俄语，多次阅读《列宁丛书》并屡有好评：“其言劳农会与赤卫军之组织与新牺牲之价值，帝国主义破产之原因，甚细密也。”“其言权力与联合民众为革命之必要，又言联合民众，以友谊的感化与训练为必要的手段，皆经验之谈也。”

值得玩味的是，从亲俄的1923年到早已反苏反共的1931年底，他对《俄国革命史》一书的兴趣始终不减，认为“甚觉有益也”。正如杨天石所说：“蒋介石后来虽然反苏反共，但是，在他的统治术中，仍然有不少来自苏俄的东西。”1923年8月到11月，蒋介石被孙中山派往俄国实地考察，从日记看他对苏俄有褒有贬，起初是褒多于贬，后来是贬多于褒，他对“共产国际”尤为不满。12月中旬他回到上海即回家乡，在孙中山催促下才寄出游俄报告。在翌年春他致廖仲恺的信中写道：“俄党殊无诚意可言”“对中国之唯一方针，乃在造成中国共产党为其正统”“其对中国之政策，在满、蒙、回、藏诸部，皆为其苏维埃之一，而对中国本部未始无染指之意”。有如此思想基础，在孙中山去世后国民党内左右两派斗争日趋激烈，在现实利害的权衡取舍中，蒋氏最终选择反苏、反共之途，就不难理解了。

对蒋介石这样非常“敏感”的政治人物，现在不仅已可进行实事求是的学术研究，而且还得到了国家有关部门设立的基金支持，这也从一个方面说明了时代的进步。

（作者为中国社科院近代史所研究员）

一代文化人的心灵史

——读范用先生遗作《存牍辑览》

汪家明

范先生在世时候，交给我一部稿子——他最后编纂的书稿：《存牍辑览》。这部书稿，他约莫编了五年，从2005年到去世（2010年9月14日）。

熟悉范先生的人都知道，他平生编书的传奇中，其中一奇，就是保存了两千多封作者的来信——不是一般的保存，而是像档案整理那样，一封封贴在自制16开的牛皮纸本上，总计52本；每本封面编号，并在正中贴一邮票（未付邮的），作为装饰；封二写有本册所存通信之人名录，是范先生一笔不苟、秀气的钢笔字；封底也有同样手写的名录，许多人名边上画了红圈或打了红钩，表示其人已经去世。同一人的信尽量贴在一起，同一类作者的信尽量贴在同一本之中。这些牛皮纸本和这些由收信者本人整理过的信件，可谓出版史上辉煌的一页。《存牍辑览》的内容，全部选编自这些来信。做了一辈子编辑，范先生却用了最笨的办法编纂这部书稿：五年间，他亲笔一封一封抄写选出的103位作者的375封信。

尽管如此，这些入选信件里还是披露了《傅雷家书》的来龙去脉，《读书》杂志的光彩与坎坷，《珠还记幸》题目的来由；保留了《随想录》《懒寻旧梦录》《干校六记》《云梦断忆》《郑超麟回忆录》《一氓题跋》《聂绀弩杂文集》《编辑忆旧》《读书随笔》《语文闲谈》《北京乎》《诸神复活》……一大堆书背后有趣或曲折的故事；另外，还雪泥鸿爪般呈现出通信人对学问和社会的真知灼见，比如叶圣陶先生关于汉字简繁体的意见，就从未见诸书刊。其中也反射出范先生作为文化寻矿者、发现者的执着和赤诚，反射出一个活生生、有血有肉、有情有义的范用。那种人与书的难以割舍，编者与作者之间的相濡以沫，经历过无数磨难的书写者展开在纸上的丝弦一样颤抖的情愫和思绪，让人感动而又感慨。这不仅是一封封信函，分明是一代文化人的心灵史，是劫后中国30年文化史、出版史一个侧面之缩影。

然而我却从这些抄件中看到了范先生的寂寞，深深的寂寞。抄写这些信函之时，范先生80多岁了，七八年间，书苑老友一个一个离世，一次一次的噩耗让重感情的他心酸心伤。我还记得陪他去协和医院看望弥留之际的楼适夷和韦君宜的情景，其时楼先生已不省人事，韦先生虽然认得范先生，却动不了，说不出话来。探视出来，在医院门口，他停下脚步，拄着拐杖，泪如雨下，白发微微颤着、颤着……2000年9月5日老伴丁仙宝的去世对他是一个沉重打击，在场者告诉我，范先生跪在地上大哭。愈到晚年，他的肺气肿、哮喘病愈厉害，呼吸粗重频繁，身子骨日见虚弱；延续多年的、每月第一个星期二与三联书店老同事的聚会，随着许觉民先生去世、众友老迈而停止了；喜欢吃的东西，吃不下了；喜欢喝点洋酒的习惯放弃了；唯一余下的，就是对书的爱好。抄这些信函，也是对自己经手的书，因书交往的人、发生的事的一种怀恋和思念吧！抑或是对自己为书籍的一生的回顾（牛皮纸本中有李公朴上世纪40年代写给他的几封信，称他为“大用弟”）。可是我无法想象，在方庄芳古园一区一号楼一单元十楼寂静、整洁的书房里，数年如一日，范先生一笔一画抄写亡友信函的凄苦心境。

说是“范先生在世时候交给我的书稿”，其实范先生直到去世也未编完。最后两年，我每去看他，总问：编好了吗？我们等着出呐！他总回答：快了，等我有空……可依我看，他天天有空，只是躺在床上不起，心情抑郁。这本书的构思，恐怕不止十年；书名“存牍辑览”，早已请苗子先生题写，就放在范先生卧室的桌子上，和那些抄件在一起；《编者说明》也已写就；他甚至设计好了封面，选定了封面用的画片，用玻璃纸小心地封住……如果说，《叶雨书衣》是范先生最后的个人著作，《存牍辑览》就是他最后的编纂著作，是遗作。2007年《叶雨书衣》出版时，他曾写信给我：“拟在《叶雨书衣》之后加印一面书目广告。”这页手写的广告，汇集了他编辑工作之外，一生创作和编纂的图书，共计12种。最下一行，就是《存牍辑览》。

呜呼，斯人已逝，英灵不朽。君不见，“天空没有留下鸟的痕迹，但它已然飞过”。

（作者为中国美术出版社总社社长。标题为编者所加，本文有删节）

古人的“世界观”

葛兆光

“职贡图”用大白话讲，就是“看外国人”

所谓《职贡图》，指的是我国处于封建国家时，外国及中国境内的少数民族上层向中国皇帝进贡的纪实图画。这个“职贡图”用大白话讲，就是“看外国人”。在世界还没有沟通得那样顺畅的情况下，“看外国人”是一个很有趣的事儿。一般民众当然是好奇、紧张；知识分子是为了掌握知识、了解世界，所以，后来会发展出人种学、民族志这样的东西。最喜欢看外国人的还有统治者，古代中国非常古老的书里就说，“击石拊石，百兽率舞”，各国诸侯来朝拜，天子看有这么多匍匐在脚下，为我所笼罩的异邦，心里会很快活。传说里面，大禹在会稽聚会诸侯，其中有一个部落酋长防风氏来晚了，就得被杀掉。天子借此立威呀。所以，这是一个很重要的传统。

不过，汉武帝时代并没有关于这种朝贡的图像，只是在文字里面看到一点。如《汉书》里记载，汉元帝建昭三年，打败了郅支单于后，曾经画过他们的图。“甘泉写阏氏之形，后宫玩单于之图”。汉代王延寿写的《鲁灵光殿赋》里边也说，“胡人遥集于上楹”，也就是鲁灵光殿里画有胡人的形象，但是这些都没留下来。

《职贡图》告诉我们一个什么样的"世界观"

秦汉以后中国对于四夷的知识越来越多。在这个时代，古代中国人对外国人已经有了好多明确的知识。不过，真正开始对异国异邦做绘画记录、保留下来的最早的，就是梁元帝萧绎所作的《职贡图》。这些文字和图像，能给我们一些什么样的知识呢？告诉我们一个什么样的"世界观"呢？

首先，要说明的是，这一《职贡图》里的35个国家，大体上符合南朝梁代也就是公元6世纪的外交情况。这些国家很多不见于《宋书》和《南齐书》，但是和《梁书·诸夷传》吻合。这说明画这个《职贡图》的梁元帝萧绎——他当时还是荆州的地方长官——是有实际的观察和资料的。

第二，这个《职贡图》还呈现了南朝梁代与外界的实际交往情况。它第一个记载的是滑国，为什么是滑国呢？滑国在现在新疆一带，刚好那时特别强盛，西边到了天山南麓。它往西边迁徙时，征服了焉耆、龟兹、疏勒、于阗，甚至打到了波斯。所以，它确实是南朝梁代所知道西边最重要的一个国家。还有，为什么把百济放在第二位？有学者指出，在南朝梁代以前，东北这些国家里，对中国来说最重要的就是高句丽。但到了这时，百济越过北方的北魏，能直接通过海上和南朝梁代沟通，而且也成为中国和日本之间沟通的桥梁，地位越来越重要，所以，百济就放在前面了。这说明这个《职贡图》的记载是可靠的，它记录了南朝梁代对于周边国家的认知。

第三，在这里还要特别强调一点，就是在现在保留下来的18段文字和12个图像里，我们要注意一些特殊点。比如，其中有个五溪蛮，又叫五溪攀，在今天的四川和陕西之间，在新发现的一段文字里这么写道，它（五溪蛮）的言语与中国略同，婚姻备六礼（儒家仪礼里讲婚姻的六礼），而且它知诗书，懂得中国的经典。如果我们从现在来看，它当然不是外国，可是在当时，它是被当作诸夷来看待的。同样情况的还有在今天湖南湖北一带的天门蛮、临江蛮，还有建平蛮，以及属羌族的邓至、宕昌。我们可以看到的一个现象就是，中国在当时，没有像现在那么大，这些地方在当时还是朝贡的"外国"。所以，这里有一个道理我们要明白，中国的“内”和“外”是不固定的，不能拿现在中国的版图倒推历史上的中国。

中古史里，一个很重要的事就是地理上中国的不断扩大，包括江南的开发，使得南方大片土地纳入帝国疆域，当时所谓山民蛮族逐渐纳入中国的文化圈，由于中原和周边民族发生交往和冲突，使得“中国”开始越来越向四周发展，于是“外”有时就变成了“内”。

《职贡图》承担了建构帝国、描述天下的功能

在这里，《职贡图》承担了建构帝国、描述天下的功能。一方面它记录了自己周边来朝贡的不同民族和国家，另一方面它也记录了中国当时的自我和周边疆域是什么样子。后来，“职贡图”逐渐成为一个绘画史上重要的主题和传统。比如，宋代有李公麟的《职贡图》，记载了占城、浡泥、朝鲜、女真、三佛齐、罕东、西域、吐蕃等。元代、明代都有画家画职贡图，一直到清代还有苏六朋的《诸夷职贡图》。可是，这些职贡图有一半是写实，也有一半带偏见。所谓“写实”就是刚才我们讲的，梁元帝萧绎作记录时，确实有很多资料、很多观察。但为什么又有“偏见”呢？因为古代中国长期以来的那种自命天朝，自认为是文明中心的这样一个观念，使得它对四夷都有一种鄙夷，因此，也会采取图像描述这些民族的丑陋、野蛮和怪异。所以，大家看宋代刘克庄给李公麟《职贡图》写跋时就说，一方面尽管有的外邦离开万里，李公麟所画“非虚幻恍惚意为之者”——不是随意地虚构想象的，至少关于日本、越南、波斯这些画得还是很准确的；但是尽管如此，另一方面，他也还是把异国人想象成野蛮人，把他们的王画成这样：“其王或蓬首席地，或戎服踞坐，或剪发露骭，或髻丫跣行，或与群下接膝而饮（没有君臣之分，大家坐在一起喝酒），或瞑目酣醉，曲尽鄙野乞索之态（好像是很野蛮的样子）。”特别是有人讽刺说，明明四夷都和你分庭抗礼了，你还是吹牛，说得好像仍然“万邦协和，四夷来朝”似的。

到了清代，官方的“职贡图”把西洋人也画进去了，说明那时候，中国人的外部接触和世界知识已经越来越多。刚才说，中国人对外国人的想象，有时候是

把他们想成“非我族类”，也就是说不像人类的样子，这个传统是从《山海经》开始的。可是到了清代，这个传统略有改变，因为清代对世界的认知比以前扩大，也比以前清晰了。清代官方所修的《四库全书》已经把《山海经》《神异经》从地理类移到小说类里了；《职贡图》里的英、法、荷、意这些人，画得也比较写实了。当然，主要的传统还没有变，清代仍然在想象自己是天下中央，四夷来朝．所以，“职贡图”最后也是最有名的作品，就是乾隆年间的《万国来朝图》。

（作者为复旦大学文史研究院院长、教授）

《国富论》的若干面貌

罗卫东

《国富论》在其问世后两个多世纪的时间里被人们不断加以解读和研究，呈现出了完全不同的面相，这一现象在经济学乃至整个社会科学领域中也是不多见的。简单地归纳，《国富论》在读者面前至少呈现出了以下若干种面相。

作为自由放任主义“圣经”的《国富论》

长期以来，斯密的理论贡献基本上被定位在自由放任和自动调节市场机制理论之父，以及作为一般均衡理论的开创者瓦尔拉斯的先驱这样一个位置上。新古典学派也一直坚持认为，斯密《国富论》第一篇的核心是静态经济均衡理论。正是在这个部分，斯密通过“自利人”概念以及“看不见的手”的隐喻，以出色的论证为自由市场经济提供了强有力的合法性辩护。通过麦克库洛赫和曼彻斯特学派的努力，《国富论》被当作经济自由主义的“圣经”，而斯密也被建构为自由放任资本主义经济体系的第一旗手这样一个角色。把斯密的思想等同于自由放任主义，这种理解一方面由于它的简单易懂，另一方面由于冷战结束后意识形态对垒中自由主义一派的胜利而更加深入人心。

作为制度主义经济学经典的《国富论》

尽管制度主义经济学的鼻祖凡伯伦本人从未承认自己的理论受到斯密的影响，但现有的研究已经有力地证明了凡伯伦从斯密那里借用了太多的东西。人们甚至断言，美国制度学派之父不是凡伯伦而是斯密。许多学者都认为只要把斯密和他所处的时代放在一起来理解，就会塑造出一个新的斯密，就会感受到斯密是多么深入地扎根于、依托于他的时代的制度结构。

制度学派的学者尤其强调斯密和制度学派的亲近性。对于长期以来一直被新古典经济学边缘化的制度学派来说，深入挖掘、阐释斯密著作中的制度主义成分，无疑是实现学派复兴的关键工作。斯密认为市场的制度结构的研究乃是经济学本来的主题。对斯密著作中制度理论的重视必然引导学者关注斯密的法律和政治观点，尤其是有越来越多的人关心斯密的国家理论。一些学者试图重新建构基于斯密思想的国家理论。

作为伦理学经典的《国富论》

美国哲学家莫罗于1923年出版了一本对斯密的经济和伦理思想加以整体研究的系统作品，有很大的学术价值。莫罗和斯科特等人试图证明，在斯密那里，经济思想和他的伦理思想是相辅相成、不可分割的。人们似乎突然发现，《国富论》其实是将《道德情操论》的原理作为其伦理学基础的。更有甚者，一些人甚至认为《国富论》本身就是一部伦理学著作。这些人坚信，斯密本质上是一个伦理本位论者而不是一个经济主义者。将《国富论》解读为伦理学著作的尝试有以下几个具体的方面：一是试图把《国富论》看作是一部为基于自利心的资本主义市场经济体系进行道德辩护的经典之作，如赫希曼等人所做的工作；二是把《国富论》解释为是以正义论为依据阐述“交换正义的经济体系”的作品；三是把《国富论》解释为一部讨论自然自由基础上的“分配正义”的作品；四是把《国富论》解释为一部旨在阐明构建企业、市场、国家三者合理政治经济秩序的原理的作品。

作为神学作品的《国富论》

还有一个有趣的尝试是从神学的角度来解读《国富论》，集中在对斯密“看不见的手”的研究。莫里斯·布朗指出，在斯密的体系中，那些“神学的客套话”并不像有的人认定的那样是无实际意义的内容。海尔布罗纳指出“尚不能断定，离开神学意义上的斯密，能否使我们获得关于‘看不见的手’的本性和目的的清晰明白的认识”“经济学通过把看不见的手转化为完全竞争的自动均衡机制，得以上升至实证科学精英的崇高地位”。但是，需要注意的是，“如果我们从斯密那里驱逐了宇宙智慧的创造者，其结果也就是放弃了斯密的必然论性质”。“看不见的手”看来并不仅仅是一种语言装饰。瓦伊纳作为经济思想史家早就指出过，如果无视他的目的论要素和“看不见的手”的妥当作用，那是不能理解亚当·斯密的思想体系包括经济学的。

作为马克思经济学思想来源的《国富论》

英国古典政治经济学因为创立了劳动价值论而深刻地影响了马克思经济学，从而成为马克思主义的三大来源之一。斯密的《国富论》和李嘉图的《赋税论》中关于劳动价值论的重要思想和理论，是马克思写作《资本论》最为重要的思想源泉。作为英国古典政治经济学的杰出代表，其劳动价值论经由李嘉图的发展而最终成为马克思劳动价值论的重要渊源。马克思本人解释和评价古典政治经济学家历史地位所依据的标准，乃是一个学者在创造和发展劳动价值论这一分析工具，并由此来解析资本主义经济形态的病理学和动态演化机理方面所做的贡献。虽然马克思对斯密在价值决定问题上的含糊其辞和游移不定表示失望，但他仍然对其作为劳动价值论重要创始人的贡献给予了相当高的评价。

除了以上几种有较大影响力的解读以外，还有些学者把《国富论》看成是某种特殊历史观的一个运用，认为它其实是历史学的重要作品；有些学者从中解读出斯密的政治学、法理学。林林总总，不一而足。

在我看来，《国富论》所具有的这种多重面相，一方面，表明了它作为一部经典所具有的内在思想和理论的张力，它的学术特质已经不限于经济学这个学科领域。从另一个方面来看，其实也反映了专业化程度很高的经济学，已经无法全面认识和理解《国富论》这一前学术分工时代的经典之作。

（作者为浙江大学副校长）

从大历史角度看“中国模式”

郑永年

有没有一个中国模式的存在？这个模式究竟是怎样的？其内在和外在含义是什么？这个模式从何而来，往何处去？无论就中国本身的发展，还是中国发展对世界的影响而言，都有必要回答这些重要的问题。理性而言，中国模式是客观存在的。对中国本身来说，重要的是回答“我是谁”的问题，就是回答中国模式到底是什么的问题。这个任务已经变得很重要。就内部来说，越来越多的民众对中国本身是一个什么样的国家的认识，已经变得越来越模糊。就外部来说，中国模式涉及的是中国的国际认同问题。无论是传统的还是目前流行的各种意识形态，已经无助于向国际社会解释“我是谁”的问题。

我倾向于把中国模式置于大历史的宏观层面上讨论。改革开放30多年不够，还要看前面的30年，还要看中国近代以来的国家转型过程。我相信，研究中国模式就是要把那些恒定不变的结构性因素找出来。这些因素就是中国模式的核心。在这个层面，人们需要看到中国模式的文明性。从大历史角度看中国模式，不难发现这个模式的存在及其主要内涵。尽管中国模式表现在方方面面，但其核心是中国特有的政治经济模式，这两方面互相关联，互相强化。

中国经济模式的混合性

在经济方面，中国是混合经济模式。在这个模式里，国有部门和非国有部门、政府与市场要保持平衡。世界上再也找不到像中国这样的经济模式，在那么长的历史时期里，总有一个很强大的国有部门，国家对关键经济领域起着直接的作用。国有部门承担着国家的很多功能，包括公共基础设施的建设、应对随时发生的各种各样的危机、平衡市场的力量等等。正是因为中国有个强大的国有部门，所以像西方那样的私有化在中国不会发生。

从历史上看，私有经济或者民营经济在中国是一直存在的，但中国绝对不可能走到西方那种完全私有化的地步。全面的国有化和全面的私有化都不是中国经济的常态，混合经济模式才是中国经济的常态。但混合经济经常失去均衡。当国有部门和政府占据绝对主导地位，非国有部门和市场空间受挤压，发挥不了正常作用的时候，危机就会产生。

中国政治模式的开放性

在经济上讨论中国模式还好一些，一旦到了政治领域就变得非常困难。实际上，如果不看中国的政治模式，就很难理解中国的经济模式，甚至可以说，中国的经济模式是中国政治模式的产物。

那么，中国政治模式的特点在哪里？从大历史看，也能够回答这个问题。自近代和西方接触以后，中国曾经尝试西方式的制度，但行不通。西方的政治模式往往通过把政治问题外部化来加以解决，因此有反对党和反对力量的存在。现代中国通过开放政治过程，把外部问题内部化来求得问题的解决。党的领导是中国政治的核心，不理解这一点，就很难理解中国政治。

在传统中国，政治过程也是相当开放的。尽管皇权属于皇帝，但治权（或者相权）是向社会开放的，并且是高度制度化（官僚化）的。历史表明，治权越开放，国家治理就越有效。有效的治理取决于决策权、领导权的有效开放，向社会各个阶层、各种利益的开放。同时，治权的有效性取决于制度化和专业化。

中国改革模式的阶段性

人们所说的“中国道路”，可以归入中国的改革模式这个层面。“中国道路”就是中国的改革是怎么走过来的，要回答“从何而来、到何处去”的问题。在这个层面上，中国的改革很明显地呈现出渐进性和阶段性。我认为，中国改革分三步走，即先经济改革，再社会改革，后政治改革。这并不是一个价值判断，即中国应当走这条道路。

首先，这是一个从易到难的过程。经济改革最容易，说穿了哲学家们所说的“人性恶”的一面释放出来，让人们去追求自己的利益。社会改革比较难一点。如果说经济改革的主体是生产，那么社会改革的主体就是分配。社会改革要求人们从自己的钱包里面掏一部分出来让社会来分享，这就比较困难。而政治改革最为困难。政治改革表明人们需要放弃一些权力让其他人来分享，放弃权力较之掏腰包要困难得多。

其次，这是一个涉及体制改革的物质基础问题。经济改革优先是因为经济改革可以为其他改革创造物质基础。经济改革优先于社会改革的道理很简单，没有生产哪有分配？财富创造出来之后，才可以强调分配。在政治方面，经济改革先于政治改革的优势是：对社会来说，经济改革创造财富和中产阶层，从而为理性的政治参与创造条件。

中国政策模式的独特性

我们还可以从具体的政策层面来谈论中国模式，也可以叫中国政策模式，可以从经济、社会和政治改革等各个不同领域来透视中国模式。我觉得人们所说的“中国案例”应该属于这个范畴。改革开放以来，中国已经为人们提供了很多改革政策案例。目前对中国模式表示出的不满意都在这个层面。在经济政策领域，人们对改革政策的不满也是从不同角度来看的。一些人以西方的标准来评判中国政策模式。中国数千年的历史上，市场也发达过。一些市场经济的实践先发生在西方，但这并不是说市场就是西方的。改革开放以来，中国的确向西方学习，这一事实并不是说中国不能形成自己的模式。

中国模式完善的渐进性

强调改进就是强调模式的渐进性，避免激进变革。任何模式都必须随时改进自身，否则就会蜕化，从而失去适应新形势的能力，最终导致激进变革。中国的历史表明，激进变革经常是没有变革，因为激进变革往往意味着重新走一遍。从长远观点看，改进或者渐进才是真正的变化。中国模式的核心是中国的政治和经济体制，如何改进中国模式，关键是政治和经济体制的弊端得到纠正，依附于政治和经济体制上的其他缺陷就不至于对模式本身造成致命的影响。

从经济体制来说，中国存在一个比较强大的国有部门，这有它的好处，可以有效建设国家的基础设施、公共工程，应付重大的危机和平衡市场等。但如果国有部门占有了绝对的优势地位，政府对市场干预太过，这一模式的劣势就会出现。首先，要回答国有部门的边界在哪里的问题。国有部门要有个边界。国有部门不能无限地发展，不可以无限地去侵犯非国有部门的领域。要让两个领域保持相对平衡的空间，允许它们互相竞争。国有和非国有两部门之间的公平竞争很重要。其次，政府和市场各自的职能和领域应该搞清楚。政府可以在哪些领域发挥作用，哪些领域政府应当发挥作用但是没有起到应有的作用，它应该退出哪些地方但没有退出来，这些问题都要弄清楚。再次，要在经济发展和社会发展之间找到平衡点。中国领导层提出的社会建设，目标很好，而社会政策仍然贫乏，在很多场合都是用经济政策取代了社会政策。最后，扶贫、提高劳动收入、改变产业结构（如鼓励发展中小型企业）、税收制度改革等等都可以实现社会公平。一个公平的社会才是一个稳定的社会，政府也才具有高度的执政能力。

（作者为新加坡国立大学东亚研究所所长。
本文根据《中国模式》一书修订版序言编辑，标题为编者所加）

话语是“历史忠实的记录者”

姜迎春

回顾自辛亥革命100多年的历史，有列强的蹂躏，有抗争的吼声；有炮声隆隆，有革命奋斗；有野心家的阴谋诡计，有革命家的赤胆忠心；有失败的教训，有胜利的喜悦。所有这些都反映在不同时代的话语体系中，话语是历史忠实的记录者。还原历史的一个主要方法是看特定时代的话语体系，即不同时代人们使用的语汇、语言表达的方式、话语的文化载体等。

不同时代的日常用语之价值，就在于它们是时代的记录器

有许多词汇已经在当代日常话语体系中消逝了，但它们曾经是不同时代的日常用语，其价值就在于它们是时代的记录器，是我们把握时代的重要依据。从这个意义上说，时代创造话语，话语记录历史。如“洋火”“洋烟”“洋布”“洋油”“洋钉”这些词汇，反映了近代中国由于没有形成自己的工业生产体系，国门被洋人强行打开之后洋货大量涌入的经济状况。新中国成立后，在不长的时期内就建立了相对独立的工业生产体系，依赖洋货的历史一去不复返了。“洋火”“洋烟”等这些标志着旧中国贫穷落后的词语，逐渐退出了日常话语体系。

关于贫穷的话语在新中国成立后还在延续。例如，在央视春晚上有一个小品

叫《粮票的故事》，反映了经济困难年代“凭票供应”的历史。在票证年代，生活百事离不开形形色色的票证，什么都凭票供应，这样的票证生活成了严顺开扮演的“爷爷”的“顽固”记忆和情感寄托。随着改革开放事业的不断推进和生产力水平的不断提高，生活必需品供应水平不断改善，“粮票”“布票”等各种票证逐步结束了它们的历史使命。“凭票供应”的生活持续了30多年，形形色色的票证成了新中国的“历史记忆”。

历史重大转折时期，也是话语剧烈变迁的时期

新中国的成立，是中国历史的重大转折，它深刻地影响了人们的情感、生活和话语体系。此后，许多人给自己子女起名字不再按照老规矩了，名字的时代烙印十分明显。新中国成立初期，名字叫“建国”“新华”“振国”的人很多，表达了人们建设国家、振兴中华的心愿。抗美援朝战争发生以后，有许多人起名叫“援朝”“卫国”。1958年至1976年期间发生了“大跃进”和“文化大革命”，起名字也要有革命性，于是出现了大量的诸如“卫东”“卫红”“跃进”“东方”等名字，借以表明坚定的政治信仰。在“革命”的火红年代，男性名字中带“军”“兵”“武”的人也很多；女性起名叫“红”的非常多。

时代不仅催生具有时代特色的新语汇，还改变某些词语的涵义

时代不仅创造话语、催生许多具有时代特色的新语汇，还改变话语的涵义。同样的词语在不同时代其意义可能有着很大的差异，如“同志”这个词。伴随近代中国革命的兴起，“同志”一词有了革命色彩。孙中山在临终前发出了“革命尚未成功，同志仍须努力”的号召，激励革命同志继续前进。

伴随中国共产党的成立，中国人民的革命和解放事业掀开了新的一页，革命队伍内部也互称“同志”。中共一大党纲中规定：“凡承认本党党纲和政策，并愿成为忠实的党员，经党员一人介绍，不分性别，不分国籍，都可以接收为

党员，成为我们的同志。”新中国成立后，党内干部见面互称职务的逐渐多了起来，“同志”间上下高低的意味越来越重；改革开放以后，“同志”的政治色彩越来越淡，向陌生人问路，大多称“师傅”而不称“同志”了。市场经济条件下，以权力和金钱为本位的差别意识在一定程度上得到了强化和固化，再加上同性恋用“同志”互相称呼，“同志”一词在一般社会交往中逐渐失去了原本的政治意味。

在网络时代，话语变迁的“草根化”特征十分明显

过去，话语变迁主要依赖主流话语的发动。现在，许多新词汇往往是网民创造出来的。近年来，网民创造了大量的流行话语，如“雷人”“高富帅”“给力”“弱爆了”“伤不起”“羡慕嫉妒恨”“度娘”“你懂的”等等。这些语汇是当代话语的重要组成部分，忽略它们就不能深刻把握网络时代的特征。

总之，话语不仅记录历史，还承载着人们的历史情感。中国百年话语变迁史，承载着一代代中国人的酸甜苦辣、喜怒哀乐，承载着中国人民不屈、抗争的民族精神，承载着中国人民不断寻梦、追梦的坚定信念。《中国百年话语变迁》一书，正是透过话语变迁，试图打开了解中国过去百年风云的一扇窗户。

（作者为南京大学哲学系教授）

我的外交经历、认识和看法

吴建民

2009年4月，我正式从外交部退休。退休之后，我的各种活动很多，出席众多在中国国内和在世界上举行的会议，对中国人讲世界，对世界讲中国。

人的生命是短促的，我经历的事情很多，不少情况下是在见证历史。中信出版社的领导找了我，希望就我的外交生涯和交流学出一本书，我同意了。

我为什么同意？首先是因为外交对于中国太重要了。当今世界正在发生深刻的变化，中国在大发展，世界的变化与中国的发展相互影响。在几千年的中国文明史上，可以说外交从来没有像今天这样对国家如此之重要。

春秋战国时期的外交很重要。当时诸侯国林立，逐鹿中原，外交关系到国家的生死存亡。各国的国君都非常重视外交，涌现出了一批杰出的外交家。但是公元前221年，秦始皇统一中国后，"大一统"了，外交不重要了。在2000多年的历史中，中国没有外交部，直到1912年孙中山先生创建中华民国时，才正式设立了外交部。

中国曾经在人类文明史上领先了1000多年，但在过去600多年里，我们大大落后了。落后的原因是什么？说到底就是封闭，眼睛向内，不看世界，不了解世界发生的情况，也不了解世界的变化对中国造成了多大的影响。封闭、落后使中华民族付出了沉重的代价。自1978年党的十一届三中全会后，中国取得了巨大的发展，根本原因是改革开放。

中国的落后、中国的厄运、中国的进步从不同的方面说明外交的重要性。外交是处理中国与世界的关系。对世界认识正确了，我们就会妥善地处理中国与世界的关系，我们的事业就大踏步前进；对世界认识错了，我们对中国与世界的关系就很难处理好，我们的国内方针也会出问题，我们就会遇到挫折。

其次，揭开外交的神秘面纱。长期以来外交太神秘，老百姓不知道外交是什么。我这个搞了一辈子外交的人，把我所经历的外交，特别是一些有趣的故事奉献给大家，目的是希望更多的中国民众对外交有所了解。

21世纪是中国人走向世界的世纪，也是外国人大批来到中国的世纪。中外交流的深度和广度史无前例。1949年至1978年我国出国的人数加在一起不到28万，平均每年不到1万人。但是2014年我国出境人数超过了1.2亿。中国与世界的交往，规模如此之大，根本原因是中国与世界利益的融合。这就需要有更多的中国人懂得一点外交，懂得如何与世界打交道。

再次，促进中国公众思考。今天的中国好像正处在第三次百家争鸣时期。第一次百家争鸣是春秋战国时期，涌现出了一批大家。那次百家争鸣的目的是确定中国继续前进的方向，成果丰硕，为中国2000多年里历代王朝的稳定奠定了思想基础。

第二次百家争鸣是1840年鸦片战争之后。争鸣的主题是中国向何处去？这场百家争鸣在1949年10月1日中华人民共和国宣告成立时便画上了句号。

今天我们正处在第三次百家争鸣的时候。今天的中国，不管对什么问题都是议论纷纷，意见不一。百家争鸣比万马齐喑好。百家争鸣一定能够产生好的思想，推动中国进步。

我把我的外交经历，以及我的一些认识和看法奉献给大家，目的是促进思考。我们党有一条很好的思想路线，就是实事求是，实践是检验真理的唯一标准。不管是谁说的，都需要经过实践的检验。

（作者为外交学院原院长。本文为《吴建民谈外交》自序节选）

为中国政治经济学增添新内容

卫兴华

2015年11月23日，中共中央政治局集体学习了马克思主义政治经济学的基本原理和方法，提出立足我国国情和我国发展实践，发展当代中国马克思主义政治经济学。这表明以习近平同志为总书记的党中央对学习、运用和发展马克思主义政治经济学的高度重视，显示了马克思主义政治经济学在揭示经济规律、发展我国社会主义经济、推进改革开放中的重要作用。

应重在掌握科学分析方法和社会经济发展规律

习近平同志明确回答了为什么要学习马克思主义政治经济学的基本原理和方法。概括地说，就是为了能够掌握科学的经济分析方法，认识经济运动过程，把握社会经济发展规律，提高驾驭社会主义市场经济能力，更好回答我国经济发展的理论和实践问题，提高领导我国经济发展能力和水平。

学习马克思主义政治经济学应重在掌握科学分析方法和社会经济发展规律。这个科学分析方法，就是辩证唯物主义和历史唯物主义，掌握科学分析方法和经济发展规律，才能认识和把握经济发展过程，提高驾驭社会经济发展和运行的能力，提高领导能力和水平，更好指导我国经济发展实践。而社会经济规律，主要包括四个层次的内容：一是各个社会都存在的生产力和生产关系相互作用的规律，特别是生产关系一定要适应生产力发展状况的规律；生产力自身循序渐进、波浪式发展、科技创新起引领作用的规律；生产、交换、分配、消费相互关系的规律；生产关系决定分配关系的规律等。二是多个社会形态存在的商品经济规律，如作为其基本规律的价值规律以及与其相联系的竞争规律、供求规律、货币流通规律、价格运动规律等。三是资本主义经济发展的规律。如剩余价值规律，资本积累规律，资本主义市场经济规律，资本主义经济产生、发展、自我扬弃和转向新的社会制度的规律。四是认识和掌握社会主义经济发展和运行的规律。这是更重要的方面，也是当代中国马克思主义政治经济学需要努力研究、发展和创新的领域。也正是习近平同志强调提出的要求："要立足我国国情和我国发展实践，揭示新特点新规律，提炼和总结我国经济发展实践的规律性成果，把实践经验上升为系统化的经济学说，不断开拓当代中国马克思主义政治经济学新境界。"

关于社会主义的本质规定就是具有规律性的东西

科学社会主义和中国特色社会主义在实践中是一个不断发展和完善的过程，认识和掌握社会主义经济规律也是一个不断深化和拓展的过程。就当前已有的理论成果来看，马克思主义关于社会主义的本质规定就是具有规律性的东西。

《共产党宣言》提出：无产阶级取得政权后，把一切生产资料集中在国家手里，以"尽可能快地增加生产力的总量"，这是"丰富和提高工人生活的一种手段"。这段论述有三层含义：其一，要建立由国家掌握生产资料的国有经济；其二，利用国有经济快速发展生产力；其三，建立国有经济和快速发展生产力的目的是提高工人阶级的生活水平，也可以说是提高广大劳动人民的生活水平。马克思和恩格斯一再强调社会主义要实行公有制经济。在国家存在的条件下，要实行国有经济，实行公有制经济的根本目的和作用，服从于社会主义的两大本质要求：一是快速发展生产力，二是共同富裕。马克思指出：在未来的社会主义制度中，社会生产力的发展将如此迅速，生产将以所有人的富裕为目的。邓小平将社会主义本质归结为解放生产力，发展生产力，消灭剥削，消除两极分化，最终达到共同富裕。这与马恩的思想是一脉相承的。

讲社会主义本质，就是讲社会主义公有制的本质。实行以国有经济为核心的公有制经济，就是为了消除旧社会制度不利于生产力发展的基本矛盾，以解放和发展生产力，也只有实行公有制，才能消灭剥削，消除两极分化，最终达到共同富裕。所以必须重视我国国有经济的重要地位和作用。生产资料公有制是社会主义制度的经济基础，这是马克思主义的一个重要的基本原理。我国处于社会主义初级阶段，不搞单一的公有制，允许和鼓励非公有制经济共同发展，但必须坚持国有经济为主导、公有制经济为主体。习近平同志强调提出：要坚持和完善社会主义基本经济制度，公有制主体地位不能动摇，国有经济主导作用不能动摇，这是保证我国各族人民共享发展成果的制度性保证，也是巩固党的执政地位、坚持我国社会主义制度的重要保证。

发展政治经济学应遵循以人民为中心的根本立场

习近平同志提出了学习和发展马克思主义政治经济学应遵循的“根本立场”和发展经济的“出发点和落脚点”。根本立场是要坚持以人民为中心的发展思想；发展经济的出发点和落脚点是增进人民福祉、促进人的全面发展、朝着共同富裕的方向稳步前进。这同样是从马克思主义政治经济学的本质引出来的。马克思把政治经济学区分为劳动的政治经济学和资本的政治经济学。马克思主义的政治经济学是劳动的政治经济学，也就是为劳动人民求解放、谋福祉的经济学；而资本的政治经济学是为资本主义和资产阶级谋利益的经济学。两者的“根本立场”是不同的。正是从这一根本立场又引出发展社会主义经济的“出发点和落脚点”。促进人的全面发展和走向共同富裕，这是马、恩、列一再论述过的基本理论观点。

十一届三中全会以来，我们党把马克思主义政治经济学基本原理同改革开放新的实践结合起来，不断丰富和发展马克思主义政治经济学，形成了当代中国马克思主义政治经济学的许多重要理论成果。习近平同志提出了八个方面的成果内容，是示例性的说明。我们学习时不必固定在这几个方面，还可增添新的内容。其中，有些创新内容可以与马克思主义政治经济学的基本原理直接衔接，如：关于社会主义本质的理论；关于社会主义初级阶段基本经济制度的理论；关于促进社会公平正义、逐步实现全体人民共同富裕的理论。可以明确看出，这些与马克思主义政治经济学源与流的衔接关系。但有些发展与创新的内容，如“关于树立和落实创新、协调、绿色、开放、共享的发展理念的理论”，似乎就不易看出与马克思主义政治经济学的哪个基本原理相衔接。其实，这依然与社会主义本质的两大环节相衔接，即怎样更好地发展社会生产力、增进人民福祉、消除两极分化，发展成果惠及全体人民、走向共同富裕。归根到底，马克思主义政治经济学一切理论发展与创新，都是围绕着建设社会主义要更好地发展社会生产力和更好地发展社会主义生产关系展开的。

（作者为中国人民大学荣誉一级教授）

“灰皮书”的作用和影响始料未及

郑异凡

“灰皮书”是我国出版史上的一个独特现象，在世界出版史上亦属罕见。20世纪60年代为“反修斗争”，根据中央的要求，我国编译出版了一批“修正主义、机会主义资料”，被称为“灰皮书”。这批书当时是“反修斗争”的重要参考资料。

为批判修正主义，中央成立了“灰皮书”的编辑机构

《“灰皮书”：回忆与研究》（以下简称《“灰皮书”》）一书涉及的主要是由中央编译局负责的这部分“灰皮书”的编译出版工作。编译局国际室成立后，在20年左右的时间里，一批青年编译工作者从事的就是这份工作，他们一方面不断完成中央交下来的“临时任务”，如为领导或写作班子查找马克思或者列宁的某一句话，为某一国际组织核查某一历史事实；另一方面系统编译“修正主义者、机会主义者”的著作。他们先开列出一份“修正主义者、机会主义者”名单，然后同人民出版社合作，按照名单到京沪宁各家图书馆寻找这些人的著作，编出《修正主义者、机会主义者著作目录》，根据重要性向人民出版社推荐翻译这些人的代表作，同时自己也编译这些人的言论，如《伯恩施坦言论》《布哈林

言论》等，并翻译这些人的著作，如伯恩施坦的《社会主义的前提和社会民主党的任务》。

当年从事“灰皮书”编译工作的不仅仅是编译局和人民出版社，还有一些其他单位的同志。例如中联部就编译了《托派第四国际资料》，由商务印书馆出版，编号发行。《哲学研究》编辑部组织翻译了考茨基的《唯物主义历史观》，由上海人民出版社出版。世界知识出版社出版的《赫鲁晓夫言论》、上海人民出版社出版的《勃列日涅夫言论》，都是作为“灰皮书”内部发行的。此外，还有从“灰皮书”延伸出去的“黄皮书”，以文艺作品为主，也是内部出版发行的。不过“灰皮书”的核心部分，是编译局和人民出版社合作翻译出版的“修正主义、机会主义”著作和言论，这是“灰皮书”的源头。

“灰皮书”打开了一扇通向另一个世界的窗口

从历史发展的角度看，“灰皮书”的编译不仅仅服务于“反修斗争”，它还给我国读者提供了一批珍贵的历史资料，打开了一扇通向另一个世界的窗口，为深入研究国际共产主义运动史、马克思主义史提供了弥足珍贵的资料，为当时的知识分子提供了一种特殊的精神食粮。随着形势和条件的变化，“灰皮书”流入社会，成为有关研究人员的重要资料和某些青年人的启蒙读物，最后被纳入人类思想文化遗产的组成部分，其作用和影响是始料不及的。

近水楼台先得月。首先得益的是这些直接参加编译的人员，因为他们直接接触到这些资料，所以有可能对看到的东西进行思考、研究。粉碎“四人帮”结束了“文化大革命”，也引发了中国社会的思想解放。在这种形势下，这些老同志多年来积累在心中的疑问被提出来，开始寻求真正符合马克思主义的答案。多年编译“灰皮书”所获得的知识，研究“灰皮书”所得出的众多新观点，开始发挥作用。正是这些同志在“文化大革命”结束后投身于拨乱反正的工作，才能够迅速对一些被歪曲的历史、对历来被看作“修正主义、机会主义”的东西进行反思，并依据确凿的材料作出新的评价。

近年来，“灰皮书”引起社会的广泛关注，很多媒体报道过有关“灰皮书”

的历史及其对思想解放所起的作用。对于这段历史，当事人深感有责任把自己亲身的经历记录下来，为后人留下一笔珍贵的史料。为此，编译局和人民出版社的一批老同志写下了自己参加这项工作的亲身经历和感受，也记下了改革开放后他们对“灰皮书”的重新认识与研究的情况。

“灰皮书”脱“灰”了，其中部分进入《人民文库》，成为研究马克思主义的重要史料

对被看作“修正主义、机会主义”的那些著作，《“灰皮书”》一书采取了这样的态度：第一，应当承认其出现和存在都有其理由；第二，其理论主张正确与否，不是某领袖或者理论权威能够说了算的，需要历史实践的检验；第三，这些理论主张无论是对是错，都是人类文化遗产的组成部分，也是国际共运史留下的遗产，是苏联留下的遗产，值得进一步研究。要了解国际共产主义运动的兴衰原因、苏联解体的缘由，这些著作都是不可忽视的。

现在这些“灰皮书”脱“灰”了，曾经被当作“修正主义、机会主义”著作的“灰皮书”，不再是“禁书”，其中有一部分进入了人民出版社的《人民文库》，成为人类文明史的一部分。《人民文库》的出版《前言》写道：“我社决定从历年出版的两万多种作品中，精选出一批在当时产生过历史作用，在当下仍具思想性、原创性、学术性以及珍贵史料价值的优秀作品，汇聚成《人民文库》，以满足广大读者阅读收藏需要，积累传承优秀文化。”这部分“灰皮书”能够进入《人民文库》，说明我们对人类文化遗产采取了马克思主义的历史唯物主义态度，这是认识的进步，是历史的进步。

《“灰皮书”》一书分为三部分：第一部分“回忆篇”，是关于“灰皮书”的回忆文章，是参加“灰皮书”的编译和出版工作的同志对往事的回忆。第二部分“研究篇”，是“文化大革命”后研究“灰皮书”的文章，主要是最初提出新观点的文章。作者们后期有更为深入的研究专著，不过总的说来，我国对“灰皮书”的研究还是很不够的，有些人物几乎没有触及，有些人物的著作虽然也有研究文章出现，但深度和广度都还有待提高。第三部分“遗存篇”，是历史资料，

如选自《外国政治学术书籍编译工作简报》的文章，“文化大革命”时期编写的“人民出版社出版工作两条路线斗争大事记”摘录等等，都是非常珍贵的历史资料。

（作者为中央编译局研究员、资深翻译家）

读一读《“一带一路”：机遇与挑战》

叶小文

“不谋全局者，不足以谋一域；不谋万世者，不足以谋一时”。谋全局、谋万世的大战略，既需要看清当今世界，也需要看懂当代中国。中国的大战略应该是：扩大向东开放，才能东接财源；扩大向西开放，才能西接能源；扩大双向开放，才能“左右逢源”。中国统揽政治、外交、经济社会发展全局做出的重大战略决策，实施新一轮扩大开放、营造有利周边环境的重要举措，就是建设丝绸之路经济带、21世纪海上丝绸之路。

大鹏欲展翅，有鸟先报春。王义桅教授推出的新著《“一带一路”：机遇与挑战》，是国内首部“一带一路”研究专著，对“一带一路”发展战略所带来的周边外交、地区合作、全球发展等机遇做了精辟论述，对与机遇并存的政治、安全、经济、道德、法律等风险做了辩证解读，从宏观视角、理论层面对人们关于“一带一路”战略的疑问和误解做了解释和纠正，具有权威性。全书系统分析了中国梦与世界梦相通的“一带一路”路径，凸显“世界养育中国，中国回馈世界”的主题。笔者非常赞同书中结语将“一带一路”定位为中国的国际合作倡议及公共产品，十分欣赏书中总结的“一带一路”中国智慧。中国尽量避免在亚洲舞台上与美国进行对决。如果美国集中于亚洲，那么中国就会悄悄从亚洲抽手，走向世界。西方的国际象棋意在抓住对方的王，即瞄准完全胜利。相反，围棋则是确保比对方更多的位置，追求比较优势。西方的军事理论强调对人口密集区或首都、核心经济设施的攻击和防御，但围棋则重视从周边包围中央的战略。“一带一路”战略构想根据的是“三边通中央必胜”，即用三边各自通过中央，就一定会取胜的围棋打法。因为如果将亚洲、欧洲和非洲三个大陆通过“一带一路”相连接，就会取胜。

作者深刻地指出，以政策沟通、设施联通、贸易畅通、资金融通、民心相通等“五通”所代表的互联互通，实现真正的包容性全球化，成为21世纪的主旋律。中国提出“一带一路”倡议，是古丝绸之路的时代化、大众化。“一带一路”阐述的是千里之行始于足下的意思，不是说只有一条带、一条路。“丝绸之路经济带”概念是中国改革开放形成的“以点带线”“以线带面”等经验的外延，通过各种经济走廊形成经济带，与海上经济走廊形成陆海联动的系统化效应。至于“21世纪海上丝绸之路”的提法，就是为了强调在21世纪如何实现港口改造、航线升级换代，这不仅要提升航运能力，更要做到“人海合一”，与陆上丝绸之路强调的“天人合一”相呼应。“21世纪海上丝绸之路”表明中国既不走西方列强走向海洋的扩张、冲突、殖民的路子，也不走与美国海洋霸权对抗的路子，而是寻求有效规避传统全球化风险，开创人海合一、和谐共生、可持续发展的新型海洋文明。

建设“一带一路”，须遵循经济建设、政治建设、文化建设、社会建设、生态文明建设“五位一体”理念，开启可持续发展的人类新文明。“经济带”概念就是对地区经济合作模式的创新，其中经济走廊——中俄蒙经济走廊、新欧亚大陆桥、中国-中亚经济走廊、孟中印缅经济走廊、中国-中南半岛经济走廊、海上经济走廊等，以经济增长极辐射周边，超越了传统发展经济学理论。中国始终奉行不结盟政策，提出与作为海上霸主的美国建设新型大国关系。这就要求中国提出21世纪海洋合作新理念，创新航运、物流、安全合作模式，通过特许经营权、共建共享港口等方式，推进海上与陆上丝路对接。

（作者为中央社会主义学院第一副院长、党组书记）

我看“得意拜孔”说

陈先达

得意拜孔子——这是中国封建社会不少知识分子的“命运”，也是中国独特的政治文化现象。至今少数人犹有此种遗风，只是儒家的崇拜者在当今世界上不见得人人得意。

其实，孔子本人生前并不得意。东奔西走，周游列国，到处碰壁，他自己都说如“丧家之犬”。虽声称道不行，乘桴浮于海，也没有实行，还是设帐授徒，以当教员收束脩为生。孔子得意是死后，帽子越来越多，越来越高。孔子和以他为代表的儒家学说有许多好东西，其中不少成为我们民族文化传统的精髓，影响深远而长久。可孔子学说中也有不少有利于稳定既成的封建秩序、不利于变革的东西。您看，他说，父在观其志，父殁观其行，三年无改父道，可谓孝矣。一切要率由旧章。君君、臣臣、父父、子子，一点都乱不得。以孝悌为本，不准犯上作乱。凡起来犯上的都是人人得而诛之的乱臣贼子。这一套，您看谁喜欢，谁举手赞成？谁不喜欢，谁举手反对？这是显而易见的。因此，压在下面想翻过来的，反孔；站在上面的想维持现状的，尊孔。造反时反孔，当权时又可能尊孔。这真是此一时彼一时也。这不是偶然的，因为封建社会王朝的兴废，只是政权的更替，改朝换代，政权的本质没有变，仍然是建立在以血缘关系为纽带的农业生产方式的基础上，因而一旦处于统治地位，必然照样以儒学作为统治的意识形态。

在封建社会中得意者除帝王以外，还有金榜题名的儒生。所谓“学而优则仕”中的“学”，不是学其他知识或什么别的学问，学的就是四书五经、孔孟之道；“仕”，就是做官。这是通过应试而跻身上层，加入统治集团的可靠之路。孔子是主张为政的，读书而不做官是不孝，是要打屁股的。孔子自己就说：富而可求也，虽执鞭之士，吾亦为之。

“得意拜孔”之说是有道理和事实根据的。在中国古代历史上，自汉代“罢黜百家、独尊儒术”以后，不熟读孔孟经书是难以为官从政的。但以孔子为代表的儒家学说在中国历史上发挥过重大作用，培养了不少治国人才和人文学说方面的大家，不少富贵不能淫、威武不能屈的民族英雄。文天祥临刑前说的“读圣贤书，所学何事？而今而后，庶几无愧”的话突出了儒家学说在培养民族精神中的积极作用。

孔子的儒家学说确实具有双重性。一方面，孔子的儒家学说，在封建社会中长期处于统治地位，因为《论语》中论述的正名和修齐治平的一套学说，对当权者确有可用之处，所谓“半部《论语》治天下”的实质正在于此。另一方面，孔子还说过另外一些约束统治者的话，说过一些对为君、为父具有规范性的原则，说过一些爱护被统治者的话，例如，治国应该庶之、富之、教之，使民以时，节用爱民之类。所以，章学诚在《文史通义》中说：夫子之言不一端，而贤者各得其长，不肖者各误于所似。是不是得其长者是贤者，否则为不肖，这不去管它，各家观点不同，难求统一。但有一点可以肯定，各长其所长，各短其所短，势必有各种孔夫子，真假莫辨。

鲁迅先生在他的名作《在现代中国的孔夫子》中，也是将孔子与历代尊孔者心目中的孔夫子分开的。他说，孔夫子到死了以后，可以说运气是比较好一点。因为他不会噜苏了，种种的权势者便用种种的白粉给他化装，一直抬到吓人的高度。在社会主义社会里，我们可以比较有条件平心静气、实事求是地评价孔子及其儒学。这当然是一个繁重的艰巨的任务，需要众多学者不具门户之见进行通力合作。这个工作应该是我们社会主义文化复兴事业中一项巨大的学术工程。

（作者为中国人民大学教授。
本文摘编自《可信又可爱的哲学》，标题为编者所加）

政治正义与国家理性

——读《政治正义：中国问题意识》

丁国强

保证政治正义、促进社会正义是极其重要的执政责任和执政能力，也是构建秩序、激发活力、赢得信任的重要前提。高兆明《政治正义：中国问题意识》（人民出版社出版，以下简称《正义》）对当代中国的政治正义问题进行了考察，对于我们正确理解政治正义的内涵、理性分析政治正义的中国问题、科学把握政治正义的实践规律具有启发意义。

正义是人类社会的基本价值观念，中国语境中的政治正义有着丰富的历史和现实内涵

政治正义关涉政治生活的根本问题。正义是一种良性可持续的秩序，是执政合法性的基础。维护和实现政治正义是基本的国家理性和国家能力。一个不在乎正义、不维护正义的政权注定是不长久的，而不关注正义问题、不解决正义问题的政治生活也注定是缺乏生命力的。作为政治规范的正义厘清权力边界，促进对权利、尊严的承认。正义来自对特权的排斥、对权贵的遏制，让人们看得到机会、感受得到公平、获得到应得的利益，从而对未来生活充满期待。作者认为："正义这个范畴是对现实社会关系的评价性反映，它以理想完满的方式把握现

实，即：它通过对不完满现实的批判，使不完满的现实以理想完满的方式在观念中存在，并反过来以这个观念中的理想完满要求现实。”

中国语境中的政治正义有着丰富的历史和现实内涵。毛泽东在第一届全国人民代表大会第一次会议开幕致辞中指出：“我们的事业是正义的。正义的事业是任何敌人也攻不破的。”中国共产党在革命、建设和改革开放各个历史时期，都将正义作为自觉的价值追求放在重要位置。习近平总书记多次就促进社会公平正义作出重要论述，他指出：在不同发展水平上，在不同历史时期，不同思想认识的人，不同阶层的人，对社会公平正义的认识和诉求也会不同。我们讲促进社会公平正义，就要从最广大人民根本利益出发，多从社会发展水平、从社会大局、从全体人民的角度看待和处理这个问题。习近平的正义观是对马克思主义正义理论的丰富和发展，是对打造政治正义的中国话语体系的积极探索。公平正义是改革的最大共识，是执政能力的根本体现，也是国家治理的价值支撑。

正义是一种公正的体制，是对社会关系的良性调整和对社会行为的合理安排

正义实践是一个系统工程，涉及体制、制度等多个层面。政治状况通过一定的社会政治和经济结构反映出来。罗尔斯认为，实质正义就是社会制度，特别是法律制度本身的正义。制度正义是国家治理体系现代化的重要任务。制度理性是国家理性的体现，也是社会有序运行的需要。通过“善”的制度调整社会关系、规范社会行为、制约社会权力，这是实现社会正义的根本性措施。通过社会制度安排解决社会正义问题是新一轮改革的价值追求。制度变革的过程也是打破利益固化的藩篱、持续提供正义的过程。作者认为，当今中国社会转型期的制度创新，是权利-义务关系的结构性再调整，“这种结构性再调整所确立起的应是现代法治社会，在平等基本自由权利基础之上实现权利-义务统一，公平分配社会基本资源”。正义的实质是平等。通过正义促进平等是制度伦理的体现。分配正义是平等权利的具体体现，《正义》一书告诉我们，分配的每一个具体环节都应是平等基本自由权利的具体显现，并受到平等基本自由权利的反思性平衡。这一

观点体现了政治正义的历史性和过程性。社会财富的积累和分配只有在一个善的社会基本结构和一个善的社会基本制度之下，才能不偏离正义向度。

政治正义不仅是观念形态、政治理想，更是实践活动、现实目标。真正的政治正义不是一种口号、一种允诺，而是社会政治生活的事实。政治正义说到底是人民的正义。人民对正义的渴求贯穿于社会实践活动始终，社会正义是一切利益诉求的出发点。正义实践终归要经历从观念到行动、从形式到实质、从制度到运作的过程。正义是政治共识与社会共识的融合。政治正义不仅强调合法性，而且也重视可接受性。在多元社会中，正义的生成需要在对话协商妥协中寻求共识和契合点，通过民意互动夯实正义基础。正义不仅是背景性制度安排，而且也是渗透性生活实践，通过对话沟通、合理妥协、有机互动实现多元利益、多种诉求的整合。正义的逻辑不是预设的，而是在实践中形成的。正义实践既是法治与德治的有机结合，也是政治实践与生活实践的有机结合；既是公共理性与日常智慧的有机结合，又是社会道义与公民美德的有机结合。

政治正义既关乎社会理想，又是现实要求，唯有改革与正义深层互动才能激发发展动力

无论是实现远大的政治目标，还是解决复杂的社会矛盾，都离不开政治正义的坚守和发展。建立不断扩展正义的社会分配体制和市场秩序是改革的重要目的。缺乏兼顾性、包容性的快速增长是危险的，不顾及利益平衡的改革也难以最终成功。作者提出，“社会物质财富总量本身并不能规定‘社会正义’，甚至普通民众日常生活水准的显著改善也不意味着‘社会正义’，相反，伴随着普通民众日常生活水准显著改善的，可能是新的正义诉求”。分配问题不仅是经济问题、民生问题，从根本上说，是政治问题。共享发展并不等同于平均分配，而是建立在权利和机会平等基础上对发展的充分参与。共享发展不仅是财富、资源的共享，而且也是权利、福祉的共享，不仅是发展成果的共享，而且也是发展过程的共享。共享的过程，也是吸纳不满、凝聚共识、增进合作的过程。共享发展不仅是利益共同体的构建，而且也是命运共同体的塑造。

正义是改革的重要价值尺度，改革的过程就是利益再调整、权利再分配的过程，通过改革与正义的深层互动防止既得利益者攫取和截留社会利益，使公民权利、人民福祉与社会经济发展同步增长，公共福利、公共服务不断完善。作者认为，“在社会财富分配的任何一个环节，均须以公平的正义为灵魂与核心”。社会公平是发展的根本动力。在法治框架内推进改革，就是要打破利益固化的藩篱，让人民成为改革和发展的受益者。从某种意义上说，公平正义是改革的目标，也是改革的底线。

（作者为西南政法大学特聘教授）

图书在版编目（CIP）数据

书林新话／北京日报理论部编．—北京：北京日报出版社，2016.5
（北京日报理论周刊文存）
ISBN 978－7－5477－2050－9

Ⅰ．①书…　Ⅱ．①北…　Ⅲ．①社会科学—文集　Ⅳ．①C53

中国版本图书馆CIP数据核字（2016）第058052号

书林新话

出版发行	北京日报出版社
地　　址	北京市东城区东单三条8－16号东方广场东配楼四层
邮　　编	100005
电　　话	发行部（010）65255876
	总编室（010）65252135
印　　刷	廊坊市博林印务有限公司
经　　销	各地新华书店
版　　次	2016年5月第1版
印　　次	2016年5月第1次印刷
开　　本	710毫米×1000毫米　1／16
印　　张	22.25
字　　数	360千字
定　　价	62.00元